根据《中小学生健康教育指导纲要》《生命安全与健康教育进中小学课程教材指南》编写

中小学健康教育与近视防控指导用书

主　编：殷　红　宋　伟　王　莉

副主编：贺奎强　宋　君　钟　艳

编　委：刘浩宁　刘　莉　李忠昌　单艳辉

田思响　于爱国　尹许英　谢　川

山东城市出版传媒集团·济南出版社

图书在版编目（ＣＩＰ）数据

中小学健康教育与近视防控指导用书 / 殷红，宋伟，
王莉主编 . —济南：济南出版社，2022.8
ISBN 978-7-5488-5186-8

Ⅰ . ①中…　Ⅱ . ①殷…　②宋…　③王…　Ⅲ . ①健康教
育—中小学—教学参考资料　②近视—防治　Ⅳ . ① G637.9

中国版本图书馆 CIP 数据核字 (2022) 第 148791 号

中小学健康教育与近视防控指导用书
ZHONGXIAOXUE JIANKANGJIAOYU YU JINSHIFANGKONG ZHIDAOYONGSHU

责任编辑	王小曼　李　晨
封面设计	宸硕文化　焦萍萍
出版发行	济南出版社
地　　址	济南市二环南路 1 号
邮　　编	250002
印　　刷	济南升辉海德印业有限公司
成品尺寸	185mm×260mm　16 开
印　　张	18.75
字　　数	464 千字
版　　次	2022 年 8 月第 1 版
印　　次	2022 年 9 月第 1 次印刷
书　　号	ISBN 978-7-5488-5186-8
定　　价	68.00 元

济南版图书，如有印装错误，请与出版社联系调换。联系电话：0531-86131736

前　言

随着社会经济的发展，我国青少年的健康状况有了极大的改善，但一些陈旧问题和新生问题依然严峻，如缺乏运动、缺少社会生活技能、肥胖、近视等。众所周知，中小学生处于长身体、增知识、养成良好行为习惯的重要阶段，更是预防成年疾病的关键时期，所以，掌握必要的健康知识和健康技能对于中小学生而言尤为重要。全面提升中小学生的健康素养，就要加强学校健康教育工作，把中小学健康教育工作作为推进素质教育的重要内容。通过在学校开设健康教育课程，持续完善分学段、符合学生年龄特点的健康教育课程内容与教学体系，引导他们牢固树立健康意识，培养他们科学的健康观念，使他们终身受益，对其父母、亲友、邻里和社会也会产生积极的影响。

为了深入贯彻落实《"健康中国 2030"规划纲要》《生命安全与健康教育进中小学课程教材指南》《中小学健康教育指导纲要》《综合防控儿童青少年近视实施方案》等文件要求，更好地辅助教师开设健康教育课程，提高教师相应的教育教学能力，指导教师科学地帮助学生保护眼睛，普及健康教育知识和防治近视的常识，引导中小学生科学地掌握卫生健康知识，培养正确的健康意识，规范他们的健康行为，提高健康技能，养成健康的生活方式，全面提升中小学生的健康素养，我们编纂了《中小学健康教育与近视防控指导用书》。本书在编写上考虑到教师教育教学的实际需求和不同年龄学生的身心特点，选取的案例和材料紧贴学生的学习生活，既能够激发学生的学习兴趣，又可以帮助教师系统地普及生理、心理健康知识，智慧地引导学生认识和处理在成长过程中出现的身心健康问题，切实提高备课效率和课堂教学质量，有效提升学生的身心健康水平。

本书为了适应不同年级的教学需求，依据学生的年龄特点、理解能力和认知规律，分为水平一（小学 1、2 年级），水平二（小学 3、4 年级），水平三（小学 5、6 年级），水平四（初中阶段）和水平五（高中阶段）五个部分，并且将健康行为与生活方式、生长发育与青春期保健、心理健康、疾病预防、安全应急与避险、护眼知识与近视防控合理分配到五级水平中。为了便于教师备课和教学时使用本书，我们采用教学案例的形式，引导教师进行教学，即先用典型案例引入激发学生思考，然后以师生问答的形式对相应的知识点进行讲解。针对不同的健康问题，本书也提供了不同的教学模式，教师可以根据自己的教学特点和学生的实际情况进行调整。

在编写过程中，我们参阅了相关的书籍、报刊以及网络上的已有成果，援引、借鉴、改编了一些内容，在此谨表示衷心的感谢。囿于作者视野、水平的局限，加上分工编写等缘故，本书难免有不足之处，恳请各位专家、读者批评指正，以便及时修改，不断完善。

编者

2022 年 8 月

目 录

水平一（小学1、2年级）

水平二（小学 3、4 年级）

水平三（小学5、6年级）

水平四（初中阶段）

水平五（高中阶段）

第六章 护眼知识与近视防控

水平一

（小学 1、2 年级）

第一章　健康行为与生活方式

第一节　开学第一课——认识健康

教学目标

1. 让学生了解健康不仅要有强壮的体魄，还要拥有乐观向上的精神状态。
2. 让学生认识健康的生活方式和生活理念。
3. 通过讲述让学生懂得，从小养成健康的生活方式，才能为终身健康奠定基础。

教学设计

第一步：通过讲述案例引入课题，让学生认识健康。

第二步：出示不同生活方式的图片，学生观察并讨论。

1. 观察图片中的内容，学生说一说哪种生活方式最健康。

2. 讨论：为什么要从小养成良好的健康行为习惯？

请几位学生说说自己的看法，教师总结。

第三步：讲述健康的行为与生活方式。

第四步：阅读《儿歌》。

第五步：教师总结。

同学们，我们应该从小养成健康的生活及行为习惯，拥有健康的体魄，才能经得起各种挑战与挫折，将来成就一番事业。

案例材料

宸宸是一名一年级学生，吃饭从来不挑食，还特别讲卫生。他最爱的体育运动是踢足球，每天放学做完功课，他都要和爸爸一起到小区的足球场里踢足球。每次踢完球，宸宸和爸爸都累得满头大汗，但是他们特别开心。宸宸还是一名热心肠的孩子。如果过马路时遇到老奶奶、老爷爷，他会上前搀扶。在班里，他也经常帮助老师一起打扫卫生，老师都夸他是健康文明的好榜样。

老师：同学们，案例中的宸宸有哪些好的生活习惯值得我们学习？

学生1：不挑食，讲卫生。

学生2：爱运动。

老师：人的生命只有一次，健康和长寿是我们每个人的愿望，也是每个人都要面对的问题。你们现在是小学生了，在开学第一课，老师要给你们讲一讲什么是健康。

教学内容

1. 认识健康

健康是指一个人在身体、精神和社会适应等方面都处于良好的状态。人们通常认为不病不残便是健康，但随着社会的进步与发展，特别是现代生活的到来，人们对健康的认识也越加深刻和全面。现代人的健康包括躯体健康、心理健康、社会适应良好、智力健康、道德健康、环境健康等方面。健康行为是指能促进健康的行为。例如：一日三餐有规律，不挑食不偏食，爱运动，生病及时就医，遵守道德和行为规范，爱护身边的环境，过马路时遵守交通规则，团结友爱，乐于帮助他人等。

2. 健康的行为与生活方式

（1）文明如厕、不随地大小便，饭前便后要洗手；不随地吐痰，不乱丢果皮、纸屑等垃圾，咳嗽、打喷嚏时遮掩口鼻。

（2）保持个人卫生，勤洗澡、勤换衣、勤洗头、勤剪指甲，每天早晚刷牙，饭后漱口。

（3）不与他人共用毛巾、牙刷等个人用品。

（4）不挑食偏食，不暴饮暴食，不吃变质的食物，一日三餐有规律，适量饮水。

（5）经常开窗通风，保持室内卫生。

（6）养成正确的读写姿势，认真做好眼保健操。

（7）多吃有益生长发育和健康的食物，少吃零食。

（8）多做体育运动，保证充足的睡眠。

（9）不吸烟、不喝酒，不乱吃药，生病及时就医。

3. 良好的健康行为应从小养成

儿童青少年时期是人的一生中长身体、长知识和心理发展的特殊阶段，也是为终身健康打基础的时期。儿童、青少年的可塑性大、敏感性强，易受环境因素的影响。儿童青少年时期所形成的生活方式、卫生习惯与行为习惯的好坏及健康状况，都可能对其一生的身心健康水平与劳动能力有直接的影响。很多疾病都是在儿童青少年时期就已初步形成，随着年龄的增长才慢慢显现出来。所以，我们应从小养成良好的健康行为习惯，才能为终身的健康生活奠定良好的基础。

实践活动

通过老师的讲解，我们明白了什么是健康的生活方式。那么，日常生活中我们该杜绝哪些不健康的生活方式呢？请同学们分组讨论。

延展阅读

儿　歌

同学们，比比看，
看看谁最讲卫生。
比小手，比脸蛋，
看看衣服和书包。
勤洗手，勤换衣，
不挑食，爱运动。
从小养成好习惯，
身体健康少生病。

第二节　学会整理自己的书包

教学目标

1. 教育学生养成整理书包的好习惯，并学会整理书包的方法或原则。
2. 通过学习，让学生在今后的生活中养成自己整理物品的好习惯。

教学设计

第一步：游戏导入。

1. 出示两个书包，请两位同学比赛找书。

（1）请同学们选两位同学上讲台，按老师的要求比赛找书，看谁找书的速度快。

（2）猜一猜：谁可能找得快一些？

（3）学生按要求找出数学课本、语文课本、练习本。

2. 让学生体会整理书包的必要性。

（1）思考：这位同学为什么找得慢？

（2）学生发表自己的看法后，让参与游戏的学生说说自己找得慢的原因。

（3）老师展示两个书包（一个整洁，一个杂乱）并总结整理书包的必要性。

第二步：学会整理书包。

1. 学习整理书包的方法。

（1）找两位同学（一位同学的书包整理得井井有条，一位同学的书包杂乱无章）。

（2）让这两位同学说说自己整理书包的方法。

（3）老师示范如何整理书包。

2. 动手做一做：让学生用学过的分类方法来整理书包。

3．评出优胜者，让优胜者分享整理书包的方法。

第三步：老师根据班里学生的情况进行指导和总结。

案例材料

一年级（3）班的王老师发现每次上完课，地上都有同学们掉的铅笔、橡皮、本子等文具，并且当他询问是谁丢的文具时，并没有同学来认领。与此同时，每天课间又有同学找王老师寻找丢失的橡皮、铅笔或本子，让他非常苦恼。

老师：同学们，怎样才能帮王老师解决烦恼呢？

学生：把自己的姓名贴在文具上，丢了就很好找到了。

老师：在文具上贴上姓名是一个好办法，但是这不能从根本上解决问题，我们应该学会好好整理自己的物品，不乱丢乱放。这节课，老师就教你们几招整理书包、物品的好方法。

教学内容

1．如何整理书包

（1）对照课表，确定好物品。同学们需要事先准备好本学期的课程表，每天晚上确认好第二天会有哪些课，把需要用到的课本、写好的作业本以及其他物品放置整齐，并将卷起的书角抚平。

（2）削好铅笔，整理好铅笔盒。每天晚上在家长的陪伴下用削笔刀把铅笔一支支削好，和其他文具一起放进铅笔盒里，这样每天检查铅笔盒时就知道文具是否齐全、有无遗失。我们还要学会管理自己的铅笔盒，根据学习的实际需要来决定所带文具的数量。

（3）分类整理，整齐摆放。书包里一般有很多夹层，我们的文具、课本和作业本最好分开摆放。细心的同学可以在书包夹层上做好标签，作业本放在一个夹层里，课本放在书包里最宽敞的地方，按照大小分类后整齐摆放。

（4）检查确认，拉好拉链。当第二天有美术课时，要带上美术材料和画本；有体育课时，要准备好体育用品，穿运动鞋；阴雨天时，要准备好雨伞；寒冷天气时，要准备好帽子、手套等。检查确认好文具及物品都齐全后，拉好拉链。

2．为什么要养成整理物品的习惯

学会收纳整理自己的物品，养成整理物品的习惯，不仅能让我们的屋子变得干净整洁，还能培养我们的自我管理能力，形成有条不紊的做事风格，提高学习效率，预防和改正拖拖拉拉、丢三落四的坏习惯。学会分类整理物品，还可以提高我们归类的逻辑思维能力。

实践活动

周末去图书馆、书店、商场看一看，那里对物品是怎样进行分类的？这样分类有什么好处？

延展阅读

儿　歌

一二三，快坐好，我来整理小书包；

摆整齐，抹平角，再让书本进书包；

大的书，小的书，从大到小摆放好；

文具盒，小物件，单独摆放更方便。

第三节　养成良好的个人卫生习惯

教学目标

1. 通过学习，让学生了解良好的卫生习惯有利于身体健康。
2. 知道长期不良的卫生习惯会损害身体健康。
3. 培养学生在生活中自觉养成良好的卫生习惯，拥有一个健康的身体。

教学设计

第一步：讲故事《不爱照镜子的小猪》，引入新课《养成良好的个人卫生习惯》。

小学生是一个特殊的群体，生活能力不足，生活习惯尚未养成，一旦养成不良的卫生习惯将会危害小学生的身心健康和成长发育。相反，如果养成良好的卫生习惯，可以为小学生的身体健康奠定坚实的基础。

第二步：播放介绍细菌和病毒的视频。

1. 让学生通过观看视频了解：细菌和病毒同属于微生物，只有在显微镜下才能看到；一只未洗净的手上有很多细菌；指甲垢里藏有细菌和病毒……

2. 演一演。

（1）请学生扮演打篮球后妈妈让他回来吃饭的情景……

（2）请学生扮演扫地时妈妈让他吃水果的情景……

（3）请学生扮演上完厕所后的情景……

让学生找出上述情景中的不良卫生习惯，教师总结。

第三步：学习如何养成良好的卫生习惯。

1. "五要"：要定时作息，要勤洗勤换，要勤剪指甲，要睡前刷牙，要勤理发。

"五不要"：不要喝生水，不要吃不清洁食物，不要吸烟，不要乱扔果皮纸屑，不要随地吐痰。

2. 播放"七步洗手法"的视频，让学生学会正确的洗手方法。

第四步：教师总结。

通过这节课的学习，同学们已经清楚地知道卫生与健康的重要性，特别是个人卫生对健康的影响是很大的，养成好的习惯，增强自我保护意识，让我们都能拥有一个健康的身体。

案例材料

不爱照镜子的小猪

森林里生活着一只小猪，长得胖乎乎的，它最喜爱的运动就是在稀泥里拱来拱去找好吃的。它每天吃得饱饱的，脸上却弄得很脏。而且小猪不爱照镜子，也从不洗脸，整天脸上脏兮兮的，所以小动物们都讨厌它，不爱和它玩。猪妈妈劝它洗脸，它就装作没听见。很快，小猪的生日到了，小兔送给它一面镜子，让它每天照一照自己的脸。小猪收到礼物很高兴，拿起来一照，才发现自己的脸竟然这么脏，顿时感到十分羞愧。于是，小猪把脸洗了一遍又一遍，洗完用镜子一照，真干净，它开心地去找小兔玩耍了。小羊、小花狗发现小猪讲卫生了，都来和小猪做朋友，小猪快乐地和朋友们玩了起来。

老师：为什么开始时小动物们都不喜欢和小猪玩，后来却喜欢跟它一起玩了呢？

学生：因为以前小猪不讲卫生。后来，小猪讲卫生变得干净了，大家都愿意和它一起玩了。

老师：讲卫生是非常好的习惯，那哪些行为是不讲卫生的表现呢？

学生1：好长时间不洗澡、不换衣服。

学生2：留长指甲。

学生3：饭前便后不洗手。

……

老师：作为一名小学生，良好的卫生习惯是十分重要的，不但有利于减少疾病的发生，而且展现了小朋友的精神文明气质。今天，老师就来讲一讲怎样才能养成良好的个人卫生习惯。

教学内容

良好的卫生习惯不仅仅是个人的事情，同时也关系到我们整个校园的环境卫生。我们有责任也有义务在了解卫生知识的同时，养成良好的卫生习惯，预防疾病，保护和促进我们的身体健康。因此，我们应该从小就树立起"讲卫生，讲文明"的新风尚。讲卫生是尊重他人的表现，也是一个人文明的表现。

儿童是祖国的新一代，从小养成良好的卫生习惯，可以树立社会新风，并对家庭卫生、学校卫生和社会公共卫生起到推动、促进作用。要养成良好的卫生习惯，我们应该做到"五要"和"五不要"。

1. "五要"

（1）要定时作息

科学合理地安排作息时间，才能有效提高学习效率。不遵守作息时间，最容易患神经系统、心血管系统和消化系统的疾病。

（2）要勤洗勤换

勤换衣服、勤洗澡，可保持皮肤清洁、身体舒适，预防生病。洗澡时，水流与手的擦洗对皮肤是一种很好的按摩，加快了皮下血管里血液的流动，不但可以保护皮肤，还可以消除一天的疲惫。

（3）要勤剪指甲

经常寄居在指甲缝里的细菌有痢疾、伤寒、肠炎、结核、沙眼等20多种致病菌。当我们用手去抓东西吃时，就会把细菌带进肚子里。因此，要养成饭前便后洗手、勤剪指甲的习惯。

（4）要睡前刷牙

睡觉后，口腔处于相对静止状态，唾液分泌较少，附着在牙齿上的食物碎屑会产生酸性物质，破坏牙齿，使人容易得龋齿。因此，饭后要漱口，睡前要认真刷牙。

（5）要勤理发

头发过长又不勤洗头，容易长虱子，出现头皮癣、皮炎等症状。因此，男生应定期修剪头发，不宜让头发过长。

2. "五不要"

（1）不要喝生水

未经煮沸的水中常含有细菌和寄生虫卵，喝了以后会引发肠道疾病和寄生虫病。

（2）不要吃不清洁食物

吃了不干净的食物，会引发急性胃肠炎、痢疾等肠道疾病，甚至会造成食物中毒。

（3）不要吸烟

吸烟对人体的危害很大，少年儿童在生长发育时期器官比较脆弱，对有毒物质吸收比成人更容易，受危害更大。

（4）不要乱扔果皮纸屑

遍地果皮、垃圾不仅影响环境，而且果皮、垃圾在腐败霉烂的过程中会产生大量的细菌和臭气，并滋生蚊蝇，可能会导致传染病的发生。

（5）不要随地吐痰

随地吐痰是不卫生、不文明的行为，其最大危害在于散布细菌。除了肺结核外，痰液还可以传播流感、白喉、流脑等呼吸道传染病。

养成良好的个人卫生习惯，爱护身边的环境是每个公民的责任。所以，为了自己和他人的健康，一定要做到"五要"和"五不要"。

实践活动

回到家后，与爸爸妈妈分享今天学习的内容和正确的洗手方法。

延展阅读

七步洗手法步骤（内外夹弓大立腕）

第一步（内）：洗手掌。流水湿润双手，涂抹洗手液（或肥皂），掌心相对，手指并拢相互揉搓。

第二步（外）：洗背侧指缝。手心对手背沿指缝相互揉搓，双手交换进行。

第三步（夹）：洗掌侧指缝。掌心相对，双手交叉沿指缝相互揉搓。

第四步（弓）：洗指背。弯曲各手指关节，半握拳把指背放在另一手掌心旋转揉搓，双手交换进行。

第五步（大）：洗拇指。一手握另一手大拇指旋转揉搓，双手交换进行。

第六步（立）：洗指尖。弯曲各手指关节，把指尖合拢在另一手掌心旋转揉搓，双手交换进行。

第七步（腕）：洗手腕、手臂。揉搓手腕、手臂，双手交换进行。

第四节　不共用毛巾和牙刷

教学目标

通过学习，让学生明白共用毛巾、牙刷与传染疾病的关系，让学生懂得不能与他人共用毛巾、牙刷等个人用品。

教学设计

第一步：案例引入，激发学生的学习兴趣。

第二步：小组讨论为什么不能共用毛巾。

1. 老师根据学生讨论后的结果进行小结，告诉学生共用毛巾的危害。

2. 教会学生科学地使用毛巾。

（1）专人专用，专巾专用。

（2）经常洗晒，定期消毒。

（3）达到期限，及时更换。

第三步：讨论"能不能与他人共用牙刷"。

与同桌讨论后回答，老师总结。

第四步：阅读《使用公筷公勺的好处》。

案例材料

小鹏刚下体育课，就满头大汗地跑回教室。他看到小杨座位上有条小毛巾，拿起来便擦汗，回到教室的小杨看到后急忙说："你怎么能用我的毛巾呢？你的毛巾呢？"小鹏不好意思地说："我的忘在家里了。咱们两个是好朋友，你的就是我的，我的就是你的，下次你不带就用我的。"小杨听完之后很不高兴，对他说："毛巾不能借用，会传染疾病的！"小鹏说："我们还是好朋友呢，我又没有病，你怎么这么小气。""老师说过，我们不应该共用毛巾，这样会传播病菌。"小杨坚决地说。小鹏听了羞红了脸，忙把小杨的毛巾还了回去。

老师：小鹏的做法对吗？

同学：不对，不应该用别人的毛巾。

老师：很多传染性疾病都是不注意预防才导致的，尤其是间接性接触是导致传染病的主要原因。比如，与他人共用毛巾、共用牙刷等，都会导致传染病的发生，在生活中为了避免传染疾病，一定要做到不与他人共用个人用品。

教学内容

1. 不与他人共用毛巾

大多数毛巾的吸湿性很好，再加上多数人喜欢使用湿毛巾，于是，毛巾就成了细菌滋生的"温床"。来自身体的细菌、皮肤分泌的油脂、空气中飘浮的灰尘，都会对毛巾造成污染，让毛巾越来越脏。如果共用毛巾的人中患有皮肤病、沙眼病或其他传染病时，病原体就会沾染到共用的毛巾上，造成其他共用者感染。在这些病原体中，沙眼衣原体、大肠杆菌和厌氧菌是最值得注意的，它们会引起沙眼、腹痛腹泻、中耳炎等感染性疾病，而金黄色葡萄球菌、肠球菌等是导致脸上长痘的罪魁祸首。

毛巾不但不能共用，更不能一巾多用。要避免身体某个部位的细菌在全身"四处乱窜"，进入眼睛、鼻腔、口腔等，甚至经过皮肤上的创口进入血液，引发某些传染性疾病。因此，每个人要有专用的洗脸巾、洗手巾、擦脚毛巾、洗澡浴巾等。此外，要将用过的毛巾及时洗净、晒干，定期消毒、更换。

2. 不与他人共用牙刷

不能与他人共用牙刷，尤其在共用牙刷的人患有一些传染性疾病的情况下，很容易造成家庭成员之间的交叉感染。造成交叉感染的细菌可能有大肠杆菌、葡萄球菌、链球菌、放线菌、念珠菌，甚至还会有绿脓杆菌和肺炎克雷伯菌，这些细菌可以通过吞咽进入人体，也可能经口腔黏膜破损的地方和龋洞入侵，引发疾病。因此，同学们切不可与他人共用牙刷。

牙刷要定期更换。一般来说，牙刷使用3个月左右，上面就会繁殖大量细菌，所以

3个月更换一次牙刷是很有必要的。当然，牙刷的更换频率也要结合牙刷的使用情况来定。有的牙刷使用不到3个月，刷毛就会出现明显弯曲和毛糙，这样的牙刷也应该及时更换。

实践活动

1. 你在家里怎样区分自己和家人的毛巾呢？
2. 同学们，除了毛巾、牙刷不能共用外，说一说还有哪些物品不能共用。

延展阅读

使用公筷公勺的好处

围桌共食是中国人的传统饮食习惯，不论是逢年过节、亲朋好友相聚，还是一家人日常饮食，人们都习惯用夹菜的方式表达情感。但在筷子的使用上，人们一向不太注重细节。殊不知这种看似亲密无间的饮食关系，却隐藏着很大的健康隐患，极大地增加了食源性疾病的传播风险，幽门螺旋杆菌、感冒病毒、手足口病等都能通过"口口相传"的方式交叉感染，往往一人患病，全家遭殃。

使用公筷公勺，可以避免共同用餐时个人使用的餐具接触公共食物，减少对菜品的污染，降低病从口入的风险，特别是降低幽门螺杆菌、甲肝病毒等食源性病原体的传播。传染病流行期间，避免混用餐具也能在一定程度上降低病毒传播的风险。而且，使用公筷公勺可帮助大家养成定量取餐、按需进食的习惯。在外用餐食物没有吃完时，大家可以放心打包回家。这样，在减少浪费的同时，还培养了人们环保节约的良好风尚。使用公筷公勺，并不意味着失去了情谊，而是在分享美食的同时为我们穿上了隐形的防护服。

受近几年的疫情影响，很多饭店里"一菜一公筷，一汤一公勺"，使公筷公勺成为餐桌上的标配。钟南山院士"家庭使用公筷"的建议和"公筷行动"也受到大家的普遍支持。

第五节　坐如钟、站如松、行如风

教学目标

1. 让学生知道不正确的坐、立、行姿势对身体的危害。
2. 帮助学生理解"坐如钟，站如松，行如风"三个比喻的意思，逐步养成良好的坐、立、行习惯。

教学设计

第一步：播放《庆祝中华人民共和国成立70周年阅兵式》视频。
国庆阅兵时，士兵们迈着整齐的步伐通过天安门广场，他们昂首挺胸，精神抖擞，气宇轩昂，每个动作都充满了自信。

第二步：播放"坐、立、行"姿势图片课件。

1. 让学生通过观察图片，初步感知正确的坐、立、行姿势。

2. 比一比谁坐得最端正，教师做出指导。

第三步：图文结合，总结归纳。

坐如钟，挺胸膛，腿并拢，脚放平。

站如松，背挺直，头抬起，看前方。

脚步轻，行如风，收腹昂首挺起胸。

第四步：操作练习。

1. 创设情景，练习掌握坐、立、行的动作要领。

2. 学生一边练习，老师一边更正姿势。

第五步：阅读《儿歌》。

案例材料

视频《庆祝中华人民共和国成立70周年阅兵式》

教学内容

1. 不正确的坐立行姿对身体的危害

坐姿不正确，容易导致腰椎、颈椎、肩周的损伤，还容易造成视力问题，如近视、斜视等。立姿不正确，容易造成含胸、驼背、高低肩等问题，对我们的形象有很大影响。行姿不正确，容易造成腿部疲劳或足部损伤，直接影响我们的形象，给人留下不好的印象。

2. 什么是"坐如钟"

我们说一个人坐姿好，总是形容为"坐如钟"。标准的坐姿：上身与站立姿势基本相同，头正、肩平、身正、立腰挺胸；下身应当是臀部坐在椅子或凳子上，两腿上半部（即大腿部分）自然平放，从膝盖以下的小腿部分自然垂直，两脚自然平放在地上。

上课时的正确坐姿：头正，即上课时头不能向左或向右偏，应略向前倾；身直，即胸挺起，背撑直，胸口距离桌沿一拳（大约10厘米）左右；肩平，即两肩齐平，不能一边高、一边低；臂开，即两臂自然张开，两臂平放桌面，右臂在上。

3. 什么是"站如松"

我们说一个人站姿好，总是形容为"站如松"。标准的站姿：从正面看，全身笔直，精神饱满，两眼正视，两肩平齐，两臂自然下垂，两脚跟并拢，两脚尖张开成60°，身体重心落于两腿正中；从侧面看，两眼平视，下颚微收，挺胸收腹，腰背挺直，双手中指贴裤缝，整个身体庄重挺拔。正确的站立姿势可以锻炼同学们肌肉的用力感，增强身体的控制能力。

4. 什么是"行如风"

"行如风"的意思是行走要像风那样快而有力。行走时，要抬头挺胸，全身自然放松，两臂稍向前后摆动，腰背挺直，两肩展开放平，不要歪肩或躬背，头部保持端正，目视前方，全身重心放在脚掌上，步态稳重均匀，不要摇摇晃晃，着地力量均衡。为了维护身体的左右平衡，上身要保持端正姿势，当右脚向前迈步时，左手同时向前摆动，身体重心向前移；当左脚向前迈步时，右手同时向前摆动，身体重心向前移，如此反复；两脚脚尖应该指向前方，不要向里勾或向外撇。

实践活动

标准的坐、站、行姿势可以使我们的身体挺拔，有精神。希望同学们相互督促、学习，两周后我们开展"坐、站、行标准姿势"比赛，看谁能被评为礼仪小明星。

延展阅读

儿 歌

站像一棵松，身直挺着胸。

小手贴得紧，脚跟靠得拢。

坐正挺起胸，好似一口钟。

两眼真有神，注意力集中。

排队学大雁，整齐成一线。

挺起小胸膛，迈步齐向前。

第六节 正确的读写姿势

教学目标

1. 教会学生使用正确的读书写字姿势，初步养成良好的读写习惯。
2. 让学生知道保护视力需要养成正确的读写姿势。

教学设计

第一步：案例引入。

第二步：出示图片。

1. 请同学们看一看图上的小朋友在做什么？你觉得他们的姿势正确吗？

明确：长期读写姿势不正确，就会造成驼背、弓腰、脊柱弯曲、近视等不良后果，给学习和生活带来极大的不便。

2．演示导行。

分别出示正确的读书、写字姿势图片。教师示范，学生跟着做。

请姿势较好的同学上台示范。

第三步：阅读《执笔歌》《写字歌》。

第四步：教师总结。

案例材料

小华是二年级（1）班的学生，学习成绩一直都很好。可是他总是爱斜着身子写字，而且拿笔姿势也不正确。一个学期过后，小华发现自己坐在班级后面看不清楚黑板上的字了，妈妈带小华去医院检查视力，结果发现小华的眼睛近视了。小华不理解他是怎么近视的，忙问医生。医生说是因为他坐姿不正确，写字时眼睛距离书桌太近。小华为此后悔莫及。医生说："错误的读写姿势会造成驼背、弓腰、脊柱弯曲、近视等等不良后果。"小华听完害怕极了，下定决心要改正过来。

老师：为什么小华的眼睛会近视？请你说一说其中的原因。

学生：看书离得太近了，坐姿不正确。

老师：那你们知道什么样的坐姿是正确的吗？示范给老师看一下。

老师：我们刚刚学习写字，一定要养成正确的书写姿势，正确的书写姿势能使身体各个部分的力量进行很好的配合，写出的字才漂亮。

教学内容

1．正确的读书姿势

读书时，头抬高，身坐正，腰背挺直，双脚平放在地面上。肩颈放松，上臂自然下垂，手肘放在书桌上，两手端书，书本斜放于书桌上。胸部离书桌一横拳（大约10厘米）的距离，眼睛离书本一尺（约33厘米）的距离。

2．正确的写字姿势

写字时，头摆正，肩放平，身坐直，双脚放平。拿笔时在距离笔尖一寸（约3厘米）的地方用拇指与食指捏笔，中指、无名指托笔，小指藏后，笔杆向后倾斜，斜靠在食指根部，笔尖朝向十一点钟方向。手腕自然上扬，将手腕根部当作支点进行书写。

3．为什么要养成正确的读写姿势

（1）正确的读写姿势可以保护视力。在采光良好、照明充足的环境中，以正确的读写姿势进行读写，可以有效预防近视、斜视等视力问题。

（2）正确的读写姿势可以提高效率。同学们只有保持正确的读写姿势才能读写自如、减轻疲劳，更高效地完成学习的任务。

（3）正确的读写姿势可以促进身体发育，预防驼背、脊柱侧弯、高低肩等不良体态。

实践活动

请同学们互相监督，在平日里，如果发现哪位同学的读写姿势不正确，要及时给予纠正。

延展阅读

执笔歌

拇指食指捏住笔，
中指抵住笔杆底。
余下两指紧相依，
指离笔尖一寸余。
五指配合齐用力，
不松不紧最适宜。

写字歌

写字姿势很重要，
头正身直要坐好。
两臂桌面左右开，
小腿垂直脚放平。
眼睛离纸一尺远，
胸距桌边远一拳。
手离笔尖约一寸，
不松不紧掌空心。
良好习惯要养成，
小朋友们要牢记。

第七节　预防脊柱侧弯

教学目标

1. 引导学生认识什么是脊柱异常弯曲，知道其形成的原因和危害。
2. 掌握预防脊柱侧弯的方法，加强自身脊柱保健。
3. 激起对自身形体美的关注和追求，养成良好的生活习惯。

教学设计

第一步：案例导入。

说一说，案例中的小女孩为什么会发生脊柱侧弯？

第二步：探究新课。

1. 认识脊柱。

（1）说到脊柱，你们知道脊柱在哪吗？请同学找一找，摸一摸脊柱是什么感觉。

（2）指出两名同学，一名当模特，另一名当解说员，告诉大家脊柱在什么位置。

（3）出示脊柱图片，教师解说脊柱有哪些作用。

（4）一起做动作来体验脊柱：站直、点头、弯腰。

2. 脊柱侧弯的原因。

（1）出示脊柱异常弯曲的图片。

（2）分组讨论脊柱侧弯的原因。

学生自由发表观点，教师总结。

3. 预防脊柱侧弯。

（1）营造良好的睡眠环境。

（2）养成良好的坐姿。

（3）加强体育锻炼。

（4）合理膳食，加强营养。

第三步：阅读儿歌。

案例材料

一名13岁的女孩被诊断出严重的脊柱侧弯。据接诊的医生介绍，小女孩刚到医院的时候，存在高低肩的情况，再次筛查后发现女孩存在严重的脊柱侧弯现象。医生和女孩的父母交流后发现，女孩平时写作业的姿势不正确，大概有一年的时间，这才导致了脊柱侧弯。

医生还说，以女孩目前的情况，如果不及时接受治疗，长期下去会导致高低肩、长短腿，甚至身体畸形，不仅影响身体健康，并且孩子在学校还容易因为外形受到同学的嘲笑、排挤等，导致孩子出现自卑、自闭等情况。

老师：同学们，你知道什么是脊柱侧弯吗？

教学内容

1. 青少年脊柱侧弯的原因

脊柱侧凸俗称脊柱侧弯，它是一种脊柱的三维畸形，包括冠状位、矢状位和轴位上

的序列异常。正常人的脊柱从后面看应该是一条直线，并且躯干两侧对称。如果一个人从正面看双肩不等高或从后面看到后背左右不平，就应怀疑是脊柱侧弯。这个时候应拍摄站立位的全脊柱 X 线片，如果正位 X 线片显示脊柱有大于 10 度的侧方弯曲，即可诊断为脊柱侧弯。轻度的脊柱侧弯通常没有明显的不适，外观上也看不到明显的躯体畸形。较重的脊柱侧弯则会影响婴幼儿及青少年的生长发育，使身体变形，严重者可以影响心肺功能、甚至累及脊髓，造成瘫痪。轻度的脊柱侧凸可以通过运动保守治疗，严重者需要手术治疗。

脊柱侧弯是危害青少年儿童的常见病、多发病。发生脊柱侧弯的原因很多，有先天性、特发性、神经肌肉性和功能性脊柱侧弯等。青少年脊柱侧弯通常在青春发育前期发病，青春发育期进展很快，男孩和女孩发病几率相等，但女孩的脊柱侧弯弧度容易加重。先天性脊柱侧弯主要是遗传或者是在母体中受到一些因素的影响造成的。导致后天性脊柱侧弯的原因大致可以分为以下几类：

（1）神经病理性脊柱侧弯：由于脊髓灰质炎、神经纤维瘤、脊髓空洞症、大脑性瘫痪等使肌肉的张力不平衡所致脊柱侧弯。患者发病年龄愈小，弯曲畸形也愈严重。

（2）胸部病理性脊柱侧弯：幼年患化脓性或结核性胸膜炎，使肋胸膜过度增厚并发生挛缩；或在儿童期施行胸廓成形术，扰乱了脊椎在发育期间的平衡。

（3）骨质疏松性脊柱侧弯：骨质疏松导致椎骨变形，从而使椎骨间隙不等宽，会造成脊柱弯曲。

（4）营养不良性脊柱侧弯：由于维生素 D 缺乏而产生佝偻病的小儿亦可出现脊柱侧弯。

（5）姿态性和功能性脊柱侧弯：由某种不正确姿势引起，常在学龄期儿童发现。这类脊柱弯曲畸形并不严重、当患者平卧或用双手拉住单杠悬吊时，畸形可自动消失。

2. 脊柱侧弯的危害

（1）影响心肺功能。由于脊柱侧弯以发生在胸腰段居多，弯曲严重者会导致胸廓旋转畸形和胸廓容积下降，影响心肺发育而出现活动耐力下降、心慌气促等症状。

（2）影响脊柱外形。脊柱侧弯导致脊柱变形、肩背部不平、胸廓畸形、骨盆倾斜、长短腿、姿势不良等异常形态，并伴有腰背痛、四肢疼，四肢无力，劳动能力下降，严重时会导致下肢瘫痪，完全丧失行动能力。

（3）影响心理健康。脊柱侧弯在影响外形的情况下，也会给青少年心理带来很大的负担。

（4）影响女性生理健康。对女性来说，脊柱侧弯会导致双侧乳房发育不均匀、一侧肋骨突出，还会压迫骨盆，使骨盆倾斜变形，导致不孕或胎儿异常。

（5）影响视力。趴着坐、拧着坐、瘫着坐等长期的不良姿态，不但会引起脊柱侧弯，也会导致近视情况加重。视力问题和脊柱健康问题息息相关，矫正脊柱异常和脊柱侧弯，能够使孩子视力得到一定程度的改善。

（6）智力下降。脊柱侧弯会牵拉压迫脊神经和颈动脉的正常分布和生长，导致神经传导和血液养分运输受阻滞，脑部营养匮乏，神经传导迟缓，使得大脑反应迟缓，记忆力、注意力等各项智力指标下降。

（7）影响胃肠系统。脊柱侧弯使腹腔容积减小、脊柱神经对内脏的调节功能紊乱，进而引起食欲不振、消化不良等胃肠系统反应。

3. 预防脊柱侧弯

（1）营造良好的睡眠环境。选择合适的枕头，既不能过高也不能太低，枕头高了会使颈椎在夜间过度弯曲。在床垫的选择上也要讲究，既不能太硬也不要太软，过硬的床垫会让脊柱失去自然的弯曲度，而太软的床垫则会让脊柱突出，可能会造成驼背的现象。

（2）养成良好的坐姿。良好的坐姿是保证脊柱健康的最重要途径，尤其对于长期学习的学生来讲，长时间坐着会造成肌肉紧张，进而会影响骨骼的健康状况，保持一个良好的坐姿，才能保证脊柱的健康。

（3）加强体育锻炼。脊柱侧弯的青少年中，女孩占的比例较高，这和大多数女孩天生爱静不爱动有关系。生活中常见的运动如跑步、体操、引体向上、游泳等，都可以在一定程度上预防脊柱侧弯。其中，引体向上是一种效果比较明显的简单运动，需长期坚持。鉴于多数女孩都不能胜任这一运动，可退而求其次，从短时间的悬吊开始。

（4）合理膳食，加强营养。要想脊柱健康，还需要合理摄入营养。青少年正处在身体发育的重要阶段，多吃水果、蔬菜、鸡蛋、牛奶，会使我们的身体得到足够的营养，身体更强壮。

实践活动

要避免脊柱侧弯，最重要的是注意日常的预防，平日里我们要加强体育运动，养成良好的读写姿势。和你的同桌相互监督鼓励，一起养成良好的学习习惯吧。

延展阅读

儿　歌

防弯曲，很重要，脊柱正，体形美。

站如松，坐如钟，行如风，要牢记。

读和写，三个一，背提物，两侧来。

鞋合适，不高跳，常运动，不挑食。

勤检查，早矫正，用心做，身体棒。

第八节　如何保护牙齿

教学目标

通过本节教学，让学生知道按时刷牙的好处，学会正确的刷牙方法，并养成勤刷牙的好习惯，拥有一口健康美丽的牙齿。

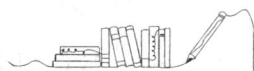

教学设计

第一步：故事导入。

1. 小猪的牙齿为什么会坏掉？

2. 保护牙齿，我们应该怎么做？

学生自由回答，教师总结。

第二步：出示两张牙齿图片，请同学们仔细观察。

1. 说一说他们的牙齿好不好看。

2. 请同学们拿出小镜子照一照自己的牙齿，并告诉老师你们的牙齿好不好，说一说为什么。

3. 出示刷牙图片，教会学生正确的刷牙方法。

第三步：出示"牙齿结构图"。

1. 认识恒牙的位置。

2. 讲解窝沟封闭的好处。

第四步：总结。

这节课我们知道了牙齿对于我们的重要性，也知道了如何正确漱口和刷牙，老师要求同学们做到早晚刷牙、饭后漱口，希望大家能保护好自己的牙齿，做一个健康的好孩子。

案例材料

小猪是一个勤劳的农夫。秋天到了，小猪收获了一筐一筐的大苹果，他开心地吃着，品尝到了收获的喜悦。他还送给了小羊一些苹果，让他也来品尝自己的收获。但是小猪也有个坏习惯，那就是不爱刷牙，晚上吃完苹果就上床睡觉了。小羊就不同了，他吃完苹果，把牙齿刷得干干净净的，才去睡觉。

过了几天，小羊的萝卜熟了，也叫来了小猪一起分享。小猪开心地吃着萝卜，突然牙痛起来，原来小猪不刷牙，牙齿已经坏掉了。

老师：小猪的牙为什么会坏掉？

学生：因小猪经常吃苹果且不刷牙，才使牙齿坏掉了。

老师：我们怎样才能保护好自己的牙齿呢？今天老师就来和同学们说一说如何保护我们的牙齿。

教学内容

1. 保护牙齿的方法

（1）养成良好的口腔卫生习惯，饭后漱口，早晚认真刷牙，每次至少刷3分钟。

（2）掌握正确的刷牙方法，根据自己口腔的实际情况选择合适的牙膏和牙刷。

（3）定期做口腔检查，及时治疗牙病或口腔疾病。在幼儿时期，进行窝沟封闭能有效预防龋齿。

（4）不用牙齿咬硬物，如铁丝、核桃或饮料瓶盖等。同时要改变一些坏习惯，如咬铅笔、啃指甲、咬嘴唇、趴着睡觉、张口呼吸等，这些都会造成牙齿排列错乱，增加龋齿的可能。平时尽量不剔牙，非剔不可时，注意不要用坚硬的针剔，应用牙线轻轻顺着牙缝剔除嵌塞食物。

（5）少吃甜食，少喝饮料。

2. 正确的刷牙方法

（1）生理刷牙法。将牙刷的刷毛与牙面接触，刷毛顶端指向牙冠方向，然后沿牙面向牙龈轻微拂刷，类似咀嚼纤维性食物对牙面的摩擦动作。这种方法能清洁牙面和刺激牙龈组织的血液循环，增进牙周组织健康。

（2）垂直颤动法。可将牙刷的刷毛与牙的长轴平行，紧贴牙面，刷毛指向牙龈方向，尖端轻压在龈缘处，用柔和的拂刷动作旋转牙刷，使刷毛与长轴成45度角，由牙龈刷向切端或咬合面。拂刷动作要慢一些，使刷毛尖通过牙龈与牙齿交界处时，能将污物除去。为适应牙列的形态，前牙舌侧应将牙刷垂直，将刷毛的尖端与舌面接触，从龈缘面向切端作弧形的移动，牙齿的咬合面则可将刷毛的尖端直接与之接触，前后来回拉动。这是一种顺着牙间隙上下垂直颤动拂刷的比较符合口腔保健要求的刷牙方法，它既能达到去除污物及按摩牙龈的目的，又能避免损伤牙体和牙周组织。

（3）旋转式刷牙法。第一步，刷前牙唇面、后牙颊面和后牙舌腭面时，牙刷毛束的尖端朝向牙龈，即上牙朝上、下牙朝下，牙刷的刷毛与牙面呈45度角。第二步，将牙刷朝牙冠做小环形旋转运动。第三步，顺牙缝刷洗，即可将各个牙面刷干净。刷前牙舌腭面时，牙刷毛束尖直接放在牙齿的舌腭面，上牙向下拉，下牙向上提，刷后牙咬合面时将牙刷的刷毛放在咬合面上，前后来回刷。

3. 窝沟封闭可以预防恒磨牙及窝沟龋

窝沟封闭是世界卫生组织向全世界儿童推荐的一种保护新生恒牙的方法，我国牙防组织也向全国的小朋友推荐了这种保护牙的新方法。

窝沟封闭是指不损伤牙体组织，将窝沟封闭材料涂布于牙冠咬合面、颊舌面的窝沟点隙，让它流入并渗透窝沟后固化变硬，形成一层保护性的屏障，覆盖在窝沟上，以阻止致龋菌及酸性代谢产物对牙体的侵蚀，来达到预防窝沟龋的方法。窝沟封闭是一种无痛、无创伤的方法，该技术在国际上已有50多年的使用历史。

每个人口腔内大牙的咬合面是凹凸不平的，凹陷的部位就叫窝沟。如果发育不好，窝沟非常深，食物和细菌嵌塞进去，就很容易发生龋齿（也叫"虫牙""蛀牙"），医学上称这种龋为窝沟龋。根据口腔流行病学调查，我国青少年90%以上的龋发生在窝沟部位。"六龄齿"就是窝沟龋的好发部位，它是萌出时间最早的恒磨牙，其咀嚼功能最强大，也最容易发生龋病，甚至造成过早脱落，所以保护儿童的第一恒磨牙很重要。6～8岁是孩子最适合做窝沟封闭的年龄，因为此时孩子的恒磨牙刚完全萌出不久，需要及时进行窝沟封闭加以保护。

实践活动

学完这节课，我们了解了正确的刷牙方式对于保护牙齿的重要性，希望同学们以后都能够认真地刷牙。回家后和爸爸妈妈讲一讲如何保护牙齿吧。

延展阅读

儿　歌

清早起床，伸伸懒腰，洗洗小手，开始刷牙。

左边刷刷，右边刷刷，白色泡泡，啪啪啦啦。

里边刷刷，外边刷刷，照照镜子，臭美一下。

早也刷刷，晚也刷刷，洁白牙齿，大家来夸。

你也刷刷，我也刷刷，健康快乐，陪伴大家。

第九节　偏食挑食的危害

教学目标

通过本节教学，让学生懂得偏食挑食对身体的危害，培养学生养成健康的饮食习惯。

教学设计

第一步：案例引入，激发学习兴趣。

1. 观察"中国居民平衡膳食宝塔（2022）"图片。

2. 请同学们说一说自己爱吃的和不爱吃的食物。

第二步：讲解偏食挑食的危害。

第三步：讨论哪些是好的饮食习惯。

1. 学生自由回答，教师总结。

2. 指导学生学习良好的饮食习惯。

第四步：教师总结。

案例材料

玲玲是二年级（1）班的小朋友，爱说爱笑，擅长舞蹈。每次班级有演出，她总是能吸引大家的目光，可是每到吃中午饭的时候，她总是噘起小嘴说："红萝卜不好吃，青菜我也不爱吃。"又说："这种豆子我不爱吃，这个菜长得像毛毛虫，我也不想吃！"

老师：同学们，人体需要多种营养成分，有糖类、脂肪、蛋白质……糖类除了提供人在运动、学习、生活时所需要的能量，还提供人体生命活动，如血液循环、呼吸、消化、吸收所需要的能量。脂肪转化为热量供人体使用，或转化为体内脂肪存于脂肪细胞内。蛋白质能使人具有抵抗力，少生病。肉虽好吃，但多吃蔬菜水果对于我们的身体健康也至关重要。不科学的饮食会对身体造成不良的影响。因此，老师建议大家，在日常饮食中一定要克服偏食、挑食的不良习惯，做到合理膳食。好吗？

教学内容

1. 偏食挑食的危害

偏食挑食对我们的健康危害很大，有的同学见到喜欢吃的食物就一次性吃很多，见到不爱吃的食物则一口也不吃，这样饥一顿饱一顿，不仅使营养物质摄入不均衡，而且有损胃肠道的健康。有些同学只爱吃肉不爱吃蔬菜，这会导致摄入的维生素和纤维素太少，容易造成维生素的缺乏，纤维素太少则会使肠蠕动减慢，影响胃肠道的消化吸收功能，就会出现便秘。一个人若长期只吃鱼、肉、乳、蛋类等动物性食品，就会打乱身体内环境，很容易患疾病。但是只吃素食不爱吃肉也不是好的习惯，只吃素食的同学会缺乏生长发育必需的蛋白质和脂肪，会使身体发育出现问题，比如体质偏弱、身材矮小、消瘦、抵抗力差等。

2. 如何养成健康的饮食习惯

（1）膳食营养要均衡。在日常饮食中，摄入食物种类要多样，不要偏食；一日三餐要有规律，定时定量吃饭，不暴饮暴食，不随便吃零食。

（2）注意饮食卫生。饭前便后要洗手，吃的东西要保证新鲜，瓜果一定要洗净，不吃变质的食物，不吃路边摊。

（3）树立正确的饮食文化观。在日常的生活学习中，多了解饮食来源、制作、营养价值，以及如何吃、吃多少等知识。

（4）少喝饮料，白开水才是最佳饮品。白开水不光能满足人体对水的生理需要，还能为我们提供一部分矿物质和微量元素，不管是碳酸饮料还是营养保健型饮料，都不宜代替白开水作为人的主要饮用水。

（5）膨化食品对儿童身体有害无益。检测显示，膨化食品虽然口味鲜美，但从成分结构看，属于高油脂、高热量、低粗纤维的食品，只能偶尔食之。长期大量食用膨化食品会造成油脂、热量吸入高，粗纤维吸入不足，再加上运动不足，会造成人体脂肪积累，出现肥胖现象。儿童经常食用膨化食品，会影响正常饮食，导致多种营养素得不到保障和供给，易出现营养不良现象。膨化食品普遍高盐、高味精，易导致孩子成年后患上高血压和心血管疾病。

（6）多喝牛奶有益健康。但是要注意，对牛奶过敏（即乳糖不耐受）的同学不要喝纯牛奶，否则会引起腹泻、腹痛，严重时还会出现皮疹和呼吸困难等症状。乳糖不耐受的同学可以改喝酸奶，因为酸奶中的乳糖含量较少。

实践活动

了解一下班里偏胖或偏瘦同学的饮食习惯，你有什么好的想法？对于身边偏食挑食的小伙伴有什么好的建议？

延展阅读

儿　歌

吃饭饭，饭饭香。

一口青菜一口饭，

一口肉肉一口汤，

青菜吃了精神好，

肉肉吃了身体棒，

喝口汤汤润润肠，

主食米饭不能忘。

第十节　咳嗽、打喷嚏的礼仪

教学目标

1．通过本节教学，让学生知道咳嗽、打喷嚏会传染病毒，同时知道自己患感冒、咳嗽等疾病时，应佩戴口罩。

2．教会学生养成良好的个人卫生习惯，学会正确的咳嗽、打喷嚏的礼仪。

教学设计

第一步：故事导入。

谈一谈，自己在咳嗽或打喷嚏时，和小熊的做法一样吗？

第二步：讨论"咳嗽、打喷嚏是否会传播疾病"。

1．学生自由发表观点。

2．播放关于"咳嗽、打喷嚏如何传播疾病"的视频。

3．教师总结。

第三步：教师示范咳嗽、打喷嚏的正确方法。

1．咳嗽、打喷嚏，应该把脸转向一边，同时用纸巾捂住鼻嘴，避免唾沫飞溅。

2．重点强调：在咳嗽、打喷嚏时，头要侧转，并用纸巾或手肘挡着。

3．学生模拟练习。

第四步：延展阅读。

1. 了解随地吐痰会传播疾病。

2. 师生一起探索正确的吐痰方法。

第五步：教师总结。

案例材料

大森林里迎来了美丽的秋天，阵阵秋风吹得金黄的落叶随风飞舞，天气变得越来越冷了。早上醒来，小熊发现自己感冒了，它一会儿咳嗽，一会儿打喷嚏，一会儿流鼻涕。这时其他小动物找它去踢足球，它是多么贪玩儿的小熊呀，尽管感冒了，但它还是高高兴兴地和小动物们一起踢足球去了。在球场上，小熊跑着跑着停了下来，对着其他小动物打起了喷嚏，一打就停不下来。小动物们都觉得它打喷嚏的样子很好笑，围着它笑个不停。

老师：你觉得故事中小熊的做法对吗？

学生：小熊对着其他小动物打喷嚏是不文明的。

老师：小熊的做法不正确。因为小熊感冒了，打喷嚏和咳嗽会传染疾病。打喷嚏、咳嗽是一种正常的生理现象，但当着众人打喷嚏、咳嗽却不采取防护措施是不正确的。你们知道打喷嚏时应该注意哪些事项吗？

学生自由回答。

教学内容

1. 打喷嚏和咳嗽会传染疾病

有些呼吸道疾病会通过咳嗽和打喷嚏来传播。当一个人打喷嚏时，他体内的病菌就会随着口腔和鼻腔分泌物扩散到周围的空气中，这些病菌十分微小，它们可以在空气中停留很长的时间，如果有人吸入这些被污染的空气，就有可能会被感染。有些疾病如流行性感冒、新型冠状病毒肺炎等，都可以通过这种方式传播。为了周围人的健康，我们在打喷嚏或者咳嗽时要注意采取防护措施。

2. 咳嗽、打喷嚏的礼仪

正确的咳嗽、打喷嚏的礼仪是预防呼吸道传染病的有效方法。注意咳嗽、打喷嚏的礼仪。不仅能够体现个人素质，也是对他人健康负责的表现。如果你有咳嗽、打喷嚏的症状，你可以这样做：

（1）用纸巾捂住口鼻。当预感到要咳嗽、打喷嚏时，尽量避开人群，用纸巾捂住口鼻，防止唾液飞溅。使用过的纸巾不要随便乱扔，要丢到垃圾桶里。

（2）用手肘衣物捂住口鼻。当预感到要打喷嚏时，若来不及掏纸巾或临时找不到纸巾，可把头低向弯曲的手肘来代替手捂住口鼻。这个动作可以将喷出的飞沫阻挡在手肘皮肤或者衣服上，因为肘部较为干燥，且不容易再接触其他公用物品，可以有效阻断

病原微生物的传播。

（3）避免用手直接捂住口鼻。直接用手捂住口鼻，会让手沾染上病菌，也易将病菌传染给别人。如果咳嗽或打喷嚏时直接用手遮掩了，要立即清洗双手或使用免洗消毒液为双手消毒，防止病菌传播、残留。

（4）出门戴口罩，遮住口鼻。患有呼吸道疾病时，要尽量不外出，减少与他人接触的机会；如果外出，需佩戴口罩，并与他人保持至少1米以上的距离。

（5）生病后及时就医。出现发热、干咳、乏力等症状时，要尽早就诊治疗，查明病因，减少传染几率。

在传染病流行期间，遵守咳嗽、打喷嚏礼仪，既能保护自己，也能保护他人，这有利于对传染病的控制。在日常生活中，我们每个人都要遵守咳嗽、打喷嚏的礼仪，共同营造一个健康的生活环境。

实践活动

咳嗽、打喷嚏时我们的正确做法是什么？请同学们回家后和家人分享一下。

延展阅读

随地吐痰会传播疾病

痰是人体呼吸道的分泌物，患上呼吸系统疾病后，人会产生大量的痰液，这些痰液中含有多种病菌，并且一口痰液中会有成千上万的病菌，从而传播疾病，如肺炎、肺结核、流行性感冒等疾病都可以通过这种方式传播。

痰液中的致病菌散发到空气中后，会停留很长时间，其他健康的人如果呼吸到这些带有病菌的空气，就有可能被感染，因此随地吐痰既不文明，也不卫生，极易传染疾病，同时还污染了我们生活的环境。

第十一节　文明就餐

教学目标

1. 学习文明就餐礼仪，养成良好的习惯。
2. 让学生了解古今中外的饮食文明，知道有理、有序、节约是文明用餐的主旋律。

教学设计

第一步：谈话导入。

你在家中是怎样进餐的？进餐前、进餐后做了哪些事？爸爸妈妈喜欢你这样做吗？学生自由回答。

第二步：讲案例故事。

1. 听故事。

2. 请学生说一说文中的小朋友娇娇的做法是否正确。

学生自由畅谈看法。

第三步：学习新知。

1. 看有关文明就餐礼仪的图片，组织学生讨论。

2. 引导学生讨论以下问题：

（1）你喜欢图片中的哪位小朋友？为什么？

（2）进餐时他们是怎样加菜的？

（3）对不喜欢吃的菜他们是怎么做的？谁做的对？进餐后他们是怎么做的？

3. 学习文明就餐礼仪。

第四步：教师总结。

案例材料

妈妈带娇娇去参加同学聚会。用餐时，娇娇伸着筷子，看哪盘菜好吃就一个劲儿地挑着吃，一副不管不顾的样子。有人开了个玩笑说："这小丫头真精啊！"妈妈听了简直无地自容。是呀，在家里吃饭时，姥姥每次做了好菜都紧着娇娇吃，像三鲜虾仁这道菜，娇娇就专挑虾仁吃，姥姥还帮着她挑，直到把盘子里的虾仁挑得一个不剩，留下一堆黄瓜片，她才住手。坏习惯已经成自然了，到了外面哪里改得过来呀！

老师：同学们，娇娇用餐时的坏习惯有哪些？

学生自由回答。

老师：这节课我们来说一说用餐时的文明礼仪。中华饮食历史源远流长，我国自古又是礼仪之邦，饮食礼仪自然也成为饮食文化的一个重要部分。饮食礼仪因场合的性质、目的而不同，在不同地区也是千差万别。俗话说，坐有坐相，吃有吃相。餐桌礼仪能体现出一个人的修养和素质。

教学内容

1. 文明就餐的礼仪

"一粥一饭，当思来处不易；半丝半缕，恒念物力维艰。""食"是我们每个人日常生活的重要组成部分，餐桌文明是社会文明的重要体现。小餐桌，大文明，承载的不仅是人类的生生不息，更传承了中华民族的优秀文化和尊重劳动、珍惜粮食、勤俭节约的传统美德。我们要大力弘扬勤俭节约、艰苦奋斗的精神，自觉引领"文明用餐、节约用餐"的良好风尚。

（1）在吃饭之前，一定要先把手洗好，因为我们的小手每天要接触很多东西，会沾满细菌，如果能做到饭前洗手，就可以减少进入我们身体的病菌。

（2）当和长辈一起用餐时，应让长辈先入座。坐下后不要随意走动，要保持安静，在原地等待就餐。如果是和小朋友一同用餐，在桌上不能嬉戏打闹、大声喧哗，不要争来抢去。

（3）讲究膳食平衡，不要专挑自己喜欢吃的菜，因为各种菜品的营养是不同的，我们要选择食用多种食物来丰富自己身体的营养摄入。餐桌上遇到自己喜欢吃的菜，我们也不能在盘中乱挑乱找，这样是十分不文明的行为。

（4）对于吃不了的饭菜，也不要倒掉，如果是在饭店的话，可以要个打包盒把菜打包回家吃，这样不会造成浪费。如果是在家里吃饭，就能吃多少盛多少，不要经常剩饭，这也是不文明的就餐行为。

（5）就座时，身体要端正，不要把手肘放在桌面上，不可跷足；不要随意摆弄餐桌上已摆好的餐具；坐姿应保持稳定，不要前后摇摆，对于手的动作和说话的要求是不影响或者侵犯你隔壁座位的空间。用餐时，要避免一些不良的个人习惯，如不停地敲餐具、用手指在桌上敲打、拿着筷子不放、盯着自己喜欢的菜猛吃等。

2. 养成文明用餐的好习惯

（1）入座之后要注意自己的坐姿，双脚不要离地。胳膊所占空间尽量不要太大，因为那样会让别人吃饭不方便。

（2）吃饭时要细嚼慢咽，注意咀嚼的声音不要太大，否则会让别人感到厌烦。

（3）养成食不言的好习惯。吃饭的时候说话不但会影响肠胃消化吸收，还很容易将食物吸入气管，从而对我们的身体造成危害。

（4）用筷子去夹菜的时候，要注意你的筷子上面是否黏着饭粒。如果有要及时收回筷子，否则饭粒掉进菜里，就会影响别人用餐。

（5）吃饭的时候千万要注意自己的行为举止，不要去做抠鼻子等一些不文雅的动作，这样会严重影响别人的食欲。

实践活动

对照下表，看一看自己有没有下列不文明行为。

序号	不文明行为	有√　没有×
1	就餐时，爷爷奶奶还没入座，你已经开始夹菜了	
2	用筷子在盘子里翻找你爱吃的肉片	
3	和小朋友在餐厅里嬉戏打闹	
4	和小朋友争抢你最爱吃的菜	

中小学健康教育与近视防控指导用书

延展阅读

儿　歌

小朋友，准备好，

午饭香香已摆好。

老师话，切记清，

一口饭菜一口汤，

细嚼慢咽吃得香。

嘴里有饭不说笑，

追逐打闹更不要；

饭后洗手擦擦嘴，

收拾碗筷习惯好。

第十二节　少喝碳酸饮料

教学目标

1. 通过本节教学，让学生了解长期饮用碳酸饮料容易造成肥胖、龋齿等，影响身体发育。

2. 通过学习，让学生学会正确地选择饮料。

教学设计

第一步：谈话导入。

1. 口渴的时候，同学们喜欢喝什么呢？

2. 我们做一个小调查，请同学们举手回答，老师做统计：

A. 只喝饮料，不喝白开水。

B. 喜欢喝饮料，很少喝白开水。

C. 喜欢喝白开水，很少喝饮料。

第二步：学习新知。

通过调查发现，有部分同学喜欢喝甜甜的饮料，其实呀，这些饮料一点儿都不解渴，还会影响我们的健康。

1. 播放"碳酸饮料的危害"相关视频。

2. 学生观看后，说说自己的想法和感受。

3. 教师总结碳酸饮料的危害：造成肥胖、龋齿、营养不良……

第三步：学会正确选择饮料，知道白开水才是最好的饮料。

白开水好处多：1．补充人体必需的水分。2．有益于新陈代谢。

第四步：教师总结。

水是最好的饮料，其他饮料中一般含有许多糖分和添加剂，这些物质不利于同学们的健康成长，还可能导致各种疾病。我们平时要多喝水，勤锻炼，身体才会健康。

案例材料

口腔医院里来了一位特殊的病人，他是一位27岁的年轻小伙，虽然他很年轻，但是当医生为他检查牙齿时却大吃一惊，因为他的下牙只剩下7颗，上牙只剩下3颗，连正常成年人的一半都不及，他的门牙及邻近的牙齿都不见了，只剩下牙龈。医生急忙询问原因，原来这位年轻人连续五年天天喝碳酸饮料，每天至少喝一瓶，再加上他的牙齿质地本来就不好，以及长期熬夜，刷牙也是应付了事，这才造成了他的现状。

老师：这位年轻小伙的牙齿为什么掉得这样快？

学生自由回答。

老师：通过故事，我们发现，碳酸饮料对健康有害。那么，哪些饮品是碳酸饮料呢？

学生自由回答。

教学内容

1. 碳酸饮料

碳酸饮料又称汽水，是充入二氧化碳气体的软饮料。常见的碳酸饮料如下：柠檬汽水、橙汁汽水、苏打汽水、可乐等。碳酸饮料由大量的食品添加剂构成，除糖类能给人体补充能量外，充气的"碳酸饮料"中几乎不含营养素。

2. 碳酸饮料的危害

我们平时喝少量的碳酸饮料，对身体影响不大；如果喝大量的碳酸饮料，把碳酸饮料当水来喝，就会影响身体健康了。

（1）易造成肥胖，因为碳酸饮料中含有大量糖分，影响青少年的身体发育。

（2）易造成龋齿。碳酸饮料中含碳酸、磷酸，酸性很强，加上糖分在口腔中发酵产生的酸性产物，对牙齿有很强的刺激腐蚀作用，还会软化牙釉质，对牙齿龋洞的形成有加速作用。儿童的乳牙和恒牙钙化程度较低，牙齿的珐琅质和象牙骨质也相对较薄，没有成人牙齿钙化程度好，相比起来更易出现龋齿。

（3）影响食欲和消化，增加青少年发生营养不良的危险。碳酸饮料释放出的二氧化碳很容易引起腹胀，影响食欲，尤其是出汗时大量饮用冰镇汽水，会使扩张的毛细血管遇冷而迅速关闭，刺激胃肠道黏膜，造成消化功能紊乱，从而使人出现恶心、呕吐、腹痛、腹胀、腹泻等症状。而含糖饮料不仅冲淡了胃液，还把生长发育必需的蛋白质、钙、铁、锌等营养物质冲走了，长此以往将影响青少年饮食营养的摄取，使青少年出现消瘦、身高体重增长缓慢、贫血等问题。

（4）经常大量喝碳酸饮料的青少年骨钙流失严重，发生骨折的危险是其他青少年的三倍。在体力活动剧烈的同时，过量饮用碳酸饮料，骨折的危险系数会增高。碳酸饮料大部分都含有磷酸，摄入大量磷酸就会影响钙的吸收，引起钙、磷比例失调，影响骨质沉积，导致骨骼发育缓慢、降低峰值骨量，甚至出现骨质疏松。

3. 正确选择饮料

（1）白开水清淡无味，极其普通，但对人体的生理机理具有重要的调理作用，具有润肠道、排毒养颜、提神等功效。

白开水是天然状态的水经过多层净化处理后煮沸而来，水中的微生物已经在高温中被消灭，其中的钙、镁元素对身体有益。白开水含有大量的二氧化碳和碳酸氢根，本身就是一种温和的酸碱缓冲液，可以调节胃酸平衡。白开水中含有多种离子，可调节消化液的离子比例。

（2）根据我们自己的喜好，利用新鲜的水果制作美味的饮品，如柠檬柚子茶、水果茶、鲜橙汁、西瓜汁等等。

（3）购买现榨果汁，健康又好喝。

实践活动

1. 哪些饮料属于碳酸饮料？列举出来几种告诉大家。

2. 放学回家后，利用家里的水果，和爸爸妈妈一起制作一杯可口的果汁吧。

延展阅读

运动之后如何正确补水

长时间或剧烈运动后，最好先喝一点点水润润喉咙，等到心率恢复正常以后，再补充水分。每次补水的时间最好间隔10分钟以上，建议采用少量多次的饮水方法，这样基本能够保持人体水平衡。

正常人的体温在36摄氏度左右，剧烈运动后人的体温有时会上升到39摄氏度左右，这时如果饮用过凉的水，容易造成胃肠功能紊乱。因此，运动过后最好饮用温水。长时间运动出汗后，身体的电解质缺失，可以喝点淡盐水，来平衡身体内的电解质。

第十三节　如何文明如厕

教学目标

1. 知道如厕的基本卫生常识，做到不在厕所内打闹嬉戏，主动维护公共厕所的清洁卫生。

2. 了解随地大小便会破坏环境，是一种不文明的行为。在公共场所时需要大小便时，一定要去公共厕所，并做到文明如厕。

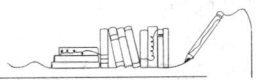

教学设计

第一步：案例导入。

问：同学们在学校厕所里发现过哪些不文明现象？

学生自由回答，教师记录板书。

第二步：分组讨论。

如果出现了以下几种不文明的如厕行为，你会怎么办？

1. 在厕所里打水仗。

2. 两名同学在厕所里相互推搡。

3. 一名同学在厕所墙壁上画画。

分组讨论，代表发言。

第三步：学习如何文明如厕。

小结：文明如厕，有利于维护公共卫生和大家的身心健康。在厕所里大声喧哗、嬉戏打闹、乱写乱画，都是不文明的行为。同学们一定要讲卫生讲文明，只有通过大家的共同维护，我们才能拥有一个干净、舒适的如厕环境。

第四步：请同学们讨论"为什么不能随地大小便"。

第五步：教师总结。

案例材料

近几天，小明每天都和小朋友们一起到卫生间，玩躲猫猫的游戏，因为这里有很多的隔间，很容易躲藏，并且老师还发现不了。

老师：同学们，你觉得他们这种做法对吗？

学生：不对，这是一种不文明的行为。

老师：在卫生间里做游戏，不仅不文明，而且还有很多安全隐患。因为卫生间的地面不干净，而且比较湿滑，容易使人摔倒，导致受伤。因此，同学们不应该在那里做游戏。今天，老师给大家讲一讲如何文明如厕。

教学内容

1. 文明如厕，爱护环境

（1）在公共场所需要遵守秩序，如厕时也一样。公共厕所也属于公共场所，如厕时要遵守秩序，不争不抢，有序如厕，礼让为先。在厕所里不打闹、不喧哗，不乱涂乱画，保持墙面洁净。

（2）来也匆匆，去也冲冲，随手冲厕，彰显文明。大小便要入池，手纸要入篓，如厕后要冲水，吐痰时要用纸巾将痰包住后扔进垃圾篓中，养成好习惯。

（3）维护环境，人人有责。厕所不是画室，请不要在厕所的墙壁、门板等处乱贴、乱涂、乱画和书写污言秽语。要将脏水倒入便坑里，不要泼洒、滴落在地面上，以免弄脏地面或使人滑倒。要将拖把放在拖把池里清洗，洗好后挤干，不能乱甩，以免溅污四周。要在洗手池内洗抹布、毛笔等，并在清洗时把水流关小，洗完后再把池子四周的污渍擦一擦。

（4）爱护厕所内的公共设施，是我们应尽的责任。不要损坏厕所内的公共设施和设备，否则会给其他人正常使用厕所造成不便。爱护所有卫生设施，不将垃圾丢入洗手池、拖把池、便坑内，以防管道堵塞。

（5）节约用水人人有责，请及时关闭水龙头。如遇水龙头、冲水阀等损坏造成水流不止的情况，应及时反映，避免水资源的浪费。不要故意浪费公共厕纸和洗手液。

（6）不占用公共资源，请不要在公厕里占位。在人多的地方或者高峰期时，一些公共厕所蹲位常常会遇到供不应求的情况，因此，请不要随意占用蹲位。

2. 不随地大小便

随地大小便是一种不文明的行为，会严重影响附近居民的生活，破坏城市环境，有损城市形象。大小便中含有大量的致病菌和各种寄生虫卵，如果不及时清理，很容易成为潜在的疾病传染源。因此一定要去公共厕所大小便，并做到文明如厕。

实践活动

课堂中，如果你突然肚子不舒服想去厕所，你会怎么做？

延展阅读

儿 歌

果皮纸屑不乱扔，爱护树木和花丛。

不能随地大小便，保护环境讲卫生。

第十四节 喝牛奶的好处

教学目标

1. 了解经常喝牛奶可以促进身体健康，养成每天喝牛奶的习惯。

2. 了解饮用牛奶的注意事项，建议乳糖不耐受的人饮用酸奶。

3. 区分纯牛奶和牛奶饮品，了解它们的差异，学会正确选择。

教学设计

第一步：故事导入，引发思考。

1. 说一说自己喜欢喝牛奶的理由。

2. 讨论：经常喝牛奶对我们身体有什么好处？

学生自由回答，教师总结。

第二步：喝牛奶的注意事项。

1. 不要空腹喝牛奶，乳糖不耐受的人可以选择饮用酸奶。

2. 牛奶与果汁不能同饮。

3. 不能用牛奶服药。

……

第三步：出示商店里常见的纯牛奶、酸奶和牛奶饮品的图片。

1. 这些饮品中，同学们都喝过哪些？

2. 说一说牛奶、酸奶和牛奶饮品的区别。

学生自由回答，教师总结。

第四步：课堂实践。

选一名同学做小小宣传员，请他为同学们宣传"健康饮用牛奶"的知识。

案例材料

　　每天早上，熊妈妈都准备一杯热牛奶给小熊。这天，小熊把牛奶推到一边，嘟起小嘴巴说："我最不喜欢喝牛奶，牛奶一点味道也没有。"还没等熊妈妈多说什么，这时，大熊进来了。大熊是小熊的表哥，它可是森林里最强壮的熊，已经在摔跤运动会上夺得了几届的冠军了，是小熊崇拜的对象。

　　大熊刚一坐下，熊妈妈就端出一杯牛奶，大熊高兴地喝了下去，还说自己最喜欢喝的就是牛奶了。小熊不明白为什么大熊哥喜欢喝牛奶，大熊举起强壮的手臂，回答说："喝了牛奶，我才能变得这么强壮健康，牛奶是非常有营养的。"

　　小熊急忙问："那我喝了牛奶也会像大熊哥一样强壮吗？"

　　大熊笑着说："当然啦。"

　　从那以后，小熊每天都喝牛奶，后来越长越强壮！

　　老师：同学们，你们知道喝牛奶的好处有哪些吗？

　　学生自由回答。

教学内容

1. 喝牛奶的好处

牛奶含有的氨基酸种类齐全，属于完全蛋白质食品，能补充人体所需的各种氨基酸，其中40%为乳酪蛋白，其次为乳清蛋白，后者的含硫量比例相当于鸡蛋清。牛奶还含有维生素 B_1、维生素 B_2、维生素 B_6、维生素 C 、维生素 D 、泛酸等，富含人体所需的多种营养物质及微量元素，除了能补充人体所需的营养物质外，还具有镇静安神、美容养颜的功效。

（1）喝牛奶可以促进生长发育。牛奶含有丰富的蛋白质，虽然植物中的大豆等均含有丰富的蛋白质，但动物蛋白优于植物蛋白，牛奶属于动物性蛋白质，属于较优质的蛋白成分，对于儿童正常生长发育以及能量补充具有较大帮助。

（2）多喝牛奶可以补充我们身体所必需的钙质，会使我们的骨骼更加强壮，使我们的生长速度加快，同时也有助于防止骨骼萎缩和缺钙现象的发生；喝牛奶还可以使伤口加快愈合。

（3）喝牛奶有助于睡眠。在睡前喝一杯牛奶，会起到很好的催眠作用。但是乳糖不耐受的人，最好不要喝纯牛奶，可以选择喝酸奶，否则会出现腹泻等症状。

2. 喝牛奶的注意事项

（1）不要空腹喝牛奶。空腹喝进去的牛奶不能充分酶解，牛奶中的蛋白质会代替碳水化合物转变为热量而被消耗掉，起不到构造新组织、修补旧组织的作用，因此会导致腹痛、腹泻的现象。

（2）牛奶与果汁不能同饮。牛奶中的蛋白质80%为酪蛋白，当牛奶的酸碱度在4.6以下时，大量的酪蛋白便会发生凝集、沉淀反应，难以被人体消化吸收，严重者还可能导致消化不良或腹泻，所以牛奶中不宜添加果汁等酸性饮料。

（3）不能用牛奶服药。牛奶容易在药物的表面形成一个覆盖膜，使奶中的钙、镁等矿物质与药物发生化学反应，形成非水溶性物质，从而影响药效的释放及吸收。

（4）刚挤出的牛奶不能直接饮用。刚挤出来的鲜牛奶中含有很多的病菌，因此要经过消毒或者高温加热处理，才能够饮用。

（5）不喝结块牛奶。结块说明牛奶已经变质，如果饮用会引起肠胃不适。

（6）牛奶与鸡蛋不宜同煮而食，因为鸡蛋里的卵白素能使牛奶中的 B 族维生素失去作用，并使人体内的酶受到一定程度的破坏，而且鸡蛋清中所含有的物质能直接影响人体对蛋白质的吸收。

3. 纯牛奶与牛奶饮品的区别

纯牛奶也叫鲜牛奶、纯鲜牛奶，它的配料只有一种，即鲜牛奶。此外，深受消费者欢迎的酸奶是用纯牛奶发酵制成的，因此酸奶也属于牛奶。

牛奶饮品的配料除了鲜牛奶以外，一般还有水、甜味剂、果味剂等，而水往往排在第一位。因此其营养价值不能与纯牛奶相提并论。

实践活动

在超市的奶品专区找一找，区分哪些是牛奶，哪些是牛奶饮品。

豆制品的营养

豆制品是大豆经加工制成的,如豆腐、豆腐皮、豆腐干、豆浆、豆腐脑、腐竹、豆芽菜等。大豆被加工成豆制品后,虽然会流失一些水分及营养物质,但更容易被人体吸收利用。豆制品的营养主要体现在其丰富的蛋白质含量上。豆制品含有人体必需的氨基酸,它与动物蛋白相似,同样也含有钙、磷、铁等人体需要的矿物质,以及维生素 B_1、B_2 和纤维素。要想保持健康,营养来源单一是不可取的,我们可以把豆制品作为蛋白质的来源之一,每天选择吃 $30 \sim 50$ 克的大豆及其制品。

第二章　生长发育与青春期保健

第一节　我们从哪里来

教学目标

1. 通过观看课件,初步了解"我"在母体里的成长过程,并大胆想象"我"在母体里的快乐生活。

2. 明白生日的由来,体会妈妈十月怀胎的辛苦,萌发感恩父母的情感。

教学设计

第一步:观看视频课件《我从哪里来》,让学生了解胎儿在母体中发育的过程。

第二步:出示图片,了解自己在母体中的样子。

1. 妈妈身体的变化(种子—芝麻—花生—葡萄—西瓜)

2. 老师提问关于不同时期胎儿在母体中的变化的问题。

(1)宝宝在母体中是怎么吸收营养的?(靠脐带)

(2)宝宝在母体中做什么?(刚开始是睡觉,后来会运动了)

第三步:情景剧表演《我来做妈妈》,体验做妈妈的辛苦。

请小朋友把书包包在怀里,跟着老师的口令表演一位怀孕的妈妈。(慢慢起身—小心走路—弯腰打扫卫生—扶着肚子散步—弯腰捡东西—轻轻坐下)

第四步:感恩教育。

1. 播放音乐《天之大》。

2. 父母赋予我们生命,哺育我们成长,为我们付出了无数的心血,我们应该如何孝敬父母呢？

3．讲一讲妈妈在生活中让你最感动的事情。

学生自由回答，教师总结。

第五步：阅读《游子吟》。

案例材料

每个小孩都是父母爱的结晶，是由两个细胞共同创造的生命奇迹。这两个细胞一个叫精子，住在爸爸体内；一个叫卵子，住在妈妈体内。

爸爸妈妈都深爱着对方，他们特别想生一个孩子，爸爸的精子和妈妈的卵子开始约会，然后手牵手来到妈妈的子宫里安营扎寨，一住就是 280 天。在子宫里，精子和卵子结合，变成一个肉眼看不到的单细胞，然后快速裂变长大，直到长成一个可爱的宝宝。宝宝叩敲妈妈的"宫门"，大声啼哭着离开母体，最后变成一个独立的人。

老师：孩子们，通过老师的讲述，你们知道自己是怎么来到人世的了吗？

教学内容

1．子宫孕育生命

汉语言真是奇妙，你看"子宫"这个词多么确切！顾名思义，子宫就是孩子的宫殿！这是一个精美绝伦的宫殿，比大地上任何一个宫殿都美：它有一个神奇的营养传送带——脐带，这条带子紧紧地将妈妈与孩子连在一起，就像一个 24 小时开放的餐厅；子宫内还有天鹅绒一样舒适的睡床——胎盘，周围漂浮涌动着羊水，就像海上的波浪。不仅如此，胎儿住在子宫里，还可以日夜倾听妈妈心脏鼓点般的节奏，以及宫墙竖琴一样的血管中血液涓涓流淌的音韵。每个人都是在子宫这个"音乐宫殿"里面孕育，并从这里诞生！

2．胎儿的发育过程

妊娠 4～8 周的胎体为胚胎；妊娠 8 周以后的胎体叫胎儿。在胚胎期，胎体的重要器官逐渐形成；在胎儿期，胎体的各器官进一步发育成熟。胎儿在妊娠 28 周以前娩出的现象称为流产；在孕 28～37 周娩出的现象称为早产，在孕 37 周至 42 足周娩出的现象称为足月产。从孕育至宝宝出生，全程共 280 天即 40 周。

（1）孕 4 周末，即卵子受精后 2 周，受精卵已进入子宫壁，并开始发育。

（2）孕 8 周末，胚胎已初具人形，头占整个胎体一半，能分辨出眼、耳、口、鼻、四肢，已具雏形。超声检查时可见早期心脏形成，并有搏动。

（3）孕 12 周末，胎儿外生殖器已发育，多可辨认男女；已长出指（趾）甲；肠管已有蠕动，有吸收葡萄糖的能力。

（4）孕 16 周末，从外生殖器可确定胎儿性别；胎儿头皮已长出头发，皮肤色红、光滑透明；胎儿已开始呼吸运动。

（5）孕 20 周末，胎儿全身有毳毛，有心跳、呼吸、排尿和吞咽功能。孕妇可感觉胎动，超声检查时可听到胎心音。

（6）孕24周末，胎儿各脏器均已发育，皮下脂肪开始沉积，但皮肤仍有皱纹。

（7）孕28周末，胎儿身长约35厘米，体重约1000克；皮下脂肪沉积不多，皮肤粉红；可以有呼吸运动，但胎肺未成熟。

（8）孕32周末，胎儿身长约40厘米，体重约1700克；皮肤深红，面部毳毛已脱。

（9）孕36周末，胎儿身长45厘米，体重约2500克，皮下脂肪较多，指（趾）甲已达指（趾）尖。

（10）孕40周末，胎儿已成熟，身长约50厘米，体重约3000克以上，皮下脂肪丰满，皮肤粉红，指（趾）甲已超过指（趾）端。

3. 出生纪念日

生日，顾名思义是指人出生之日，也是每年满周岁的那一天。这天也被称为母亲的"受难日"。人们认为在这天，应该表达对母亲的感恩与孝敬。按我国民间说法，生日可分为公历（阳历）生日和农历（阴历）生日。

实践活动

同学们，我们应该感谢爸爸妈妈给予我们生命，感谢他们辛勤的付出与培养，请用自己的方式向爸爸妈妈表达感激之情。

延展阅读

游子吟

［唐］　孟郊

慈母手中线，游子身上衣。

临行密密缝，意恐迟迟归。

谁言寸草心，报得三春晖。

第二节　如何保护我们的五官

教学目标

让学生了解五官的重要性，掌握保护五官的方法。

教学设计

第一步：案例导入。

第二步：认识五官，了解五官的功能。

1. 出示几张幼儿头像，引导学生发现头像缺了什么。

2. 请学生贴上所缺的五官，并引导学生认识这些五官的功能，思考缺少它们会怎么样。

3. 教育学生保护好自己的五官。

第三步：学习保护五官的方法。

1. 依次出示课件，判断课件中小朋友的做法对不对。

2. 学生说一说保护五官的方法，教师总结。

第四步：教师总结。

案例材料

小平和小江是同班同学，一次课间，他们一起玩闹起来，最后竟然把书当成"飞碟"相互甩了起来。突然，"哎呦"一声惨叫，小平用手捂住眼睛，疼得哭了起来。见状，同学们立即喊来班主任老师，老师看到小平眼睛伤得不轻，便立通知了小平的家长，并及时把他送到医院治疗。到医院后，小平被诊断为左眼球钝挫伤，会影响视力。经过治疗，小平尽管出院了，但视力一直没有恢复。

老师：同学们，我们在玩游戏时应注意什么？

学生自由回答。

老师：五官是人身上重要的器官，我们必须懂得如何去保护它们。有的同学经常用手挖鼻孔，有的同学经常把脏东西放到嘴里或把类似珠子的东西放到嘴里，有的同学在灰尘、沙子进入眼睛时用手揉，这些都是极不安全的行为。

学生：五官有什么重要性呢？

老师：五官的用处可大了！没有眼睛，我们就什么也看不见；没有嘴巴，我们就不能吃东西，不能说话；没有鼻子，我们就什么气味也闻不到，不能生存；没有耳朵，我们就什么声音也听不到。所以，我们每个人都要保护好自己的眼睛、耳朵、鼻子、嘴巴。

老师：我们该如何保护眼睛、耳朵、鼻子、嘴巴呢？

教学内容

1. 眼睛的保护

眼睛很脆弱，它们害怕球、石块、拳头、弹弓等物体的撞击，也害怕刀子、铅笔等尖锐物体的刺伤。同时，眼睛喜欢讲卫生，它们很害怕同学们用脏手揉它们。如果不好好保护眼睛，人会产生近视、远视、散光等视力问题。所以，我们一定要学会保护眼睛！以下是保护眼睛的正确做法：

（1）定期检查视力。

（2）认真做眼保健操。

（3）读写姿势要端正，近距离用眼不超过1小时。

（4）不偏食，不挑食，均衡营养。

（5）每天锻炼身体。

（6）不在强烈的阳光下看书，不在光线暗的地方看书，不躺着看书，不一边走路一边看书。

（7）同学之间不打闹，不用脏手揉眼睛。

（8）如果灰尘、沙土、小昆虫等进入眼睛，不要揉擦眼睛，以免加重角膜损伤，等待泪水将其冲掉或翻转眼睑，用棉签拭去即可。

（9）如果金属碎屑、石灰、玻璃碎屑、爆炸物等进入眼睛，立刻去医院处理。

2. 鼻子的保护

鼻腔主要有呼吸、嗅觉和共鸣等功能。鼻腔是呼吸道的首端和门户。鼻毛对空气中较大的粉尘颗粒有过滤作用；鼻甲黏膜下有海绵状血窦，可对吸入的空气加温加湿，保护呼吸道免受刺激；鼻腔黏膜腺体可分泌大量液体，用来提高吸入空气的湿度，防止呼吸道黏膜干燥。嗅觉可增进食欲，辅助消化，且对机体有保护作用。通过鼻腔共鸣，发音可变得洪亮悦耳。

正因为鼻子有如此多的功能，所以我们一定要保护好鼻子。第一，不要往鼻子里塞东西，因为会造成鼻腔堵塞。第二，不要抠鼻子，因为可能会划破鼻子里的黏膜，造成鼻出血。那鼻子难受、痒的时候，该怎么办呢？我们可以用水冲洗鼻腔或把鼻子里的东西轻轻地擤出来，如果鼻子一直不舒服，要及时去医院进行检查。

3. 耳朵的保护

耳朵是听觉器官，又是平衡器官。它不但能听到和区分不同的声音，还能在日常生活中帮助我们维持身体平衡。耳朵也会生病，比如耳朵里面若总是进水或者经常掏耳朵，容易损伤鼓膜（俗称耳膜），可能导致耳朵发炎，也可能会导致听力下降，甚至耳聋。

在噪音环境中，可以捂住耳朵或张大嘴巴，以保护耳膜；洗头或游泳时，要注意防止水流入耳内，预防耳朵发炎；要避免长时间戴耳机，以防止震伤耳膜；耳垢会自行排出，不用经常掏耳朵；要避免虫子、豆子等异物进入耳朵；要避免打击头部，更不可掌掴耳部，以免引起鼓膜破裂；如果耳朵出现不适情况（如耳朵痛或流脓），要及时看医生。

4. 口腔的保护

口腔的功能可多了！口腔内的牙齿能咀嚼食物，舌头能搅拌食物，唾液腺还能分泌唾液帮助消化食物呢！牙齿和舌头还是辅助说话的重要器官，能帮助我们说话、唱歌。

口腔也需要我们的呵护。如果我们不讲究口腔卫生，就会产生口臭、口腔溃疡等问题。当我们处于换牙的年龄时，如果不讲究口腔卫生，牙齿就可能会变黄、长歪，出现牙周炎、龋齿等。"民以食为天，食以齿为先。"口腔卫生防龋齿，我们从小要做起：早晚认真刷牙，饭后及时漱口；不吮指，不咬笔杆等硬物；平衡膳食，少吃糖，少喝碳酸饮料；及时检查牙齿，及时做窝沟封闭等。

5. 眉毛的保护

眉毛的作用主要有两种：保护眼睛、传递面部表情。

（1）保护眼睛：汗水会刺激眼睛结膜诱发炎症，眉毛能避免汗水流入眼睛，阻挡细菌和脏东西进入眼睛。

（2）传递面部表情：人在做微表情的过程中，会出现双眉紧皱、眉毛扬起、眉毛下垂、眉毛紧锁等动作，从而传递情绪，让别人看出自己的喜怒哀乐。

实践活动

平日里，你要如何保护自己的五官呢？如果看到别的小朋友乱挖耳朵、鼻孔，你会怎样做？

延展阅读

儿　歌

小眼睛，亮晶晶，脏手揉它看不清。

鼻子呼吸闻气味，常抠鼻孔可不行。

耳朵就像俩兄弟，常听噪音可不行。

嘴巴说话尝味道，手进嘴里易生病。

保护五官做得好，小朋友才更聪明。

第三章　心理健康

第一节　如何交朋友

教学目标

1. 通过本节教学，让学生知道一些交朋友的方法，提高学生的交往能力。

2. 通过学习，使学生感受到朋友在一起快乐多。

教学设计

第一步：案例导入。

1. 说一说案例中的小宇为什么能成为人见人爱的孩子。

2. 初次和朋友见面，你是怎么介绍自己的。

第二步：引发问题"你对朋友知多少"。

1. 向同学们介绍一下你的好朋友。

2. 出示调查小问卷，说一说好朋友的爱好。

我对朋友知多少

我的朋友	
年龄	
喜欢的水果	
喜欢看的书	
喜欢上的课	
喜欢的运动	
......	

学生回答，好朋友判断对错，教师总结。

第三步：共同探讨阶段。

1．请同学们说一说，来到新班级，你是怎么交朋友的？

2．我们该如何培养同学之间的友谊？

第四步：尝试实践。

和班里不熟悉的同学认识一下。

第五步：教师总结。

案例材料

小区里有个篮球场，设有围栏，比较安全，每天傍晚都有很多小朋友在这里玩耍。

六岁的小男孩小宇，是这里的人气王。很多年龄小的朋友都喜欢和小宇哥哥一起玩，不仅因为他什么都会玩，还因为他愿意带着比他小的小朋友一起玩，和他们分享自己玩滑板车的方法，也喜欢把自己的玩具分享给其他的小朋友。在小宇的带动下，其他的小朋友也都乐意分享自己的玩具。

令人惊奇的是，当小朋友之间出现矛盾、争吵不休时，只要小宇一说话，他们就都愿意听，大家都笑称小宇是"小法官"。

老师：小宇为什么能成为人见人爱的孩子呢？

学生：因为他懂得分享。

老师：是呀，小宇的分享给大家带来了欢乐，为自己赢得了尊重与喜欢。在日常生活中，我们该如何培养友谊呢？

教学内容

1．培养友谊

友情是在共同活动和交往中逐步建立和深化的，可从以下几方面培养友谊：

41

（1）创设交友环境。

主动与身边的小伙伴相处，也可以请小伙伴到自己家里做客。

（2）规范自己的行为。

在交往中要规范自己的行为，如果大家都以自我为中心，不会设身处地替别人着想，那么在与同伴交往时就会常常"碰壁"，甚至引起伙伴反感，不愿意与自己交往。需要规范自己的行为，就是要学会在交友中应该怎样做和不应该怎样做，养成良好的行为习惯，这样，我们才会受到欢迎、获得友谊。

（3）要珍惜、发展友情。

大家在一起交往，发生矛盾是难免的，即使是好朋友也不例外。发生矛盾后，要多从自身寻找原因，如果是自己错了，就要主动去赔礼道歉，与伙伴和好；还要多关心、帮助伙伴，尊重、体谅伙伴。在交往中不要怕吃亏，不要处处占上风；还可以进行一些有意义的互赠礼物活动，如画一幅美丽的画、自制一个小玩具送给好朋友，从而不断发展伙伴之间的友情。

（4）懂得宽容与诚信。

在日常生活中，当朋友之间发生矛盾时，如果都能够互相宽容，矛盾自然就化解了。和朋友交往时，要做到信守承诺，说过的话要做到。如果做不到就不要说，要不然朋友会觉得你不真诚。

（5）学会欣赏和赞美他人。

赞美是人际关系中最有效的"润滑剂"。在赞美的过程中，双方的感情和友谊会在不知不觉中得到增进、加深。在人际交往中，人们更喜欢那些喜欢自己的人。

2. 交友的原则

结交诚实善良的人，远离花言巧语的人。结交性格温和的朋友，远离性情暴躁的朋友。与人交朋友不能以大欺小、恃强凌弱。

孔子说："益者三友，损者三友。友直，友谅，友多闻，益矣。友便辟，友善柔，友便佞，损矣。"意思是，我们要与那些正直、诚信、见多识广的人交朋友，而不要结交那些喜欢谄媚逢迎、表里不一、花言巧语的人。交朋友贵在真诚、友善！

实践活动

你有好朋友吗？说一说你们之间发生过的令人难忘的事情吧！

延展阅读

如何结交新朋友

首先，要有意识地记住别人的名字，记住名字是交友的第一步。

其次，要学会倾听，多去听对方说的话语，不要随意打断对方的谈话，一定要等到别人把话说完再说，千万不要在别人还没有说完时就急着下结论。可以向对方说一些关

于自己的事情，如兴趣爱好等，让朋友多了解你。

第三，要学会沟通，对于每件事情每个人都有自己的想法，要知道对方是怎么想的，要学会在适当的时候赞美对方。

第四，在交往的期间，要学会奉献。

第二节　我要快乐地去上学

教学目标

培养学生适应新的学习环境的能力，教育学生在学校里团结同学、尊敬老师，快乐地学习和生活。

教学设计

第一步：案例引入。

1. 播放《上学歌》。

2. 你是不是像歌曲中的小朋友一样喜欢上学呢？

3. 说一说小学和幼儿园有什么不一样。

小结：很多同学发现，小学和幼儿园有很大的不同，学校变大了，朋友变多了，每天都有不同的老师教授不同的课程。可能有的同学认为学习变辛苦了，其实，学习是一件很愉快的事情，它能让我们明白许多道理，学到很多有用的知识。

第二步：学习新知。

1. 做一名优秀的小学生。

2. 团结友爱。

3. 尊敬老师。

第三步：课堂实践。

1. 一起做实践作业，看谁的分数最高。

2. 请同学们说一说自己的理想。

第四步：教师总结。

案例材料

今年9月份，茜茜正式成为一名小学生了。她的新学校又大又漂亮，老师们和蔼可亲，同学们团结友爱，茜茜很喜欢她的学校。在学校里，她认识了新老师，结交了很多新朋友，学会了很多新本领，如识字、画画、算数、体操、做眼保健操等，还有她最爱的音乐。她每天都开开心心地去学校！

老师：同学们，你们现在已经是一名真正的小学生了，我想大家的心里一定非常高兴，因为成为一名小学生的确是一件值得自豪的事情，你们的爸爸妈妈也一定会为你们高兴的。

教学内容

1. 做一名优秀的小学生

要想成为一名优秀的小学生，首先要养成良好的学习习惯。每天放学回家后，我们要早早地完成学习任务，再把第二天要用的课本和其他学习用品放到书包里，并把书包收拾整齐。千万不要一回家就去看电视或玩耍，因为等你玩累了，就不想学习了。最后，还要做到早睡早起、上学不迟到。当上课铃声响起来的时候，就要赶快走进教室，拿出课本和学习用品，做好上课准备。作为一名优秀的小学生，要做到：爱祖国，爱人民，爱学校；身体好，学习好，劳动好；尊重老师，团结同学。

2. 尊敬老师

老师是除了父母对我们的成长影响最大的人，尊师重教是中华民族的优良传统，老师是我们可亲可敬的朋友。尊重老师要从自身做起，从小事做起。作为一名小学生，尊重老师的重要表现就是尊重老师的工作，上课专心听讲、认真完成作业、虚心接受老师的批评是对老师最基本的尊重。

3. 团结同学

班集体就是我们的家，大家在一起学习、一起生活是多么快乐。我们要与同学友好相处，不要斤斤计较，多使用礼貌用语。同学之间应谦让互助，不打架，不骂人。学会将自己的快乐和别人分享，在别人有困难时主动上前帮助，这样，别人也就愿意与你分享自己的快乐，在你有困难时别人也会主动帮助你。只有大家相互帮助，我们才会形成一个团结友爱的班集体。

实践活动

下面哪些是好习惯？你有没有做到呢？做到一项就给自己加 1 分，看看谁的得分最高。

a. 放学回家就立刻做作业。（　　　）

b. 做完作业才去看电视或玩耍。（　　　）

c. 做完作业就去整理自己的书包，把第二天的学习用品都准备好。（　　　）

d. 晚上早早地睡觉。（　　　）

e. 早晨按时起床。（　　　）

f. 上学不迟到。（　　　）

g. 在老师开始讲课之前，把课本、笔、练习本都准备好。（　　　）

总得分：＿＿＿＿＿＿

儿 歌

太阳朝我笑，鸟儿喳喳叫。

我和小朋友，背着新书包，

唱着歌儿向前走，天天上学不迟到。

衣着整齐讲仪表，见到老师问声好。

第四章 疾病预防

第一节 了不起的疫苗

教学目标

1. 认识疫苗并知道接种疫苗的好处。

2. 引导学生了解有关儿童预防接种的知识，牢记接种疫苗前后的注意事项。

教学设计

第一步：谈话导入。

1. 生活中，没有生病时，爸爸妈妈也带我们去医院打针，这是为什么呢？

2. 说一说接种疫苗时的感觉。

3. 在小组里交流自己真实的感受。

小结：人体本身有预防疾病的三道防线，对于细菌和病毒有一定的抵御能力，但是，我们身体里的卫士也有斗不过某些细菌和病毒的时候，为了防止受到伤害，我们就必须要打防疫针了，即接种疫苗。人体接种疫苗后会产生一种抗体，抵御某些细菌和病毒的入侵，减少疾病对身体的伤害。

第二步：学习新知。

1. 播放"历史上第一支疫苗的诞生"视频。

2. 了解接种疫苗的方式（注射法、口服法）。

3. 了解接种疫苗的好处。

第三步：拓展生活。

我们在接种疫苗前后要注意什么呢？

学生自由回答，教师总结。

中
小
学
健
康
教
育
与
近
视
防
控
指
导
用
书

案例材料

老虎大王是森林里最厉害的猛兽，所有的动物都崇敬它。最近森林里流行一种病毒，老虎大王为了大家的安全着想，请来了兔子医生为大家打疫苗。

于是，动物们按照老虎大王的要求，个个都打了预防针，唯独老虎大王还没有打，兔子医生对老虎大王说："来——让我也给你打一针。"

老虎大王吓得急忙后退几步说："不——不用了——我的身体强壮又健康，绝对不会染病的。"

兔子医生拉过老虎大王的手臂说："那可不一定，这是为大家的安全着想。"

老虎大王一看见兔子医生拿着针，立刻就晕了过去，大家这才知道，原来威风的老虎大王也有害怕的东西啊！

老师：故事里的老虎大王天不怕，地不怕，竟然怕打针，真是令人捧腹大笑。但是为了预防疾病，防疫针是必须要打的。这个故事告诉我们，有很多的事是必须要做的，所以我们应该鼓起勇气去做。从你们出生的那天起，你们的爸爸妈妈就已经开始带你们接种疫苗了，那么你们接种的疫苗都有哪些？它们各有什么作用？

教学内容

1. 认识疫苗

疫苗是指用各类病原微生物制作的用于预防接种的生物制品。在我国，疫苗分为两类。第一类疫苗，是指政府免费向公民提供，公民应当依照政府的规定受种的疫苗，包括国家免疫规划确定的疫苗，省级人民政府在执行国家免疫规划时增加的疫苗，以及县级以上人民政府或者其卫生行政部门组织的应急接种或者群体性预防接种所使用的疫苗。第二类疫苗，是指由公民自费并且自愿受种的其他疫苗。

我们曾经接种的疫苗，能使我们免于遭受乙肝、脊髓灰质炎、百日咳、白喉、麻疹等疾病的侵害。

2. 接种疫苗的好处

儿童处在生长发育期，全身内脏器官还没有发育完全，对传染病缺乏抵抗力，接种经过特殊加工的疫苗后，就可以产生对某种疾病的抵抗力。接种疫苗后，身体就有抵抗病毒的能力，就不容易生病了。

3. 疫苗接种前后应注意哪些问题

（1）接种前一天，可以洗洗澡，做好个人卫生，换上宽松柔软的衣服，接种时向医生说明自己的健康状况，经医生检查许可后方可接种。

（2）接种完毕，应在接种场所观察30分钟，无反应再离开。接种后要避免剧烈活动，不要吃酸辣等刺激性强的食物，如有轻微发热反应，一般应多喝开水，1至2天就会好的。

（3）接种疫苗后，少数儿童接种局部会出现红肿、疼痛、发痒现象或出现低热，一般不需特殊处理；有些人接种局部还会出现轻度硬结，这时可用干净毛巾热敷，如反应加重，应立即找医生诊治。

（4）极少数儿童接种后可能会出现高热，接种手臂出现红肿、发热、全身性皮疹等过敏反应以及其他情况，这时应及时找医生诊治，采取相应措施。

实践活动

你记得自己打过哪些疫苗吗？回家问问爸爸妈妈吧，在下面的表格中做好记录。

注射疫苗年龄				
注射疫苗类型				

延展阅读

了不起的疫苗

随着科学的进步和医疗技术的发展，接种疫苗的方式变得多种多样，如通过皮下注射、皮上划痕、皮内注射、肌肉注射、口服等方法进行接种。

由于病原体本身也会更新换代，所以有些疫苗会过时，这时也会有新的疫苗出现。总之，疫苗是根据病原体制作的药物，随着病原体的变化，疫苗也会更新，所以以前的人接种的疫苗和现在我们接种的并不完全一样。

疫苗是将病原微生物（如细菌、立克次氏体、病毒等）及其代谢产物，经过人工减毒、灭活或利用转基因等方法制成的用于预防传染病的自动免疫制剂。通俗来说，我们是在用"敌人"来抵抗"敌人"，让它们"自相残杀"。疫苗保留了病原菌刺激动物体免疫系统的特性，所以当动物体的免疫系统接触到这种不具伤害力的病原菌后，便会自动产生一定的保护物质。当再次接触到这种病原菌时，动物体内的免疫系统便会按照原来的记忆，制造更多的"友军"来抵御"外敌"了，而"友军"的装备多是根据"敌人"的装备打造而成的，天然地克制着"敌人"，如此，胜利自然是不在话下了。

第二节　还在流行的传染病

教学目的

1. 让学生认识常见的流行性疾病，了解传染病的传播途径。
2. 增强学生对疾病的防范意识，养成良好的卫生习惯。

中
小
学
健
康
教
育
与
近
视
防
控
指
导
用
书

教学设计

第一步：案例导入。

第二步：认识传染病。

1. 播放动画视频《传染病：看不见的敌人》。

2. 视频中的传染病都是由什么引发的？

3. 哪些传染病可以通过接种疫苗来预防？

4. 屏幕展示常见传染病图片或相关资料。

教师讲述：引起传染病的细菌、病毒和寄生虫等生物，称为病原体。

（通过图片、资料引导学生说出引起这些传染病的原因。）

第三步：传染病的预防措施。

1. 假如班上有一名同学得了腮腺炎，我们该如何做？

2. 生活中我们该如何养成良好的卫生习惯？

3. 图片展示日常生活中预防传染病的措施，让学生判断。

学生讨论交流，教师总结。

第四步：阅读儿歌。

案例材料

10岁的林林和爸爸妈妈外出旅游回来后，出现不明原因的发热和咽部疼痛症状，随后在胸背部、面部连续成批出现红色瘙痒性水疱疹，在医院皮肤科就诊后，林林被确诊为患上了水痘。经过抗病毒、皮疹护理等治疗后，林林逐渐康复了。

老师：同学们，你们知道什么是水痘吗？

学生：是一种会传染的疾病。

老师：对，今天我们一起来学习还在流行的传染病，以及我们应该如何预防传染病。

教学内容

1. 认识传染病

传染病是由各种病原体（病毒、细菌、衣原体、支原体、立克次氏体、螺旋体、原虫、蠕虫等）引起的能在人与人、动物与动物或人与动物之间相互传播的一类疾病。由于病原体具有繁殖能力，可以从一个人通过一定途径传播到另一个人，使之产生同样的疾病，所以称可传染性疾病，简称传染病。

2. 常见的传染病及其症状

（1）流行性感冒

简称流感，是由流感病毒引起的急性呼吸道传染病。它具有潜伏期短、传染性强、

传播迅速的特征，主要表现为发热、头痛、四肢酸痛、乏力、流涕、咳嗽等症状。如果出现类似症状应及时就医，居家休息，避免外出和传染他人。

（2）支原体肺炎

由支原体感染引起的肺部急性炎症，是学龄儿童及青少年常见的一种肺炎。它是病原体从人的鼻腔、咽喉、气管等部位侵入后引起的疾病，飞沫传播是其呼吸道传播的一种重要形式。患病时，症状轻重不一，有发热、厌食、咳嗽、畏寒、头痛、咽痛、胸骨下疼痛等。这时患者的体温在 37 ~ 41℃，大多数在 39℃左右，可为持续型或弛张型，或仅有低热，甚至不发热；多数咳嗽重，初期干咳，继而分泌痰液（偶含少量血丝），有时阵咳稍似百日咳。这种病的自然病程为 2 ~ 4 周不等，大多数患者在 8 ~ 12 天退热，恢复期需 1 ~ 2 周。

（3）水痘

水痘是由带状疱疹病毒引起的一种急性呼吸道传染病。患病时，患者皮肤上会出现疱疹，形状像一颗颗豆子，很痒，所以病名叫"水痘"。患上水痘起疹子时，可以到医院请医生开止痒的药膏，一定要忍住不要去抓，因为可能会留下伤疤。该病的好发人群为未接种疫苗的儿童、免疫力低下人群。

（4）手足口病

这个病的表现症状与水痘相似，区别是患有手足口病的患者手掌、脚底、臀部及口腔有疱疹，不过这个疱疹不会痒，抓破后也不会留疤。如果我们身边有同学患上这个病，就暂时不能上学了，因为它的传染性很强。

（5）细菌性痢疾

很多日常物品上可能沾有细菌，我们的手很容易接触到这些物品，如果不注意卫生，就会把手上的细菌吃进肚子里。患上细菌性痢疾的人，会出现发热、腹痛、腹泻、脓血便等症状。夏季是该病的高发季节。

（6）流行性腮腺炎

流行性腮腺炎，又称痄腮，也是一种由病毒引起的传染病。患者会出现发热及以耳垂为中心的面部疼痛、肿胀症状，张嘴或吃东西的时候会感觉到明显的疼痛。

（7）新型冠状病毒肺炎

新型冠状病毒肺炎也称新冠肺炎，是由于感染了新型冠状病毒而导致的肺部急性炎症，是一种急性呼吸道传染病。新型冠状病毒肺炎以发热、干咳、乏力等为主要表现，少数患者伴有鼻塞、流涕、腹泻等上呼吸道和消化道症状。重症病例多在一周后出现呼吸困难，严重者会快速进展为急性呼吸窘迫综合征、脓毒症休克、难以纠正的代谢性酸中毒和出凝血功能障碍及多器官功能衰竭等。

3. 传染病的传播途径

传染病的传播途径可以分为两种：垂直传播和水平传播。

垂直传播是病原体通过母体传给子代的传播，也被称为母婴传播。垂直传播包括三种传播方式，分别是经胎盘传播、上行性传播和分娩引起的传播。这三种传播分别通过胎盘血液、宫颈口和产道使胎儿受到病原体的感染。

水平传播是指病原体在外环境中借助于传播因素而实现人与人之间的相互传播。水平传播主要包括：经空气传播、经食物传播、经水传播、经接触传播、经节肢动物传播、经土壤传播和医源性传播等。

经空气传播是呼吸道传染病的主要传播方式，病原体能够通过飞沫、飞沫核和尘埃传播，在面对此类传染病时，隔离病人与佩戴医用口罩是预防的两大主要措施。

经食物传播则有两种可能，第一种是食物本身含有病原体，例如用感染绦虫、患有炭疽的家畜等做成的食物被食用后会引起感染；第二种是食物在生产、加工、运输、贮存与销售的各个环节下被病原体污染。

经接触传播通常分为直接接触传播与间接接触传播。直接接触传播是指与传染源直接接触而被感染，间接接触传播则是通过接触被传染源污染的日用品等被感染。保持良好的卫生环境，加强对传染源的管理及严格消毒是应对经接触传播类疾病的有效方法。

经节肢动物传播也被称为虫媒传播，它以节肢动物作为传播媒介，包括机械性传播和生物性传播两种方式。机械性传播指的是病原体在节肢动物体表或体内均不繁殖，虫媒对病原体只起传递运载作用。生物性传播是指病原体能够在节肢动物体内进行繁殖，然后通过节肢动物的唾液、呕吐物或粪便进入易感机体。

经水传播、经土壤传播、医源性传播，分别是通过被病原体污染的水、土壤及生物制品、医疗器械等进行传播。

4. 养成良好的卫生习惯，预防传染病

经常开窗通风，保持室内空气新鲜；搞好教室、办公室、家庭以及个人卫生；不随地吐痰，不随地大小便，勤洗手，保持良好的生活习惯；多喝水，不吸烟，不酗酒，不吸食毒品；经常锻炼身体，保持均衡饮食，注意劳逸结合，提高自身免疫力；根据天气变化，适时增减衣服，避免受寒着凉。如有发热、咳嗽等症状，应及时到医院检查治疗。当患上传染病时，要戴好口罩，主动与他人隔离，尽量不要去公共场所，以防止传染他人。不自行购买和服用药品，不滥用抗生素，及时就医。

实践活动

你还知道哪些流行性传染病？感染之后的症状是什么？查阅相关资料，和小伙伴们分享一下吧。

延展阅读

儿 歌

同学们要知道，传染病预防有高招。

勤换衣，多通风，人多不去凑热闹。

饭前便后要洗手，生冷食物不入口。

水果蔬菜不可少，牛奶鸡蛋也需要。

多喝水，多锻炼，休息好，身体好。

病毒吓得快快跑，你我健康哈哈笑。

第三节　预防流行性感冒

教学目标

1. 让学生认识流行性感冒，并知道日常生活中如何预防。

2. 了解普通感冒和流行性感冒的主要区别，知道流行性感冒是一种传染病。

教学设计

第一步：案例导入。

同学们都得过感冒吗？有什么症状？

学生自由发言。

第二步：了解病症。

1. 播放"如何区分流感和普通感冒"相关视频。

2. 明确：流感是由流感病毒引起的，分为甲、乙、丙三种类型。

3. 学习区分流感和普通感冒。

第三步：预防措施。

1. "三避免"：（1）避免到人群拥挤场所；（2）避免随意用手触摸鼻子、嘴巴和眼睛；（3）避免密切接触带有流感样症状者。

2. "五做到"（核心是注意个人卫生，养成良好的习惯）：（1）睡眠充足，营养均衡；（2）坚持锻炼；（3）饭前便后要洗手；（4）远离咳嗽、打喷嚏者；（5）保持房间通风换气和环境卫生。

3. "一及时"：发现症状，及时就医。一定要到正规大医院就医，同时注意休息，多喝水。

4. "一稳定"：情绪乐观，心理稳定，不惊慌。

第四步：教师总结。

案例材料

小莉突然发起高烧，妈妈让她吃了退烧药，但第二天她还是高烧不退。于是，妈妈立刻送她去了医院，不料在看医生时小莉突然抽搐起来，她马上被收进了住院部，但这也没能阻止病情恶化，小莉陷入昏迷。她住进了重症监护病房，被确诊为急性坏死性脑病，而罪魁祸首就是流感。

中小学健康教育与近视防控指导用书

老师：同学们，大家都得过感冒吧？有什么表现呀？

学生1：脑袋不舒服，嗓子干，打喷嚏。

学生2：鼻子不通气儿，还流鼻涕、发烧。

老师：感冒是人们熟悉的呼吸道疾病，可分为普通感冒和流行性感冒。今天这节课就让我们一起学习传染性比较强的流行性感冒，并了解如何做好预防。

教学内容

1. 认识流行性感冒

流行性感冒，简称流感，是由甲、乙、丙三型流感病毒分别引起的一种急性呼吸道疾病，属于丙类传染病。

流感在我国冬春季多见，临床表现以高热、乏力、头痛、咳嗽、全身肌肉酸痛等全身中毒症状为主，而呼吸道症状较轻。

流感病毒容易发生变异，传染性强，人群普遍易感，发病率高，历史上在全世界引起过多次暴发性流行，是全球关注的重要公共卫生问题。流感传播迅速，每年可引起季节性流行，在学校、托幼机构和养老院等人群聚集场所会聚集性暴发。

2. 普通感冒和流行性感冒的主要区别

普通感冒起病缓慢，发病初期只是感觉嗓子或鼻子有些发干、发痒或有异物感，一两天后嗓子发干加重为咽喉肿痛、干咳、声音嘶哑，同时伴有鼻塞、流涕现象。普通感冒虽会有头痛、怕冷、乏力、食欲不振等症状，但症状轻微，一般不会影响工作和生活。

流行性感冒由流感病毒引起，流感病毒分为甲、乙、丙三型，其发病率高，传染性强，很容易引起大面积流行。主要表现为高烧发热、全身乏力、肌肉酸痛等，如果得不到及时治疗，很容易并发眼结膜炎、呼吸道感染甚至并发肺炎。

普通感冒的潜伏期一般为2～3天，一般一周内会痊愈；而流行性感冒的潜伏期为一天左右，发病比较快，体温多在39℃以上，可持续4天左右，患者会全身虚弱、头痛、疲倦乏力，需卧床休息。该病病程长且病情严重，如果得不到及时治疗，很容易并发心肌炎、肺炎、脑炎等严重疾病，威胁生命安全。

治疗普通感冒，主要是多休息、多喝水、多吃易消化的食物，尽量少用药，通常一周左右就会自愈。治疗流行性感冒，必须尽早使用一些抗流感病毒药物，最好在两天以内去医院进行抗病毒治疗，这样可以缩短病程，减轻症状，预防并发症的发生。

3. 流感的传播途径

流感主要以打喷嚏、咳嗽等飞沫传播为主。流感病毒在空气中大约能存活半小时，经口腔、鼻腔、眼睛等黏膜直接或间接接触可感染，接触被病毒污染的物品等途径也可感染。在人群密集且封闭、通风不良的场所，流感也可能以气溶胶形式传播。

4. 如何预防流感

预防普通感冒的方法很简单：平时多锻炼，增强体质，提高身体免疫力；日常生活中科学饮食，多吃蔬菜水果，加速身体的新陈代谢。

预防流行性感冒，可及时接种流感病毒疫苗。此外，在日常生活中要养成良好的生活习惯，饭前便后要洗手；打喷嚏或咳嗽时要掩住口鼻，更不能对着人做这些动作；保持室内卫生，家里的垫子和毯子要经常更换清洗，保持地面、天花板、家具及墙壁清洁干爽；保持室内空气流通，每天至少开窗换气两次，每次至少10分钟；厨房的垃圾要及时清理；在卫生间里洗完澡也要记得把地拖干净；根据天气变化及时增减衣物；去人群比较密集的地方，要戴好口罩。

实践活动

讨论：如果发现有同学得了流感，我们应该怎么做？

延展阅读

儿 歌

别怕流感来袭击，天天检查可防御。

睡眠充足多喝水，不吃零食习惯好。

开窗通风防传染，人多不去凑热闹。

发烧尽早去求医，公共场所要少去。

家里学校常消毒，经常通风换空气。

猪肉煮熟才能吃，水果蔬菜营养好。

关心同学爱自己，发烧感冒要注意。

脏物垃圾别摸它，讲究卫生顶呱呱。

勤洗澡来勤换衣，饭前便后勤洗手。

小小儿歌牢牢记，预防流感更容易。

第五章　安全应急与避险

第一节　防范陌生人的不法侵害

教学目标

1. 让学生学会识别陌生人，并做到不轻信陌生人的话、不吃陌生人的东西、不跟陌生人走。

2. 学会预防陌生人不法侵害的方法，掌握危急情况下的应对策略。

教学设计

第一步：案例引入。

1. 如果案例中的隆隆跟着陌生人走了会发生什么样的后果？

2. 如果你遇到这种情况，你会怎么做？

学生自由回答，教师点评。

第二步：学习新知。

1. 播放"安全我知道——防范陌生人"的相关视频。

2. 描述一下你心目中坏人的模样。

3. 请大家讨论，看看谁是"自救智多星"。

（1）当你放学回家，发现有一个陌生人在后面跟着你，怎么办？

（2）当你独自在家，遇到陌生人来访，怎么办？

（3）当你路过网吧，网吧老板拉你进去打游戏，怎么办？

（学生分组讨论、回答，教师总结预防陌生人不法侵害的方法。）

第三步：教师总结。

案例材料

放学后，隆隆高高兴兴地往家里走去。当他走到居委会时，看到前面在修路，于是绕道而行，从另外一条小路走回家。

走着走着，一个声音忽然传过来："小弟弟，你放学啦？"隆隆抬头一看，一位陌生的中年男子出现在他的面前。"嗯，放学了。"他随口回了一句。"我是你爸爸的同事，你不认识我了吗？"陌生人笑眯眯地对隆隆说。隆隆抬头看了看他，心里开始回忆那些以前见过的爸爸的同事。"我这儿有几粒好吃的糖给你。"说完陌生人拉住隆隆的手，拿出几粒糖塞到他手里。

隆隆心想，这个人我没见过呀，他是认错人了还是……隆隆灵机一动，问道："你也是开卡车的吗？我爸爸今天开车去哪儿了？""对！对！你爸爸开车出去了，叫我来接你！"说完，陌生人剥了一粒糖，就往隆隆嘴里塞。他是坏人！我爸爸根本不是开车的。隆隆心里想着，一下子紧张起来。怎么办？平时在电视和报刊上看到过不少坏人骗小孩的案件，今天被我遇见了，怎么办？他手里的糖肯定有问题，我决不能吃。这样想着，隆隆镇定下来。"我是不吃糖的，难道我爸爸没和你说过吗？"隆隆急中生智地说。"哦，我忘了。"陌生人无奈地把糖放进自己的口袋里。"我带你去见爸爸。"他拉着隆隆的手就走。

隆隆慢吞吞地走着，大脑却在高速运转。对了，有办法了。"每次去爸爸那里，我都会帮爸爸买包烟的，我们去小店买包烟再去爸爸那儿吧。"隆隆笑嘻嘻地对陌生人说。"那好吧，要快点，你爸爸在等你。"看着他那得意的样子，隆隆不禁暗暗在笑：你上当了！

快走到小店了，这时，隆隆指着远处迎面而来的一名男子说道："是爸爸，他怎么回来了？"陌生人的脸一下子紧张起来，紧紧拉着隆隆的手也猛然松开了。隆隆对陌生人说："爸爸回来了，我们过去吧！""不，不了，我有事先走了。"陌生人惊慌失措地说道，一眨眼就不见了踪影。

老师：隆隆是一个机灵的孩子，没有轻信陌生人的话，也没有接受陌生人的糖，而是冷静对待，找机会吓跑了陌生人，值得同学们学习。同学们，如果隆隆相信了他，直接跟他走了，会发生什么样的后果呢？

学生自由回答。

教学内容

1. 学会识别陌生人

陌生人就是你不认识的人，他们有两种：一种是善良的、有爱心的人，在你遇到困难时会帮助你；一种是专门欺骗小孩的坏人，他们往往显得很热情，会想尽办法骗你，让你相信他们，然后达到他们的目的。如果你不能确定陌生人是好是坏，最好不要和他说话。

2. 如何预防陌生人的不法侵害

不吃陌生人给的东西；放学时，最好与同学结伴而行；独自行走时，不与陌生人搭话；回家开门时，防止有人尾随入室；当发现陌生人假装问路、假装找人、假装帮拿东西等，最好不要理睬；独自在家时，遇到上门推销、送水、维修等人员，不要开门，等家长回来后再开门；当有驾车的陌生人问路时，要与其保持一定的安全距离；外出旅游，不能随意和同车的人或同房间的人同吃同喝，即便对方特别热情，也要婉言谢绝；上学、放学或外出途中，遇有打架斗殴、酗酒闹事的人，不要围观，应远离；独自乘车和在商场购物时，要时刻注意自己的财产安全，防止被盗窃；交朋友要慎重，不要参加任何帮派组织。

3. 被歹徒盯上如何应对

发现被歹徒盯上，不能惊慌，要保持镇静。如果只是被歹徒盯上，要迅速向附近人多的地方靠近，还可以就近进入居民区，寻求帮助。如果被歹徒纠缠，要大声呼喊，令其走开。如果遇到凶恶的歹徒，自己又无法脱离危险，就一定要机智反抗，免受伤害。反抗时，要大声呼喊以震慑歹徒，并寻求周围人的帮助，要不断寻找机会脱身。不到迫不得已不要轻易与歹徒发生正面冲突，最重要的是要运用智慧随机应变。当受到违法犯罪分子的直接威胁和侵害时，要及时报警，拨打"110"报警电话。

实践活动

小明的妈妈每天都会接他放学，可是今天等了好久，妈妈还没有来，这时小明应如何做？

延展阅读

儿　歌

陌生人，要提防，

给糖果，不要尝。

开动脑筋快走掉，

甜言蜜语不上当。

第二节　拨打求助电话

教学目标

1. 知道常用的求助电话有"110""119""120"以及它们可以提供的救护。
2. 会正确拨打求助电话，并详细了解报警时要注意的事项。

教学设计

第一步：案例导入。

第二步：情景表演。

请四组学生合作完成这样几个情景：

1. 我和奶奶在家，奶奶突然晕倒，不省人事。

2. 我独自在家，听到有人在撬邻居家的门。

3. 我和同学正在家里写作业，发现对面居民楼浓烟滚滚。

4. 放学后回到家，发现家里乱糟糟的，东西被翻得到处都是。

（让学生真正感悟到遇到紧急情况时应该怎样去面对，如何正确拨打"110""119""120"报警电话。）

第三步：一起来找茬。

请同学们说一说，下面的做法对不对？

1. 遇到小伙伴晕倒，打"120"急救电话时不停地哭。

2. 在家无聊拨打"119"报警电话让消防员叔叔陪着聊天。

3. 不会做题打"110"报警电话给警察叔叔，让警察叔叔帮忙做。

4. 发生火灾，打"119"报警电话时没有说清楚地点、电话。

小结：虽然"110""119""120"这些紧急求助电话都是免费的，但是我们也不能随意拨打，这既是社会公德的体现，也是法律对我们的要求。

第四步：出示儿歌，师生齐读。

中小学健康教育与近视防控指导用书

案例引入

　　小青的妈妈患有间歇性癫痫症。一天晚上，妈妈突然发病，昏厥在客厅，六岁的小青急忙跑去拍打妈妈，大声叫妈妈，可妈妈一动也不动。这时，她想起在学校里学过的儿歌："我是120，生病急救报告我，救死扶伤没得说。"于是，她立马拨打了"120"急救电话。电话接通后，她着急地说："我妈妈发病晕倒了，怎么也叫不醒，快来救救我妈妈。"此时房间里几个月大的妹妹一直哭闹，但小青仍拼命忍住哭，沉着冷静地报出了她家的详细地址。几分钟后，救护车赶到，小青自己下楼给救护人员带路，为妈妈争取了抢救时间，而她的妈妈也因此得救。

　　老师：学会及时报警求助，在危急关头寻求专业人员的救援，获取最佳的救援时间，能让我们最大程度地保护自己和帮助他人。除了"120"求助电话，大家还知道哪些紧急求助号码？

　　学生："110"和"119"。

　　老师：对，今天让我们一起了解"120""110""119"这三个急救电话的用途。

教学内容

1. 公安报警电话"110"

　　"110"是我国的公安报警电话，负责受理紧急性的刑事和治安案件报案，并接受群众突遇的或个人无力解决的紧急危难求助等。"110"公安报警电话属于特殊号码，拨打和接听均不收取任何费用。

　　（1）拨通"110"电话后，经确认，立即说清需要警察救助的确切地址。

　　（2）简要说明情况，如求助事由，或灾害事故的性质、范围、破坏程度等情况。

　　（3）保证电话畅通，以便与公安机关保持联系。

　　（4）如歹徒正在行凶，报警时应注意隐蔽，保障自己安全。

2. 消防报警电话"119"

　　在遇到火灾、危险化学品泄漏、道路交通事故、建筑坍塌、重大安全生产事故、空难、爆炸、恐怖事件、群众遇险事件，地震、水旱、气象、地质灾害、森林火灾、草原火灾等自然灾害，矿山、水上事故，重大环境污染、核辐射事故和突发公共卫生事件时，均可拨打消防报警电话"119"。该号码为特殊号码，不收取任何费用。

　　（1）电话接通以后，要准确报出所在地址（街道、小区、单元门牌等）、发生的险情、有没有人被困、有没有发生爆炸或毒气泄漏等。在说不清楚具体地址时，要说出地理位置、周围明显建筑物或道路标志。

　　（2）将自己的姓名、电话号码告诉对方，以便联系。注意听清接警中心提出的问题，以便正确回答。

　　（3）打完电话后，立即派人到交叉路口等候消防车，引导消防车迅速赶到消防现场。

（4）如果险情发生新的变化，要立即告知消防队，以便他们及时调整力量部署。

3. 急救服务电话"120"

"120"是居民日常生活中寻求医疗急救的专用电话。

（1）拨通电话后，经确认，应立即说清楚求助者的住址或地点、年龄、性别和病情，以便于救护人员迅速赶到现场，争取抢救时间。

（2）求救者应随时保持与救护车的联系。

（3）电话挂断后，立即在路口迎接、引导救护车。

实践活动

1. 应用所学知识，给爸爸妈妈讲讲你知道哪些求助电话，它们分别适合在什么情况下拨打。

2. 和家人一起模拟出现紧急情况时如何正确拨打求助电话。

延展阅读

儿　歌

我是 110，遇到坏人报告我，除害公正没的说。

我是 120，生病急救报告我，救死扶伤没的说。

我是 119，遇到火灾报告我，灭火救人没的说。

我们三个要牢记，随打随到帮助你。

第三节　海姆立克急救法

教学目标

1. 教育学生吃饭时不打闹嬉戏，避免异物卡喉。

2. 让学生知道什么是海姆立克急救法，并学会运用海姆立克急救法。

教学设计

第一步：播放视频，导入新课。

播放动画视频，展示异物卡喉的危害性。

第二步：学习新知。

动画展示突破难点：

1. 利用呼吸道解剖的动画来展示异物卡喉致命性的原因。

2. 利用图片强化急救操作的重点，并且以视频动作为视角保证学生操作的标准性。学生上台演示，教师点评纠正。

第三步：课堂实践。

教师总结操作要点，学生分组训练。

第四步：教师总结。

案例材料

小东生日时，邀请了很多同学到家里为他庆祝生日。小东的妈妈准备了很多好吃的东西，大家一边吃一边开心地聊着天。突然，小东一不小心被食物噎住了。一个同学立即端过一杯饮料让他喝，试着冲下这些食物。小东接过水试着往下咽，但是没有效果。另一位同学来到他身后，猛拍他的后背，可还是不起作用。大家都非常着急，不知道该怎么办，看着他的脸被憋得通红，大家都吓坏了。就在这时，妈妈赶来了，她急忙用电视里学过的急救法，从后面抱着他的肚脐上方使劲撬，不一会儿，小东咳出了食物。这时，大家才松了一口气，回到了餐桌上，继续为他庆祝生日。这次之后，小东再也不敢一边吃东西一边说笑了。

老师：同学们知道案例中的妈妈用的是什么急救方法吗？

学生：海姆立克急救法。

老师：海姆立克急救法是人人都应该学习的抢救技能，在关键时刻可以救自己和他人的生命。通过这节课的学习，希望同学们可以牢牢掌握海姆立克急救法。

教学内容

1. 什么是海姆立克急救法

海姆立克急救法是由美国外科大夫海姆立克于1974年发明的，至今已挽救了无数患者，人们将其称为"生命的拥抱"。

当时，海姆立克医生在临床实践中，被大量的食物、异物窒息造成呼吸道梗阻致死的病例震惊了。而在当时的急救急诊中，医生们经常使用拍打病人背部，或将手指伸进口腔咽喉去取的办法排除异物，结果见效甚微，反而使异物更深入呼吸道。海姆立克经过长期反复研究和多次的动物实验，终于发明了利用肺部残留气体形成气流冲出异物的急救方法。

2. 婴儿海姆立克急救法

将婴儿变成俯卧位，一只手扶着孩子下颌，另一只手用手掌根叩击孩子背部，即两块肩胛骨中间的位置，连续用力叩击5次。如果不成功，就要转换体位，将婴儿变成仰卧位，然后用食指和中指冲击按压孩子胸骨下半段的位置，即两侧乳头连线中点的下方，连续用力按压5次。如果仍然不成功，那就要继续转换体位，继续重复上面的动作，交替进行，直到异物排出或婴儿开始出现咳嗽、哭声，这就代表着成功解除了完全堵塞风险。在整个过程中要用力拍打，并始终保持孩子头部向下。如果异物一直没能排出，孩子出现意识丧失、心跳和呼吸停止的话，就要马上停止操作，改用心肺复苏急救法，并及时拨打急救电话。

3. 儿童及成人海姆立克急救法

站在孩子背后，将双手放于孩子肚脐和胸骨间，一手握拳，另一手抱住拳头；双臂用力收紧，瞬间按压孩子胸部；持续几次挤压，直到气管阻塞解除。对成人也可以使用这个方法。

4. 如何用海姆立克急救法自救

被异物噎住后，寻找可以冲击腹部的固定物体，如桌子边缘、椅背等。稍稍弯下腰去，靠在物体上，以物体边缘压迫上腹部，快速向上冲击。重复动作，直到异物排出。

5. 如何预防异物卡喉

在食用坚果时要特别注意，因为坚果个头比较小，质地坚硬，如果吞咽过快，很容易进入呼吸道当中，发生危险。除了坚果之外，在吃果冻的时候也同样需要注意，如果在吸吮的时候用力过大，很容易使整个果冻同时进入口中堵住呼吸道，建议使用小勺分开取食。

平时要养成良好的饮食习惯，不要狼吞虎咽。在吃东西的时候一定要注意保持一个安静的状态，坐下来细嚼慢咽，不要边走边吃，因为如果不注意摔一跤就很容易使异物进入到呼吸道当中。另外，在吃东西的时候不要情绪激动，不要大哭大笑，这些都容易使食物呛入呼吸管，更不要追逐打闹，或者一边吃东西一边做别的事情。

实践活动

"预防大于治疗"，结合生活实际，谈谈如何防止异物卡喉。

延展阅读

海姆立克腹部冲击法的原理

将人的肺部设想成一个气球，气管就是气球的气嘴儿，假如气嘴儿被异物阻塞，可以用手捏挤气球，气球受到挤压，球内空气上移，从而将阻塞气嘴儿的异物冲出，这就是海姆立克腹部冲击法的物理学原理。

实施海姆立克急救法时，施救者环抱患者，突然向其上腹部施压，迫使其上腹部下陷，造成膈肌突然上升，这样就会使患者的胸腔压力骤然增加，由于胸腔是密闭的，只有气管一个开口，故胸腔内的气体就会在压力的作用下自然地涌向气管，每次冲击将产生 450～500 毫升的气体，从而就有可能将异物排出，恢复气道的通畅。

第六章　护眼知识与近视防控

第一节　沙眼的预防

教学目标

1. 知道什么是"沙眼"病，沙眼是由沙眼衣原体引起的一种慢性传染性结膜角膜炎。
2. 了解沙眼的症状及传染方式，掌握预防沙眼的方法。

教学设计

第一步：通过图片展示，让学生认识沙眼并了解沙眼的症状。

1. 让学生讨论传染途径并记录到黑板上。
2. 总结沙眼的传染方式。

第二步：学习预防沙眼的方法。

1. 播放"七步洗手法"视频，让学生知道认真洗手能有效预防传染病。
2. 不与别人共用毛巾、手绢、脸盆等私人用具。
3. 眼睛不适，要尽早告知父母并及时就医。

第二步：实践活动，让学生分组讲一讲。

第四步：教师总结。

案例材料

李医生在野外驻训点巡诊时，听战士小吴反映，最近他总是迎风流泪。李医生提出为其进行检查，小吴却不以为然地说，肯定是前期训练时眼睛不慎进了沙子导致的。在李医生的坚持下，经仔细检查后，确诊小吴是沙眼急性发作。

野外驻训中，官兵们常常与风沙为伴，不少战士在得了沙眼后，还以为是风沙迷了眼，常常会不在意。殊不知，如果得了沙眼不及时接受治疗，任其发展下去，可能发生严重并发症，有时还可能造成视力减退，甚至失明。

老师：同学们，有时我们的眼睛也会遇到一些麻烦。你听说过沙眼吗？沙眼又是怎么一回事呢？

学生：沙眼，不是沙子迷了眼吗？

老师：这位同学说的对吗？今天，我们就来了解一下什么是沙眼。

教学内容

1. 认识沙眼

沙眼是由沙眼衣原体引起的一种慢性传染性结膜角膜炎，因其在睑结膜表面形成粗糙不平的外观，形似沙粒，故名沙眼。该病在病变过程中，早期结膜有浸润，如睑结膜乳头、滤泡增生，同时发生角膜血管翳；晚期由于受累的睑结膜发生瘢痕，以致眼睑内翻畸形，会加重角膜的损害，可严重影响视力甚至造成失明。沙眼的潜伏期5～14天，多发生于儿童或青少年之中。

2. 沙眼的表现

沙眼的初始感染表现为急性结膜炎，多发生于儿童及青少年之中，急性期经1～2月后进入慢性期。

急性期表现：眼红、眼疼、异物感、流泪及脓性分泌物等，睑结膜有乳头滤泡增生，部分患者可伴有耳前淋巴结肿大，伴有压痛。

慢性期表现：发病数周后，进入慢性期，症状有所减轻，睑结膜乳头增生，滤泡形成，出现角膜血管翳，可有不同程度的视力下降。

3. 沙眼的传染方式

沙眼的分泌物（眼泪、眼屎）具有传染性，沙眼衣原体可通过病人的手、毛巾、脸盆、衣服等直接或间接方式传播。

4. 沙眼的预防方法

（1）养成勤洗手、勤剪指甲、随身携带消毒湿巾的习惯。

（2）养成不用手揉眼睛的习惯，也不要用衣袖擦眼睛。

（3）洗手、洗脸时最好用流动水，不与别人共用毛巾、脸盆等私人用具。

（4）当眼睛有不舒服的感觉时，要及时到医院检查。

延展阅读

沙眼的后遗症与并发症

沙眼未及时治疗或反复感染者，常伴有以下并发症：

（1）睑内翻和倒睫。睑板被沙眼损害后引起肥厚变形，睑结膜瘢痕收缩可使睑缘内翻，牵拉睫毛倒向角膜侧生长，形成倒睫。睑内翻及倒睫摩擦角膜，可加重角膜混浊。

（2）上睑下垂。上睑结膜及睑板组织增生肥厚，使上睑重量增加；同时眼部肌肉的提睑功能减弱，因而发生上睑下垂。

（3）睑球粘连。穹窿部因结膜瘢痕收缩而缩短，以下穹窿最为明显，甚至穹窿部完全消失。

（4）结膜干燥症。结膜广泛结瘢，使杯状细胞和副泪腺分泌功能遭到破坏，泪腺排泄管被瘢痕阻塞，导致结膜逐渐干燥，出现干涩、不适等症状。

（5）慢性泪囊炎。沙眼病变累及泪道黏膜，使鼻泪管变狭窄或被阻塞，导致慢性泪囊炎，表现为流泪、流脓或挤压鼻根部大量脓液溢出。

（6）角膜混浊。沙眼衣原体可致角膜上皮炎症，使角膜血管翳的末端发生角膜浸润、角膜溃疡，加之内翻与倒睫，会加重损害，最终可导致角膜混浊，视力严重受损。

实践活动

学了本节课，同学们知道了沙眼其实是一种慢性传染性结膜角膜炎，如果你家中有人患了沙眼，你会怎样做？给大家讲一讲。

第二节　什么是近视

教学目标

1. 了解近视的危害、成因及预防措施，感受保护眼睛的重要性。
2. 提高科学用眼的自觉性，养成用眼卫生的好习惯。

教学设计

第一步：案例引入。

大自然是非常美丽的。灿烂的太阳，皎洁的明月，碧蓝的天空，广阔的大地，无边的海洋，万紫千红的花草树木，各种各样的动物……你们喜欢吗？这美丽的大自然，我们是用眼睛看到的，你们想想，如果眼睛不好，还能看得见这些美景吗？

第二步：了解近视的苦恼。

1. 多角度了解眼睛的用处——眼睛很重要，我们的眼睛能做什么呢？
2. 了解近视的苦恼（出示戴眼镜的图片）。
3. 说一说近视给我们的学习、生活带来了哪些不便。
4. 倾听关于近视危害的音频。

第三步：了解近视形成的原因。

1. 图片展示近视形成的原因。
2. 总结近视形成的原因：
（1）读书、写字等学习习惯不好，离眼很近或姿势不正确。
（2）采光、照明条件不好（过强、过弱）。
（3）持续用眼的时间太长。
（4）长时间看电视、玩手机、看电脑等。

第四步：学习预防近视的方法。

1. 近视的危害这么多，我们应当怎样保护眼睛、预防近视呢？

2. 观看动画故事《近视的预防》。

3. 课中小活动：放松小游戏（眼睛休息操）。

4. 出示图片，引导学生评一评：图中哪些做法有利于保护眼睛，哪些做法不对？

第五步：课堂小结。

眼睛是心灵的窗户，打开窗户，我们才能看到外面精彩的世界，实现自己的理想，做自己想做的事情。为了确保视力健康，我们平时可要注意用眼卫生，保护眼睛，预防近视。

第六步：动员号召。

一起读儿歌，希望每位同学争做护眼小卫士，做好护眼宣传员！

案例材料

小美喜欢看动画片，为了防止她近视，妈妈特意买了投影仪，她认为屏幕大了，就不会伤害眼睛了。可是看得久了，小美开始感觉眼睛干涩，还经常流泪。

在儿童医院眼科，医生为小美做了细致的检查，发现她已经近视 300 度了。经过一段时间的矫正干预，小美的近视得到了控制。

老师：大家知道小美为什么会近视吗？

学生：看电视太久了。

老师：对，长时间看电视玩手机，不管是视力正常的人，还是戴眼镜的人，都会出现不同程度的眼部损害。这节课，我们一起来学习什么是近视以及如何预防近视。

教学内容

1. 什么是近视

眼睛是人体一个重要的器官，也是一个光学器官，它负责把外界视觉信息聚焦到视网膜上，来让我们感知。当眼睛正常时，平行光线进入眼内，经过角膜、晶状体等折射，最终在视网膜上聚焦形成清晰的图像。但如果平行光线进入眼内，并没有聚焦到视网膜上，而是聚焦到视网膜前面，导致视网膜上没法显示出清晰的图像，这就是近视了。

近视，简单来说就是只能看清近处的事物，而看不清远处的事物。如果不幸近视了，要想看清远处的事物，就只能靠近或佩戴眼镜。根据预防医学及国际眼视光学新理念，要想解决好青少年视力健康问题，只有建立视力健康档案，动态监测，防微杜渐，才能对视力低下早发现、早诊断、早干预。

2. 近视眼的危害

影响学习：看书、看黑板时不戴近视眼镜，或近视眼镜不符合标准，经常会出现头痛、眼痛、恶心等症状，影响学习成绩。

影响生活：不能像其他孩子那样随心所欲地踢足球、打篮球等；遇上雨、雾天气和

冬季，眼镜会经常雾蒙蒙的而看不清路，给生活带来许多不便。

3．如何预防近视

（1）注意营养搭配，多吃新鲜蔬菜，不要偏食挑食。

（2）看书或写作业时，眼睛与书面保持30公分、45度角的距离，并避免长时间近距离使用眼睛。学习时，身体一定要坐正，头不歪，桌椅高矮要合适，不要趴在桌上，也不要躺在床上看书。吃饭、走路、乘车时，不要看书；看书写字时，光线要充足；阅读或书写半小时到1小时后，应休息几分钟，看远景，闭眼休息或做体操运动。

（3）避免在光线不足或光线强烈的地方看书。

（4）避免使用不洁毛巾或公共洗脸用具，以防眼部感染。

（5）睡眠要充足，经常进行户外活动，时常远望绿色植物。

（6）每天做3～4次眼保健操。

（7）不要长时间看电视、玩电脑、打游戏机，眼睛与荧光屏保持安全距离。

（8）定期做视力检查，发现问题及时治疗。

实践活动

请同学们制作一份主题为"预防近视"的手抄报。

延展阅读

儿　歌

爱眼护眼很重要，不良习惯要改掉。

久视伤目危害大，劳逸结合要记牢。

电脑电视要少看，时间长了快关掉。

乘车走路勿阅读，趴着躺着不看书。

眼部营养好处多，护眼因子有妙招。

营养养眼功劳大，可以缓解视疲劳。

眼与脏腑有关系，相关疾病要治好。

心明眼亮精神好，放眼世界多美妙。

第三节　做好眼保健操

教学目标

1．了解眼保健操对眼睛保护的重要性。

2．让学生掌握正确的眼保健操步骤，并能积极主动做好眼保健操，预防近视。

教学设计

第一步：谈话导入。

1. 眼睛为什么能看见东西？

2. 做眼保健操对预防近视有什么作用？

第二步：学习新课。

1. 出示图片，让学生认识：攒竹穴、睛明穴、太阳穴、四白穴、风池穴、头部督脉穴、耳垂眼穴。

2. 讲解动作要领，学生边听边找穴位。

3. 学习眼保健操。

小结：眼保健操是通过对眼睛四周及相关穴位的按摩来增强眼部血液循环，缓解视疲劳。做操时一定要找准穴位，认真地做。

第三步：学生练习，教师观察指导。

第四步：阅读儿歌。

总结：今天我们学习了做眼保健操，做眼保健操可以保护我们的视力，预防近视。在今后的学习生活中，希望同学们能长期坚持做眼保健操，做到动作轻、穴位准、力度适度。

案例材料

小强非常爱学习，利用各种时间学习。他认为眼保健操是给视力不好的同学治疗眼睛用的，自己的视力很好，用不着做。因此，在别人做眼保健操的时候，他都是在读课文、看书或者写作业。他觉得做眼保健操是在浪费时间。

老师：你觉得小强的想法正确吗？

学生：不正确。

老师：眼保健操是根据传统的推拿方法、经络理论，再结合现代的运动保健等理论而设计的眼部按摩法。做眼保健操时，经过手部对眼睛周围穴位的按摩，可以使眼内气血通畅，还能改善眼神经的营养，消除眼部睫状肌紧张或痉挛，从而起到保护视力、预防近视的作用。

教学内容

1. 眼保健操预防近视

眼保健操是根据中国古代的医学推拿、经络理论，结合体育医疗综合而成的按摩法。它主要是通过按摩眼部穴位，调整眼及头部的血液循环，调节肌肉，改善眼的疲劳，预防近视等眼部疾病。

实践表明，眼保健操同用眼卫生相结合，可以控制近视眼的新发病例，起到保护视力、防治近视的作用。做眼保健操时，要注意保持个人卫生，按揉眼部周围穴位时要缓慢柔和，先轻后重，以有酸胀感为最佳。

2. 做眼保健操的步骤

第一节　按揉攒竹穴

用双手大拇指螺纹面分别按在两侧穴位上，其余手指自然放松，指尖抵在前额上，有节奏地按揉穴位。每拍一圈，做四个八拍。

第二节　按压睛明穴

用双手食指螺纹面分别按在两侧穴位上，其余手指自然放松、握起呈空心拳状，有节奏地上下按压穴位。每拍一次，做四个八拍。

第三节　按揉四白穴

用双手食指螺纹面分别按在两侧穴位上，拇指抵在下颌凹陷处，其余手指自然放松、握起呈空心拳状，有节奏地按揉穴位。每拍一圈，做四个八拍。

第四节　按揉太阳穴，刮上眼眶

用双手大拇指的螺纹面分别按在两侧太阳穴上，其余手指自然放松，弯曲。先用拇指按揉太阳穴，每拍一圈，揉四圈。然后拇指不动，用双手食指的第二个关节内侧，稍加用力从眉头刮至眉梢，两个节拍刮一次，连刮两次。如此交替，做四个八拍。

第五节　按揉风池穴

用双手食指和中指的螺纹面分别按在两侧穴位上，其余三指自然放松，有节奏地按揉穴位。每拍一圈，做四个八拍。

第六节　揉捏耳垂，脚趾抓地

用双手大拇指和食指的螺纹面捏住耳垂正中的眼穴，其余三指自然并拢弯曲。用拇指和食指有节奏地揉捏穴位，同时用双脚全部脚趾做抓地运动。每拍一次，做四个八拍。

3. 做眼保健操时的注意事项

（1）做眼保健操时，应该认准穴位，并且保持适当的力度和均匀的速度，一般以按揉的穴位产生酸胀感为宜。

（2）按压眼部的时候，要保持手部的清洁，勤剪指甲勤洗手。

（3）做眼保健操时要全程闭上眼睛，保持正确的坐姿和平和的心态，并将注意力完全集中在手法上。

（4）做眼保健操需要每天坚持，这样才能发挥较好的护眼效果。眼保健操并没有时间和次数的硬性规定，只要感觉眼睛疲劳，就可以停下来做，以缓解眼睛疲劳。根据眼科医生的建议，对于学生或者使用电脑来进行工作的人来说，一天最好至少做2次眼保健操。因此，在上午或者下午学习工作了一段时间后，可以做做眼保健操来缓解视疲劳。平时长时间用眼的人，还应适当增加做眼保健操的次数。

实践活动

课间的时候，和小伙伴们比一比，看谁做眼保健操做得最准确。

中小学健康教育与近视防控指导用书

延展阅读

儿 歌

指甲短，手洁净。

遵要求，神入静。

穴位准，手法正。

力适度，酸胀疼。

合拍节，不乱行。

前四节，闭眼睛。

后两节，双目睁。

眼红肿，操暂停。

做眼操，贵在恒。

走形式，难见功。

水平二

（小学 3、4 年级）

第一章　健康行为与生活方式

第一节　做好卫生防疫

教学目标

1. 通过本节教学，让学生认识细菌和病毒，了解有些细菌、病毒会传播疾病。
2. 掌握家庭卫生防疫知识，让学生养成良好的个人卫生习惯。

教学设计

第一步：故事导入。

1. 展示图片，认识细菌和病毒。
2. 介绍常见的传染病及其症状和传播途径（风疹、麻疹、手足口病、流行性感冒等）。

第二步：分组讨论，如何做好家庭卫生防疫。学生发表观点，教师指导总结。

第三步：出示图片，学习如何养成良好的卫生习惯。

第四步：教师总结。

通过这节课的学习，相信同学们都已经认识到了养成良好卫生习惯的重要性。只要同学们注意卫生，认真做好预防工作，就可以将新冠肺炎及各类常见的传染病拒之门外。

案例材料

有一天，一群有害的细菌快乐地走出细菌城堡，出来探险。细菌大队长兴致勃勃地说："走吧，让我们到小朋友明明的肚子里好好地玩一玩。"

细菌找到了明明长长的指甲，快乐地跳了进去，它们在指甲缝里翻滚、打闹，准备跟着明明的手进入他的肚子。

准备吃饭了，明明要去洗手了，细菌大队长大叫一声："糟糕，快逃呀！"但是来不及了，它们全部被水和肥皂泡冲走了。

其他的细菌看到肥皂泡和水，连忙说："好可怕的武器呀，我们下次不敢来了！"

老师：同学们，你们一定听说过细菌、病毒和微生物之类的词汇，你们了解它们吗？

学生：它们会引发疾病。

老师：我们以人体内的细菌为例。人体内有数以万亿计的细菌，但细菌分为"好"的细菌和"坏"的细菌。平时，这两种细菌在我们体内共存，达成平衡，但这种平衡有可能会因为我们不注意卫生、营养摄入不足、抗生素类药物刺激等原因而遭到破坏。这时，那些"坏"细菌就会在我们的体内泛滥，使人体某些机能失常。门把手、公共卫生间的水龙头、公交车扶手……这些公共设施是细菌、病毒的"暂住地"。而且，病毒是会"飞"的，比如，流感患者的喷嚏能够使流感病毒通过细小的飞沫在空气中直接传播达30厘米。那么，我们该如何做好卫生防疫，才能不受细菌、病毒的攻击呢？

学生自由回答。

教学内容

1. 家庭卫生防疫

在家的时候，我们要注意改善室内空气质量，多通风换气。早上起床后立即打开门、窗通风，晚上睡觉时也要让窗户留个通风口。做好每天的室内卫生打扫工作，做到地面无垃圾、室内无异味等。床铺应平整无杂物，床上用品要定期清洗和晾晒。

从外面回到家中，不要随便在床上坐，更不要直接睡在床上，以免身上和衣物上的灰尘细菌污染床上用品，影响身体健康，而应洗漱干净、换好睡衣后再到床上睡觉。同时，要注意睡觉时不要蒙头，因为蒙头睡觉时，棉被内的二氧化碳浓度会不断升高，氧气浓度会不断下降，从而使大脑供氧不足。长时间吸进污浊的空气，对大脑损伤极大。

2. 养成良好的个人卫生习惯

打喷嚏或咳嗽时用纸巾掩盖口鼻，如无纸巾时应用手肘挡住口鼻；不随地吐痰，不随意丢弃使用过的纸巾；饭前便后，要使用肥皂或洗手液并用流动的水洗手；双手接触呼吸道分泌物后（如打喷嚏后）应立即洗手；不与他人共用水杯、洗漱用具、餐具；加强体育锻炼，增强抵抗力，注意平衡饮食，保持充分的睡眠，做到生活有规律，劳逸结合；注意环境卫生，在传染病流行季节尽量少去人员密集的公共场所，外出时要戴好口罩；尽量避免与有呼吸道传染病症状的病人接触。

如出现发热、咳嗽、头痛、呕吐等症状，应及时就医。常见的传染病一般都有疫苗，接种疫苗是预防各类传染病发生的主要方式，接种预防性疫苗是阻击传染病发生的最佳手段。

实践活动

平日里，你是如何做好个人卫生防疫的？

延展阅读

儿　歌

小学生，要记清，从小就要讲卫生。

平日里，要四勤：勤洗头、勤洗澡，

勤剪指甲勤换衣，每月理发显精神。

咳嗽时，病菌多，用纸巾，把口遮。

打哈欠，扭转身，打喷嚏，避开人。

回到家中先开窗，通风换气身体棒。

室内干净精神爽，学习生活才顺当。

切记垃圾不乱扔，美好环境靠大家。

第二节　早睡早起身体棒

教学目标

1. 通过本节教学，让学生知道熬夜影响身体健康，理解早睡早起的好处。
2. 培养学生养成早睡早起的良好生活习惯。

教学设计

第一步：听案例故事，感知早睡早起的好处。

第二步：分组讨论，探究新知。

1. 同学们知道什么是熬夜吗？
2. 请同学们说一说平时睡不好觉会有什么异样的感觉。
3. 教师总结熬夜的危害。

第三步：学习早睡早起的好处。

第四步：教师总结。

案例材料

小猪习惯晚睡，每晚都要12点以后才睡觉，它晚上熬夜，早上就起不来，每天都要睡到中午12点才醒，这让猪妈妈很烦恼。

转眼间，小猪上学了，每天叫它起床成了一件家里的大事。瞧，猪妈妈这才刚叫醒小猪，可是没说上几句话它就又睡着了。周末，小猪又睡到了中午，它一起床便决定去找小兔玩。小兔家摆满了漂亮的花朵，小猪从来没有见过这种花，惊奇地长大了嘴巴，啧啧称赞花儿漂亮。小兔子说："这种花只有早上才开，是我清晨采回来的。"

小猪离开小兔家，在回家的路上又碰见了小狗。小狗正在吃着面包，看见小猪走过来，连忙把面包分了一半给它。小猪狼吞虎咽地吃了起来，吃完后回味无穷地问："我从来没有吃过这么好吃的面包，小狗你快告诉我，这是哪家的面包啊？"小狗说："这面包是山羊奶奶每天早上卖的，我排了很久的队才买到，晚了就没有了。"

小猪这才发现，原来早上这么好啊！小猪暗暗下定决心：以后我一定要早睡早起，再也不熬夜了，我也要采集清晨漂亮的花朵，去买好吃的面包。

老师：小猪经常晚睡晚起，看到小兔子清晨可以采花，小狗早上可以买到香喷喷的面包，也决定要早睡早起啦！同学们，你们知道小学生每天最少要睡多久吗？

学生：要睡 10 个小时。

老师：正常人的睡眠时间随年龄的变化而不同。新生儿至少一天要睡 20 个小时，婴儿要睡 14 ~ 15 个小时，学前儿童要睡 12 个小时，小学生要睡 10 个小时，中学生要睡 9 个小时，大学生与成人一样要睡 8 个小时，老年人因新陈代谢减慢，需要睡 6 ~ 7 个小时。这样算起来，小学生应该在晚上 9 ：30 前入睡为好。

教学内容

1. 熬夜的危害

熬夜影响智力发育，导致记忆力下降。熬夜影响身高发育，充足的睡眠有利于生长激素的分泌，促进儿童长高；熬夜则会影响激素的分泌，使儿童出现发育迟缓。熬夜会使机体免疫力降低。熬夜打游戏，会影响视力。熬夜会导致饮食不规律，引起胃炎或胃肠功能紊乱，出现便秘。熬夜会影响睡眠质量。熬夜会增加心脑血管负担。熬夜会损伤皮肤。

2. 早睡早起的好处

（1）精力更充沛。身体经过一夜的休息后，会重新恢复活力，让我们感到精力充沛。

（2）肠胃更健康。长期饮食不规律，会减弱人体的消化系统功能。早睡早起才能有充足的时间吃早餐，肠胃才会更健康。

（3）大脑更灵活。充足的睡眠能使脑细胞得到很好的保养，保持长久旺盛的活力，进而使大脑能够灵活自如地指挥全身各部位进行正常的工作。

（4）免疫力更强。从医学的角度来分析，早睡早起的习惯能够提高人体免疫力，有利于身心健康。

（5）皮肤更细腻。早睡可以让我们的皮肤越来越有活力，经过一晚的修复更新，皮肤会更加细腻红润有光泽。长期早睡早起，会使人体新陈代谢顺畅，皮肤就会变得更好，能避免熬夜带来的黑眼圈、皮肤干燥、起痘等问题。

实践活动

请同学们制作一份适合自己的作息时间表。

延展阅读

儿 歌

脱下鞋子和外衣，端端正正摆整齐。

洗脸刷牙和洗脚，铺好被子早睡觉。

闭上眼睛手放好，不吵不闹睡好觉。

房间里面静悄悄，一觉醒来精神好。

第三节　睡前饭后不做剧烈运动

教学目标

1. 了解睡前和饭后不宜做剧烈运动的原因。
2. 培养学生学会自主合理安排运动和休息时间，养成良好的作息习惯。

教学设计

第一步：案例引入。

让学生说一说案例中的小朋友为什么会出现腹痛。

第二步：分组讨论，探究新知。

1. 饭后能不能做剧烈运动？
2. 学生发表观点，教师指导总结。

第三步：睡前不做剧烈运动。

总结：睡前不宜做剧烈运动，否则会使大脑处于兴奋状态，短时间内不能得到抑制，会延缓入睡时间，影响睡眠质量。一个人如果晚上没有获得充足的睡眠，第二天就会精神不振，甚至头昏脑涨，影响学习效果。

案例材料

棒棒因腹痛不止并伴有呕吐症状，被收治在医院重症医学科。棒棒父母说，每天吃完晚饭后，棒棒就立刻到外边上蹦下跳去玩了。

一天晚上睡觉时，棒棒开始腹痛并伴有呕吐。过了一天，他的症状仍无缓解，父母随即将他送到医院就诊。医生经仔细检查后发现，棒棒腹胀较明显，且反复呕吐、精神差，考虑为肠梗阻合并休克状态。医院立即安排了各项检查，认为棒棒要及早进行手术治疗。

手术时，医生打开棒棒的腹腔发现，他的小肠系膜存在一个裂孔，棒棒进食后剧烈运动，使装满食物的小肠被带动钻入该裂孔，并发生扭转，导致长约 1.5 米的小肠已经全部发黑、坏死，而他的腹腔里还有很多暗红色的脓液流出来。

经过两个小时紧张而有序的手术，棒棒坏死的小肠终于被成功切除。不久，棒棒从儿童重症医学科转到普通病房，情况逐渐好转。

老师：不恰当的运动会导致危险，尤其是刚刚吃饱饭后，最好等一小时再做运动，以减少一些危险的发生。老师希望同学们通过这节课的学习，明白饭后应适当休息，再做运动，睡前不宜做剧烈运动，懂得自我保护。

教学内容

1. 饭后不做剧烈运动

运动和吃饭之间要有一定的时间间隔。运动时,人体为了保证肌肉、骨骼氧气和营养物质的氧分供应,在中枢神经系统的调节下,会将全身的血液进行重新分配,这就使消化腺的分泌大大减少,从而影响胃肠部的消化和吸收。运动越剧烈、持续时间越长,消化器官的活动就需要更长的时间来进行恢复,因此运动后没有食欲是正常的生理现象。一般认为,运动后至少休息30~40分钟再进食较为科学。同样,饭后也不能立即去参加剧烈的体育运动,因为这样做会使正在参与胃肠部消化的血液又被重新分配,流向肌肉和骨骼,从而影响胃肠的消化和吸收。饭后即刻参加剧烈运动,还可能会因为胃肠的震动和肠系膜的牵扯而引起腹痛及不适感,从而影响人体的健康。一般来说,饭后半小时到一小时后才能运动,而剧烈活动最好在一个半小时以后进行。饭后进行散步,或进行一些轻松的活动,还是有助于人的消化和健康的。

2. 睡前不做剧烈运动

剧烈运动会导致交感神经兴奋、肌肉充血、心脏输出量增加、呼吸频率增快,所以从生理角度讲,睡前做剧烈运动是不科学的。另外,运动会导致血乳酸升高,人若马上进入睡眠状态代谢就会减慢,不利于乳酸转化,第二天可能会出现肌肉酸痛的现象。剧烈运动后,身体不应该马上静止下来,应该要做缓和运动,使呼吸、心跳、体温都渐渐恢复正常后,才能准备入睡,通常运动越激烈所需缓和运动的时间越长。因此,睡前运动可以低强度的有氧运动为主,如散步、慢跑、跳绳、俯卧撑、仰卧起坐等。

实践活动

饭前饭后做哪些活动有利于身体健康呢?请同学们想一想。

延展阅读

饭后如何开展运动

饭后半个小时内,以静坐休息为主,可以与家人或朋友一起聊天,多聊些开心的话题,既保持良好的心情,又保障了食物的最佳消化。

饭后一到一个半个小时,食物消化的最高峰基本过去了,就可以慢慢开展快走、慢跑之类的运动了。如果进食了很多难以消化的食物,还是感觉比较撑,就不要做剧烈运动了。如果打算饭后锻炼身体,就要尽量吃一些容易消化的食物,以减少肠胃的负担。

饭后两个小时后,食物的消化基本进入尾声,身体进入稳定平衡的阶段,也是精力最充沛的时间段,基本上可以进行跑步、打球等运动了。

第四节　少年儿童不能乱用化妆品

教学目标

1. 通过本课的学习，了解乱用化妆品的危害，指导学生学会控制自己的行为，养成正确的审美导向。

2. 掌握正确选择和使用护肤品的知识。

教学设计

第一步：案例导入，揭示课题。

1. 通过案例引入，让学生了解化妆品含有刺激的化学成分，而少年儿童皮肤娇嫩，使用成人化妆品可能会引起皮肤过敏。

2. 图片展示口红、眼影、睫毛膏、眉笔等，教导少年儿童不使用化妆品，学会控制自己的行为。

第二步：学习新知。

1. 让学生了解乱用化妆品的危害。

2. 让学生了解如何选择护肤品。

3. 让学生了解护肤品使用的注意事项。

第三步：教师总结。

案例材料

11岁的小红是小学五年级女生，随着青春期的临近，她的脸上开始长出一些痘痘。妈妈告诉她，这是正常生理现象，只要调整好自己的情绪、注意合理膳食、保障睡眠时间，过一段时间痘痘就会消失。但小红急于想掩盖自己脸上的痘痘，就偷偷用了妈妈的化妆品。

过了几天，小红的脸上长满了小红点，她感觉很难受。妈妈陪她去了医院。医生检查后说是过敏造成的，便询问妈妈小红是不是吃过刺激性食物，或者用过不适宜的化妆品，妈妈说没有。这时，小红不好意思地把自己偷抹妈妈化妆品的事情说了出来，并后悔说自己不该乱用化妆品，造成了皮肤过敏。

医生找到了病因，就给小红开了一些药。经过一个月的治疗，小红脸上的症状消失了，脸上的皮肤逐渐恢复了之前的模样。

老师：少年儿童乱用化妆品的危害很多，你们知道有哪些吗？

学生：不知道。

老师：首先，少年儿童的皮肤比较娇嫩，只需要做好日常基本防护就行，而大多数

化妆品都含有化学物质，有的还含有重金属，如果长期使用会导致一些有害物质堆积在皮肤里面，危害身体健康。

其次，很多化妆品含有激素，小孩子使用后会对激素产生很强的依赖性，引起依赖性皮炎。另外，滥用化妆品可能会出现导致皮肤脱皮、干燥、发红的情况。

最后，成人化妆品一般只适合成人使用，少年儿童若使用则容易出现毛孔堵塞的情况，有时还会出现过敏的情况，并可能引起细菌感染，带来更严重的后果。

教学内容

1. 少年儿童乱用化妆品的危害

少年儿童的皮肤娇嫩，皮脂腺尚未发育成熟，皮脂分泌少，防御屏障功能弱，抵御外界不良刺激的能力也弱。首先是一些颗粒大的化妆品，会堵塞毛孔，引发炎症等；另外，化妆品中无论是口红、眉笔还是腮红、指甲油等，都含有色素、树脂、酯类香料等化学成分，很容易进入少年儿童体内，导致皮肤过敏或者瘙痒。

少年儿童过早或长期使用不良化妆品，也会由于日积月累导致的雌激素过量摄入，有可能影响孩子性腺轴发育顺序，导致孩子早熟。有些儿童彩妆产品含有铅、汞、镉等重金属，长期使用会进入皮肤，导致重金属沉积，给少年儿童健康成长带来不可逆的负面影响。例如，铅会损害中枢神经系统和外周神经系统，导致少年儿童出现注意力不集中甚至学习障碍等问题。

2. 少年儿童应如何选择护肤品

（1）选择大品牌产品，因为这些产品是经过深入研究和反复试验后，并确保检验合格才推出市场的，使用起来会更放心。

（2）选择高保湿性、无刺激成分的润肤品。一般来说，专门注明针对婴幼儿的润肤品必须是天然、无刺激成分的，千万不要使用刺激性化学成分较多的润肤品。一般来说，我们可以选择乳液、润肤霜、润肤油等常见的少年儿童护肤品。乳液一般含天然滋润成分，质地轻薄，有一定的保湿功效，适合秋天和初冬季节，也比较适合在南方的冬天使用。润肤霜一般含高保湿成分，适合在北方的秋冬以及南方的冬天使用。润肤油由于加入了橄榄油等矿物油或植物油成分，质地有些油腻，却能够有效"解决"皮肤干裂的问题，滋润效果最好。

3. 少年儿童使用护肤品的注意事项

首先，宁愿不用也不乱用。由于护肤品每次用量较少，一件产品往往要相当长的时间才能用完，因此产品的稳定性一定要好，购买时除注意保质期外，还应尽量购买小包装产品；避免购买和使用有着色剂、珠光剂、香精的产品，因为有些成分会对皮肤有刺激。另外，如果在使用护肤品的过程中出现皮肤瘙痒、眼睛充血或流泪等不适症状，一定要立即停止使用，及时就医。

实践活动

你常用哪些护肤品？说一说使用它们之后的感受吧。

延展阅读

儿 歌

化妆品的成分多，

小朋友们不要摸。

如果好奇脸上抹，

皮肤痒痒不好过。

第五节　变质食品不能吃

教学目标

1. 学会看食品外包装上的生产日期和保质期，从而判断食物是否过期；知道过了保质期的食物是对人体有害的。

2. 了解食品腐败变质的原因及影响因素，掌握一定的预防食品被污染和变质的知识。

3. 通过讨论日常生活中是否要丢弃过期食品等话题，理解勤俭节约和健康原则的关系。

教学设计

第一步：案例导入。

第二步：学习新知。

1. 出示相关图片，让学生思考：

（1）什么是保质期？

（2）什么是生产日期？

（3）怎样判断食物是否变质或过期？

2. 了解食品腐败变质的原因及对人体的危害。

3. 我们应该怎样对待过期的食物？

学生阐述，教师总结。

第三步：分组讨论，让学生说说体会。

保持勤俭节约的美德和丢掉过期的食物矛盾吗？

学生分组讨论、形成观点，教师总结。

案例材料

小强放学回到家，感到非常饿，但爸爸妈妈还没有回来，于是他走进厨房，看看有什么能吃的。他在冰箱里找到了一盒花生米，拿出来一看，发现有的花生米表面长出了白色苔藓一样的东西。小强不知道那是什么，心想：反正自己又不多吃，洗洗不就可以了。于是，他就把花生米在水里漂洗了一下吃掉了。爸爸妈妈回来后没过多久，他就感觉肚子疼。爸爸妈妈带他到医院一检查，医生说他是由于食用发霉的花生而引起了食物中毒。

老师：同学们，除了发霉的花生不能吃，你还知道哪些变质的东西不能吃？

学生：发芽的土豆、变臭的鸡蛋……

老师：除了变质的食品以外，还有哪些食品不能吃呢？今天我们一起来学习吧。

教学内容

1. 什么是变质腐烂食品和过期食品

（1）变质腐烂食品是由于微生物、食品本身、环境因素三者相互影响、综合作用而使最初食品的性状和功能发生改变，致使细菌大量繁殖而变得对人体有害的食品。细菌的繁殖需要有合适的环境条件，譬如合适的温度、一定的水分和养料。而食品中含有大量的营养元素和一定量的水分，尤其是各种动物性的食品，含有大量的脂肪、蛋白质、无机盐和维生素，在适当的温度下，就会引发细菌大量繁殖，经过一段时间，食品就会腐烂变质。另外，食品在制造、加工、运输、仓储以及销售的过程当中，由于卫生条件不好或者环境污染，也会出现变质现象。

（2）过期食品。保质期（最佳食用期）是指在标签上规定的条件下，保持食品质量（品质）的期限。在此期限内，食品完全适于销售，并符合标签上或产品标准中所规定的质量（品质）。过期食品是指超过保质期的食品。过期食品或临近过期的食品一般都会产生一定程度的变质和腐烂，食品内部会开始滋生细菌，食用这些食品将危害人体健康。

2. 食品腐败变质的原因

（1）微生物污染是食品腐败变质的主要因素。导致食品腐败的微生物主要是细菌，且大多为需氧的非致病菌，其次是真菌、酵母菌。

（2）食品本身的化学组成和性质是另外一个原因。食品中酶的活性可引起食品成分分解；食品中的水分含量、营养物质及 pH 等为微生物生长繁殖提供了条件；细胞壁被破坏的食品，也利于微生物生长和繁殖，故也易腐败变质。

（3）环境因素也是一个重要原因。适宜的温度、水分、阳光、氧气等是微生物生长和进行酶作用的重要条件。一般来说，温湿的条件更适宜微生物生长，放置在这种环境下的食品更易腐败变质。

3. 变质腐烂食品和过期食品的危害

食物的变质，主要是微生物中的腐败菌、病菌捣乱的结果。越是营养价值高的食品，越容易被微生物腐蚀。许多美味可口的菜肴和食物，如果没有得到妥善保存，一经腐败菌和病菌光顾，不过几天甚至几小时，就会变酸变质，滋生毒素，如果人吃了这类的食物就会中毒、生病，严重的还会危及生命。

（1）腐烂的水果具有致癌作用。生活中，不少人因食用了腐烂的水果而导致了肠胃疾病。家里的水果若一时吃不完，再加上室内温度高，不少就会变质腐烂。有的人怕浪费，就把水果腐烂的部分切掉后继续食用，其实这是一种错误的做法。检测证实，只要水果发生霉变腐烂，各种微生物、真菌都会在腐烂的水果中不断加快繁殖，并在繁殖过程中产生大量有毒物质。人一旦吃了烂水果中的真菌毒素，可能会出现头晕、头痛、恶心、呕吐、腹胀等症状，严重的还会发生抽搐、昏迷，危及生命。

（2）乳制品、熟食以及一些炒货干货等过期后会变质。专家表示，不少食物在变质前期是不容易被肉眼发现的，这些变质的食物更容易对人体造成危害。因此，食品如有异味或过了保质期，最好就不要吃了。

（3）速冻食品如饺子、馄饨、豆沙包都不宜存放过长时间。一般情况下，饺子在 –18℃下可以保存 3 个月，假如是出厂后一直在 –18℃的环境下保存，那 3 个月之内就不会发生明显的质量问题；假如出厂后没有一直在 –18℃的环境下保存，那么其保质期则不一定为 3 个月。另外，在冷冻条件下，食品的脂肪会缓慢氧化，维生素也会缓慢分解，加上有的时候这些速冻食品被冻了又化、化了又冻，维生素的损失更加严重。而含油脂越高的食品，如饺子、汤圆、肉类等，越要注重新鲜度。因此，速冻饺子最好在出厂日期后的 1 个月内吃掉。

（4）过期食品对人身体的危害有时是慢慢体现出来的。过了保质期的食品并不会完全或者马上出现腐烂现象，如果人食用了这种食品，也不会立即出现中毒反应，但可能导致大量的微生物在人体内繁殖。比如白糖，过了保质期后，在外观上和甜度上没有什么明显变化，但实际上已经滋生了大量的螨虫。如果人吃了，螨虫就会进入人体消化道内寄生，引起不同程度的腹痛、腹泻等症状。因此，人们不要吃"准过期"食品，小孩、老人这些高危敏感人群更不能吃"准过期"食品。

4. 食品污染及腐败变质的预防

（1）注意饮食卫生，要把切熟食物和切生食物的刀具、菜板分开，以防止食物的交叉污染。鱼、肉、海产品等要充分煮熟，隔餐食物要加热煮沸。罐头出现膨胀或色、香、味有改变时都不能再吃。

（2）家里应该少存放一些水果、蔬菜、牛奶等容易变质的食物，以免长时间的存放使食物变质。

（3）不要购买已经变质的食物。到超市购买包装好的食品时，应注意仔细观察其生产日期，并观察包装里面的食品状况，必要时可用鼻子闻一闻有无异味，防止购买到腐烂、变质的商品。

（4）遇到超市采用减价促销法推销食品时，应仔细辨认食品的状况，看其是否变质或腐烂，不要有贪小便宜的心态，否则可能造成不必要的损失。

（5）一旦发现生产和销售过期食品的不法厂家和商家，请立即向卫生监督部门报告。

实践活动

1. 夏天的中午，奶奶要吃头天晚餐时剩下的一盘炒青菜，你会怎么做？
2. 有一家小商店以非常低的价钱在销售过期的饼干，你会购买吗？说说你的理由。

延展阅读

发芽的土豆

龙葵素是马铃薯发芽、变绿、溃烂后产生的一种有毒物质，食用少量龙葵素无明显病症，但食用超过 200 毫克龙葵素，会出现口腔及咽喉部瘙痒、上腹部疼痛并伴有恶心、呕吐、腹泻等症状；食用 300 至 400 毫克或更多的龙葵素，会出现体温升高、反复呕吐而致失水以及瞳孔放大、怕光、耳鸣、抽搐、呼吸困难、血压下降等症状，甚至极少数人可因呼吸麻痹而死亡。

为避免马铃薯发芽引起中毒，我们要妥善贮存它们，将它们存放在凉爽、干燥、没有阳光的地方。不能食用生芽或皮已经变成青绿色的马铃薯。如果要食用，必须切除马铃薯生芽、芽孔、变质的部分，并把剩余部分泡在水中 30～60 分钟，使残余毒素溶在水中，然后煮熟。在煮马铃薯过程中加醋，可以消除毒性。

第六节　食用蔬菜水果要洗干净

教学目标

1. 了解农药残留的危害，知道几种去除农药的方法，懂得保护自己的健康。
2. 掌握蔬菜水果的正确清洗方法，树立食品卫生的意识。

教学设计

第一步：案例导入，揭示课题。
第二步：课件展示几种吃水果的方式，让同学们判断图片中的做法对不对，并说说为什么。
第三步：现场演示削水果皮的方法，请几位同学在老师的指导下试一试。
第四步：布置实践作业"比比谁洗瓜果的本领大"。

案例材料

一天下午，妞妞回到家，看见妈妈刚刚买来的黄瓜，绿绿的，新鲜极了，于是拿起一根就大口大口地吃了起来。妈妈看到后，连忙阻止了她，说："黄瓜上面有残留的农药，要洗干净后才能吃。"姐姐却不以为然，她觉得黄瓜上面很干净，看不出有什么发霉或者被破坏的地方，便不开心地嘟起了小嘴巴。

老师：同学们，姐姐做得对吗？

学生：不对。

老师：同学们，虽然瓜果蔬菜是健康的天然营养品，大家都喜欢吃，但在它们的种植过程中是离不开农药的。农药残留在瓜果蔬菜的表皮上，若不洗就吃，它们就势必会进入体内，对身体造成伤害。此外，瓜果蔬菜本身有着丰富的营养，这些营养不仅对人体有益，而且微生物也特别喜欢，所以在瓜果蔬菜的表面会滋生有许多微生物，如酵母菌、细菌。有些瓜果蔬菜在种植过程中还要经常施用农家肥、粪便等肥料，所以其中的细菌等也会附着在瓜果蔬菜的表皮上，如果不洗干净就直接食用，可能会引起痢疾等疾病。

教学内容

1. 如何避免遭受瓜果蔬菜上残留农药的危害

（1）用专用清洗液清洗瓜果蔬菜。

（2）尽量选购时令瓜果蔬菜。

（3）勿偏食某些特定的瓜果蔬菜。

（4）那些外表不平或多细毛的瓜果蔬菜（如桃子、猕猴桃等）较易沾染农药，因此食用这些食物前可先去皮。否则，请务必以专用清洗液及清水冲洗后再食用。

（5）当发现瓜果蔬菜表面有药斑，或有不正常、刺鼻的化学药剂味道时，表示它们可能含有农药残留，应避免选购。

（6）那些连续性采收（可长期而连续多次采收）的农作物，如菜豆、豌豆、韭菜花、小黄瓜、芥蓝菜等，在生长过程中是需要长期且连续地喷洒农药的，我们应特别加强这些作物的清洗次数及时间，以降低其农药残留量。

（7）用加热烹饪法清除蔬菜上的农药残留，这种方法常用于芹菜、圆白菜、青椒、豆角等。这些蔬菜含有的氨基甲酸酯类杀虫剂残留会随着温度升高而加快分解，所以一般可将这些蔬菜清洗后放置于沸水中煮 2 ~ 5 分钟后捞出，再用清水洗 1 ~ 2 遍，即可置于锅中烹饪成菜肴。

2. 须削皮食用的瓜果蔬菜

（1）红薯：红薯皮含碱量较高，食用过多会导致胃肠不适。当发现红薯皮呈褐色或有黑色斑点时，就不要食用了，因为这种红薯受了黑斑病的感染，食用后会导致中毒。

（2）马铃薯：马铃薯皮内含不益于人体健康的配糖生物碱，进入人体后会形成积累性中毒，由于是慢性中毒，人体暂时无症状或症状不明显，往往不会引起注意。当马铃薯长了芽和皮色发青时，含毒素更高，应绝对禁止食用。

（3）荸荠：荸荠生长于肥沃的水泽中，皮上会聚集多种有害的、有毒的生物排泄物和化学物质，因此，无论是生食或熟食都应去皮，否则会引起难以预料的疾病。

实践活动

放学回家后，给妈妈讲一讲你今天学到的知识，帮妈妈洗洗水果、削削皮吧。

延展阅读

儿　歌

苹果圆圆又脆又甜，开吃之前多洗几遍。

小手削皮注意安全，食品健康快乐每天。

第七节　学会垃圾分类

教学目标

1. 了解垃圾的来源和垃圾的危害，认识垃圾分类的必要性。
2. 学会垃圾分类方法，知道垃圾分类可保护环境，培养初步的环保意识。

教学设计

第一步：案例导入。

第二步：行为对比，引发思考。

老师展示乱扔垃圾和保护环境的图片。

学生观看图片，思考并说出感受。

第三步：说一说，分一分。

1. 生活中会产生哪些垃圾？说说对这些垃圾的认识。

学生思考回答，教师点评。

2. 出示两个垃圾桶图片，分别是"可回收""不可回收"。

出示卡片：废纸、果蔬皮、泡沫、塑料、剩菜剩饭、破损书籍、废铁、口香糖、树叶。让学生进行分类，并把纸片贴到相应位置。

第四步：了解垃圾分类的好处。

第五步：教师总结。

案例材料

当我们去海边玩耍时，经常会在海滩上看到很多垃圾，如塑料袋、塑料瓶等，这些无法降解的垃圾一旦进入海洋被海洋生物吞噬，就会对海洋生物造成严重危害。根据统计，太平洋地区目前拥有海洋垃圾面积超过300万平方千米，比印度本土面积要大得多，可想而知，海洋垃圾的数量已经到了无法估量的地步。

老师：我们每个人都是垃圾的制造者，为了保护环境，我们能做些什么？

学生：不乱扔垃圾。

老师：对，而且我们还要做好垃圾分类。垃圾分类是对垃圾进行处置前的重要环节，通过分类既可减少环境污染、提高垃圾资源利用水平，又可减少垃圾处置量，是实现垃圾减量化、无害化、资源化的重要途径和手段。

教学内容

1. 垃圾的来源

垃圾的来源非常复杂，有的来自学校、家庭，有的来自工厂，有的来自建筑工地，有的来自宾馆、饭店和食堂等公共场所。

（1）普通垃圾。包括废纸制品、废塑料、破布、废橡胶、破皮革制品、废木材、碎玻璃、废金属制品和尘土等。

（2）建筑垃圾。包括泥土、石块、混凝土块、碎砖、水泥废管道等。这类垃圾一般由建筑单位自行处理，但也有相当数量的建筑垃圾会进入城市垃圾中。

（3）清扫垃圾。包括公共垃圾箱中的废弃物、公共场所的清扫物、路面损坏后的废弃物等。

（4）食品垃圾。指人们在加工、储藏、买卖、食用各种食品的过程中产生的垃圾。这类垃圾分解速度快，并会散发恶臭，容易滋生蚊蝇等有害昆虫，还有细菌。

（5）危险垃圾。包括干电池、日光灯管、温度计等含有有毒有害物质的废弃物，易燃易爆物品以及含有放射性物质的废物等。这类垃圾一般不能混入普通垃圾中。

2. 垃圾的危害

人类居住在地球上，每天都在向自然界索取各种物资，同时也在不停地制造各种垃圾。随着科技的日益发达，人们的物质生活不断丰富，垃圾数量的增加已经远远超出了人类自己的想象，垃圾带来的危害也日益严重。

（1）侵占土地。我们每天丢弃的垃圾有的被任意堆放，有的被运到了垃圾填埋场。随着垃圾越来越多，占用的土地也会越来越多。目前，全国垃圾堆存侵占土地面积有5亿多平方米，全国约2/3的城市处于垃圾包围之中，这是一个十分惊人的数字。

（2）污染水源。如果将垃圾放置在河湖岸边或抛入水中，经水冲洗和浸泡后，垃圾中的大量有毒有害物质会进入地表水或地下水中，造成水体黑臭、浅层地下水不能使用、水质恶化等。我国60%的河流都存在氨氮、挥发酚、高锰酸盐污染以及氟化物严重超标等问题，垃圾对水体的污染使其丧失了自净功能，也影响了水生物繁殖和水资源利用。

（3）污染空气。在运输、堆放和处理垃圾的过程中，垃圾中的有机物会分解释放出大量的氨、硫化物等有毒有害气体，粉尘和细小颗粒物会随风飞扬，致使空气中硫化氢气体浓度和悬浮颗粒物等超标。焚烧垃圾不仅会导致酸雨现象频频发生，还会危害人的健康。

（4）传播疾病。垃圾问题对人们的健康构成潜在威胁。垃圾本身含有多种细菌、病毒，并为老鼠、蚊蝇等动物提供了食物和栖息、繁殖的场所，这些动物的泛滥及其携带的病原微生物，可能会造成动物传染性疾病的传播。被传染性疾病病毒污染的医疗垃圾废物，如一次性口罩等，若不正确分类投放至指定医疗垃圾废物收集容器中，会在一定程度上扩大疾病传播范围，阻碍疫情防控工作。

（5）其他危害。

垃圾中含有大量可燃物，长期堆放会产生很多可燃气体，一旦遭遇明火或自燃，容易引发火灾、垃圾爆炸事故，将对人们的生命财产安全产生巨大的威胁。残留在地球上的许多塑料制品不易降解，不仅严重影响环境，而且其所含成分也有较大的潜在危害。由于造成污染的这些塑料大多是白色的，因此被人们称为"白色污染"。

权威资料显示，生活垃圾是全球温室气体的重要产生源之一，当这些垃圾得不到及时处理时，会产生大量甲烷气体，它对温室效应的影响是二氧化碳的 25 倍。温室效应会导致全球变暖，使两极冰雪融化，海平面升高，很多极地动物会因此灭绝，部分沿海地区还可能被海水淹没。

3. 垃圾的分类

（1）可回收垃圾。包括废纸、废塑料、废金属、废包装物、废旧纺织物、废玻璃、废纸塑铝复合包装等。

（2）有害垃圾。包括废电池（镉镍电池、氧化汞电池、铅蓄电池等）、废荧光灯管（日光灯管、节能灯等）、废温度计、废血压计、废药品及其包装物、废油漆、溶剂及包装物、废杀虫剂、消毒剂及其包装物、废胶片、废相纸等。

（3）厨余垃圾。包括食堂、宾馆、饭店、家庭等产生的厨余垃圾，农贸市场、农产品批发市场产生的蔬菜瓜果垃圾、腐肉、肉碎骨、蛋壳、畜禽产品内脏等。

（4）其他垃圾。是指除可回收物、厨余垃圾、有害垃圾以外的，可以通过焚烧（或规范填埋）的方式处理的生活垃圾。

4. 垃圾分类的好处

垃圾分类是对垃圾进行处置前的重要环节，通过分类既可减少环境污染、提高垃圾资源利用水平，又可减少垃圾处置量，是实现垃圾减量化、无害化、资源化的重要途径和手段。

将有害垃圾分离出来，减少垃圾中的重金属、污染物、致病菌的含量，有利于垃圾的无害化处理，降低垃圾处理过程中水、土壤和大气被污染的风险。

将垃圾进行分类，使最终进入垃圾焚烧处理末端的垃圾量大大减少，可以提高垃圾焚烧的质量，更好地保护环境。

实践活动

1. 做一个环保小卫士，带动周围的人进行垃圾分类，以保护环境。
2. 废旧物品小制作：利用废品，自己动手做一做，变废为宝。

延展阅读

有害垃圾——废电池

一粒纽扣电池可污染 60 万升水，这相当于一个人一生的饮水量；一节电池烂在地里，能够使 1 平方米的土地失去利用价值。所以，把一节节的废旧电池说成"污染小炸弹"，一点也不过分。我们日常所用的普通干电池含有汞、锰、镉、铅、锌等各种重金属，废旧干电池被遗弃后，其外壳会慢慢腐蚀，其中的重金属物质会逐渐渗入水体和土壤，造成污染。

重金属污染的最大特点是它在自然界里不能降解，只能通过人工净化消除。由于重金属容易在生物体内积蓄，当这种积蓄随时间的推移达到一定量之后，会致畸或致癌变，最终导致生物体死亡。重金属对人体产生危害的另一个途径是通过食物链传递，如当鱼虾吃了含有重金属的浮游生物后，重金属在鱼虾体内积蓄，人再吃了这样的鱼虾，重金属就会在人体内积蓄，达到一定程度后也会对人的身体产生严重影响。

第八节　拒绝二手烟

教学目标

1. 了解吸烟对人类身心健康的危害和对环境的影响。
2. 了解二手烟的概念和二手烟对健康的危害。
3. 用自己获得的控烟知识帮助身边的人，树立科学控烟的健康的人生态度。

教学设计

第一步：案例引入。

请同学们思考：是什么原因让萱萱病得这么重？

第二步：课件展示产生二手烟的场所图片，请同学们说说二手烟的危害。

第三步：教师介绍二手烟的概念和吸入二手烟的危害。

第四步：学习体会。

在了解了香烟的危害后，你准备怎样向你的家人、邻居及亲戚朋友宣传吸烟的危害？

案例材料

萱萱一个月前就觉得胸口发闷疼痛，且不停咳嗽，家长一开始没当回事，以为孩子只是感冒严重一些，直到孩子咳血了，才决定带她去医院检查。这一检查令全家大吃一惊，萱萱被确诊为肺癌晚期，胸腔内有积水，癌细胞已经扩散转移，救治希望渺茫。孩子才 8 岁，怎么会得肺癌，还是晚期？原来，萱萱的父亲是个有着十几年吸烟史的老烟民，一天要吸2包烟，即便当着孩子的面，也是烟不离手。萱萱之所以得肺癌，正是因为每天身处"二手烟"环境里造成的。

老师：同学们，你们知道什么是"二手烟"吗？

学生：就是别人抽过的烟。

老师：二手烟，亦称被动吸烟，意思是自己不抽烟，当身边的人抽烟时，自己被动吸入了那些被吐出的烟雾。

教学内容

1. 烟草的有害成分

烟草燃烧所产生的烟雾是由7000多种化合物所组成的复杂混合物，其中气体占95%，如一氧化碳、氢化氰、挥发性亚硝胺等，颗粒物占5%，包括半挥发物及非挥发物，如烟焦油、尼古丁等。这些化合物绝大多数对人体有害，其中至少有69种为已知的致癌物，如多环芳烃、亚硝胺等，而尼古丁是引起人吸烟成瘾的物质。

"二手烟"是指从卷烟或其他烟草制品燃烧端散发的烟雾，且通常与吸烟者散发的烟雾混杂在一起。"二手烟"中含有几百种已知的有毒或者致癌物质，包括甲醛、苯、氯乙烯、砷、氨和氢氰酸等。"二手烟"已被国际癌症研究署确定为A类致癌物质。与吸烟者本人吸入的烟雾相比，"二手烟"中许多致癌和有毒化学物质的浓度更高。

2. "二手烟"的危害

当吸烟危害吸烟者本身健康的同时，"二手烟"也在影响非吸烟者。除了刺激眼、鼻和咽喉外，它也会明显地增加非吸烟者患肺癌和心脏疾病的机会，以及其他呼吸系统疾病等，严重伤害人们的身体健康。烟草经过燃烧，会产生大量的有毒有害的气体，比如煤焦油、尼古丁、一氧化碳、一氧化氮，以及一些重金属放射性的粉尘和颗粒物，这些颗粒物进入肺里会对我们的呼吸道黏膜产生损伤，增加肺癌的发生率。对于孕妇来说，吸"二手烟"会导致流产、早产等。对于青少年来说，吸"二手烟"可能会引起哮喘、肺炎、支气管炎、耳部炎症等问题，甚至影响智力发展。

3. 如何拒绝"二手烟"

父母吸烟的儿童、青少年更容易吸入"二手烟"，因此，我们要主动劝导家里吸烟的人为了家庭成员的身体健康尽快地戒烟；如果劝导失败，就让吸烟的家人在阳台或者室外等通风好的地方吸烟。

少出入唱吧、酒吧、网吧、商场卫生间、楼道等人口密集的场所，这些地点都是吸烟人群集中的地方。要多开窗通风，在室内放些能净化空气的绿色植物。在学校，如果看到同学吸烟，可以劝阻或反馈给老师或学校的管理人员。

实践活动

请同学们说一说，吸烟的坏处有哪些？"二手烟"对我们有哪些危害？

延展阅读

世界无烟日

1987 年 11 月，世界卫生组织在日本东京举行的第六届吸烟与健康国际会议上，建议把每年的 4 月 7 日定为世界无烟日，并从 1988 年开始执行。但从 1989 年开始，世界卫生组织将世界无烟日改为国际儿童节的前一天，意在希望下一代免受烟草危害，因此，每年的 5 月 31 日就是世界无烟日。

第二章　生长发育与青春期保健

第一节　认识身体主要器官和功能

教学目标

1．认识内脏各器官，初步了解人体内脏各部分功能。
2．培养学生自主养成健康的生活方式。

教学设计

第一步：案例导入，揭示课题。

第二步：出示头部图片，讲解大脑的作用。

第三步：介绍胸腔内的器官。

1．出示心脏图片，讲解心脏的作用。

2．出示肺的图片，讲解肺的作用。

3．出示人体内脏图片，分别讲解肝脏、肾、小肠的位置和作用。

第四步：当堂反馈。

请学生到展台上说一说各个器官的名称。

第五步：健康指导（如何拥有健康的身体）。

案例材料

2021年8月下旬，正在家中劳作的钟女士突然昏迷，被紧急送至医院后发现是脑膜瘤、脑疝造成的，经积极治疗后其病情仍没有任何改善。丈夫宋先生为妻子的病情和巨额费用而终日忧虑，不慎高空坠落致全身多发性损伤。夫妻两人在经专家组临床判定为脑死亡后，家属决定自愿无偿捐献夫妻二人有用的器官和组织。9月中旬，在红十字会的见证下，在多方的共同努力下，夫妻二人逝世后相继顺利完成器官捐献。在重症医学科、急诊、手术室、麻醉科、输血科等相关科室的协助下，成功将2个肝脏、4个肾脏、1对眼角膜移植给等待器官的患者，挽救了6位肝、肾衰竭患者的生命；使2名眼病患者重获光明。目前，8位移植患者术后恢复顺利。

老师：如果让你用一个词语来形容这对夫妻，你会怎么说？

学生：平凡、伟大。

老师：是的，这对平凡而伟大的夫妻用自己的器官延续了别人的宝贵生命，他们的身上闪耀着人性的光辉。对于我们来说，人体的每一个器官都是非常重要的，缺乏任何一个脏器，生命都无法延续。

教学内容

1. 人体内脏主要器官

（1）大脑

大脑主要包括左、右大脑半球，是中枢神经中最大和最复杂的结构。大脑半球表面呈现不同的沟或裂。沟、裂之间隆起的部分叫脑回。沟、裂将大脑半球分为五个叶，即额叶、颞叶、顶叶、枕叶和脑岛。大脑是神经中枢，协调各个器官系统机能活动，支配和管理着人的一切生命活动，包括运动、情感、逻辑思维、学习等。

（2）心脏

人类的心脏位于胸腔中部偏左下方，体积约相当于人自身一个拳头的大小。心脏是人体循环系统的重要器官，在人体内发挥的作用是巨大的。首先，心脏可以推动血液的流动，为身体的各个器官组织提供充足的血量，使器官组织维持正常的代谢和功能。其次，心脏像是发动泵，通过心脏的收缩舒张功能，将全身的营养物质比如葡萄糖、蛋白质、无机盐、维生素等输送到全身发挥营养作用，并且还可以带走代谢产物。最后，体内的各种激素或者肽类物质也需要通过血液循环运送到靶细胞，实现体液调节，维持人体内外环境的稳定，而血液循环运送是通过心脏实现的。

（3）肝脏

肝脏大部分位于右季肋区及上腹部，小部分位于左季肋区，上与右肺、心脏相邻，下与胃、十二指肠相邻。肝脏是人体最大的腺体，呈红褐色，质软而脆；呈楔形，右端圆钝，左端扁薄；可分为上下两面、前后两缘及左右两叶。肝脏是重要的代谢器官和解毒器官，不仅负责着脂肪、蛋白质、糖类等物质的代谢和转化，还负责大部分毒素、药物的代谢和分解。因此，肝脏也是人体非常重要的器官。

（4）肾脏

肾脏位于腹膜后脊柱两旁浅窝中，为成对的扁豆状器官，红褐色。肾是制造尿液的工厂，它最主要的功能就是排泄体内产生的各种代谢废物，同时，还维持机体电解质和酸碱的平衡，因此，当发生肾功能衰竭时，机体的各种废物不能排出，将严重影响机体的正常运行。

（5）肺

肺位于胸腔，左右各一，覆盖于心之上。左右肺形态结构有所差异，略似锥体形，有分叶。肺是人体的呼吸器官，负责着人类机体的气体交换，负责将新鲜的氧气带入机体内，同时将人体产生的二氧化碳排出体外。如果发生肺功能衰竭，人体将面临巨大挑战。

2. 如何拥有健康的身体

（1）合理膳食。食物要多样，以谷类为主；多吃蔬菜、水果和薯类；常吃奶类、豆类及其制品；常吃适量鱼、禽、蛋、瘦肉，少吃肥肉和荤油；重视户外活动，保持适宜体重，避免盲目节食；吃清淡少盐的膳食，合理分配三餐，少吃零食；吃清洁卫生不变质的食物。

（2）适量运动。少年儿童的肌肉正处在发育过程中，并且身体各部位肌肉的发展速度也不平衡，而坚持体育运动，可以使肌肉在形态、结构、成分和机能上发生明显的适应性变化，可以减少肌肉内的脂肪堆积，使肌肉发育均衡，防止肥胖症。

（3）规律生活。养成良好的饮食习惯，一日三餐要有规律，营养均衡，不挑食偏食，不暴饮暴食，不盲目节食。养成良好的卫生习惯，勤洗手、勤洗澡、勤剪指甲、勤换衣，注意个人卫生和环境卫生。养成良好的作息习惯，早睡早起不熬夜。

（4）心理平衡。要充分地了解自己，认识自我，并接纳自我；为人要谦虚低调，与同学友好相处；要热爱生活，对生活充满希望；要学会适应环境，保持良好的心态。

实践活动

选择你认为最重要的一种人体器官，在家人的帮助下搜集关于它的保养方法。

延展阅读

生活要有规律

自然界中的每一种生物都有自己的"时间表"，科学家形象地称之为"生物钟"。作为万物之灵长的人类也不例外，科学家发现，人存在着以23天为周期的体力盛衰，以28天为周期的情绪波动，以及以33天为周期的智力起伏。人的体力、情绪、智力这三个周期性节律，从出生至死亡，始终支配着人的生命活动。体力周期控制着人的体能、精力和工作能力；情绪周期控制着人的自信心、情感和社会心理活动；智力周期则控制着人的学习、记忆和逻辑思维能力。除节律变化外，人的体温、体重、血压、基础代谢率、

脑电图各类波型、心率、呼吸频率、精神状态、精力、血糖含量、各种激素等亦会发生昼夜性变化；人体各种器官的机能和大脑的学习工作能力，人的痛觉、视觉和嗅觉，人对疾病、噪音和药物的敏感性，也都有节律周期性变化。因此，青少年应为自己制定并遵守一个合理的生活作息表，养成定时学习、锻炼、休息、睡眠、饮食的习惯，从而使整个身体的生理活动富有规律和节奏。这样就能保证劳逸结合，满足生理和生活的需要，起到促进生长发育、增强身体抵抗力和预防疲劳的重要作用。

第二节　认识生命，爱护生命

教学目标

1. 爱护自己的身体，树立安全意识以及珍爱生命的意识。
2. 遵守生活中的规则，不做危险的活动。
3. 体会生命的宝贵，认识到生命不可重来。

教学设计

第一步：案例导入。

出示图片，简单讲解人的一生要经历婴儿期、幼儿期、童年期、青春期、成年期和老年期。

第二步：感知危险在身边，树立安全防范意识。

播放男孩爬卷闸门的视频，请学生猜测接下来会发生的事情。

教师总结：事情的结果令人很难过，正如几位同学所猜测的，这位男孩因为一时的好奇而失去了宝贵的生命，给家人带来了无法弥补的伤痛。生活中，每个人都要树立安全意识，不要去尝试做危险的事情，以免发生意外。生命只有一次，对谁来说都是最宝贵的。

第三步：学习不同情形下的安全常识。

第四步：教师总结，深化主题。

引导学生树立爱护身体、珍惜生命的意识。

案例材料

一个在孤儿院生活的孩子，常常悲观地问院长："像我这样没人要的孩子，活着究竟有什么意义呢？"院长总是笑而不答。

有一天，院长交给男孩一块石头，说："明天早上，你拿这块石头到市场上去卖，但不是真的卖，记住，不论别人出多少钱，绝对不能卖。"

第二天，男孩蹲在市场角落，将那块石头摆放在前面。出乎意料，有好多人要向他

91

买那块石头，而且价钱越出越高。回到孤儿院，男孩兴奋地向院长报告，院长笑笑，要他明天拿到黄金市场去叫卖。结果再次令人惊讶，在黄金市场上，竟有人出比昨日高十倍的价钱买那块石头。

最后，院长让男孩把石头拿到宝石集市上去展示，结果，石头的身价较昨日又长了十倍，由于男孩怎样都不卖，它竟被传成稀世珍宝。男孩兴冲冲地回到孤儿院，将这一切禀报了院长。院长望着男孩，徐徐说道："生命的价值就像这块石头一样，在不同的环境下就会有不同的好处。一块不起眼的石头，由于你的惜售，价值得到了提升，被说成是稀世珍宝。生命不就像这石头一样？只要自己看重自己、自我珍惜，生命就有价值。"

老师：当我们看见小草翠绿、树影婆娑，听到虫鸣鸟叫、人群喧闹，闻到清新空气、百花芳香时，我们感受到万物欣欣向荣，世界充满生命力和无穷希望，整个世界因生命的存在而变得生动和精彩。生命是地球上最珍贵的财富，生命又是有限的，人的一生也要经历出生、生长发育、成熟直至衰老死亡。所以，我们要珍惜生命，爱护生命。

教学内容

1. 人的一生

按照生理、心理的变化阶段规律，人的一生可分为婴儿期、幼儿期、童年期、青春期、成年期和老年期。

婴儿期：指从出生到满 1 岁以前的一段时期，是人出生后生长发育最迅速的时期。

幼儿期：从 1 岁开始至 6 岁左右称为幼儿期，这一时期是儿童智力发展非常迅速的时期，是孩子的特殊才能开始表现的时期，也是个性、品质开始形成的时期。幼儿期个性的形成是以后个性发展的重要基础。

童年期：从入小学到青春发育开始，一般指六七岁到 12 岁，是童年期。这一时期是为一生的学习活动奠定基础的时期，是心理发展的一个重要阶段。

青春期：指以生殖器官发育成熟、第二性征发育为标志的初次有繁殖能力的时期。这一时期是儿童逐渐发育为成年人的过渡时期，也是继婴儿期后人生第二个生长发育的高峰。

成年期：指 25～60 岁的时期。通常人们又把这一时期划分为两个阶段：成年前期，即 25～40 岁；成年后期，即 40～60 岁。成年期身心发展变化的特点是比较平稳，不像童年期、少年期、青年期或老年期那么显著和剧烈。这一时期相当于生理学上的成熟期。成年期是先前各阶段发展结果集中表现的时期，也直接影响到老年期的心理。

老年期：指人生中的最后阶段，特点是人体各器官组织出现明显的退行性变化，心理方面也发生相应改变，衰老现象逐渐明显。衰老与一般健康水平有关，不同时代、不同地区的人，衰老进度也不同。

2. 生命安全常识

（1）交通安全。在马路上行走或骑车，都必须自觉遵守交通规则。走路要走人行道，骑自行车要走非机动车道，过马路要看清信号灯。不在马路上追逐打闹，不追车、扒车、

强行拦车。12岁以下的小学生不骑自行车上路。不乘坐无牌、无营运证、超载的车辆。乘坐校车或其他车辆时听从安排，在车辆行驶过程中系好安全带，不将头、手、身体伸出窗外。

（2）学校学习安全。手工课、美术课要求使用刀、剪、针、锤等工具时，才能将其带到学校，否则不能带进学校。若使用，须经老师同意方可拿取，并在老师的监督下使用，用完后立即放回原处。在课上使用这些工具时要小心谨慎，防止划伤、刺伤自己或周围同学。参加集体劳动时，一定要遵守纪律、服从管理、听从指挥，要事先了解该项劳动的安全常识，未经老师允许不得进入危险区域，不接触有毒有害物质，不随便触摸、玩弄电器及开关等。课间活动不要做危险的游戏，观看别人进行体育活动时，要注意自己的位置是否安全，避免飞来的篮球、足球等伤及自己。

（3）防火安全。不要将火柴、打火机当作玩具，更不要私自点燃东西玩，要在家长的监护下才能使用燃气灶。夏天点蚊香时，注意不要靠近窗帘、蚊帐、床单等可燃物，以免夜晚风吹动时使这些可燃物飘到蚊香火头上。

（4）用电安全。不要用手、金属物或铅笔芯等东西去拨弄插座开关，也不要把它们插到插座孔里。不要在插座附近喝水或饮料，以免水或饮料洒到插孔里，造成电器短路，引发火灾。少年儿童必须在家长的指导下正确使用家用电器。在户外玩耍时，要远离高压输电设备及配电室之类的地方，不要在高压线附近放风筝，不要到配电室中去玩。不要在电线上面搭挂、晾晒衣物。发现有人触电，在救助触电者时，首先要切断电源，在切断电源之前千万不要用手去拉触电者，否则救助者也会触电，应该及早地叫大人来处理，并拨打"120"急救电话。

（5）游泳活动中的安全。游泳应在有安全保障的游泳区内和家长的监护下进行，严禁在非游泳区内游泳。非游泳区或水流湍急，或水下杂草丛生，或水底地形复杂，是非常危险的。游泳时间不宜过长，每20~30分钟应上岸休息一会儿，每一次游泳的时间不应超过2小时。

不宜在太凉的水中游泳，如感觉水温与体温相差较大，应慢慢入水，边走边搓身体，慢慢适应。下水前应做全身运动，充分活动关节，放松肌肉，以免下水后发生抽筋、扭伤等事故。

（6）防范他人侵害。在家遇陌生人敲门时，不要轻易开门。如有不明之客来访，要先查明身份再开门，如果不能确定身份，就打电话向父母询问或求助邻居。没有家长或老师的安排，不接受陌生人的邀请去看展览、拍电影、做广告等，更不能到陌生人家里去玩。如果在路上遭歹徒抢劫，不要冒失地与他硬拼，可先把随身带的钱物给他，并尽量记清坏人的身材、面貌、口音和衣着特征，争取安全脱身，然后迅速报案。如果遭歹徒绑架，要沉着冷静，发挥自己的聪明才智，先保护自己不受伤害，再想办法给家人或警方报信，还可以在沿途抛下书包里的文具，书籍以及随身所穿的鞋、帽等，给家人或警方留下线索。

实践活动

根据本节所学的知识，制作一份"生命宝贵、守护生命"的手抄报。

延展阅读

儿　歌

同学们，要牢记，生命安全是第一。

私自游泳危险大，坑塘湖河要远离。

横过马路守规则，红灯绿灯瞧仔细。

生命宝贵仅一次，我们一定要珍惜。

第三章　心理健康

第一节　体谅父母，孝顺父母

教学目标

1. 让学生了解父母之爱，感受父母之情，懂得为什么要孝敬父母。
2. 学会去理解父母、尊敬父母、体谅父母，努力做好自己，与父母和谐相处。

教学设计

第一步：案例导入，让学生初步感受父母爱的伟大。

1. 请学生讲一讲，父母让自己最感动或最难忘的一件事。
2. 请学生说说父母的工作辛不辛苦。

教师点评，总结。

第二步：播放视频，感知父母的不易。

第三步：学习如何孝敬父母。

第四步：教师总结。

案例材料

亮亮的妈妈在一次交通事故中失去了右腿，为了维持生活，她每天早早地起床，把

亮亮的早饭烧好后就拄着拐杖去巷口卖包子。爸爸在亮亮刚满周岁时生了重病去世了，家里的重担就这样落在了亮亮妈妈一个人身上。好在亮亮是个懂事的孩子，学习成绩非常优秀，平时做完作业后，他会主动地帮妈妈做些力所能及的家务。

老师：同学们，爸爸妈妈含辛茹苦地把我们养大，我们要在生活的点滴中以实际行动来孝顺父母。有一句老话说，百善孝为先。作为孩子，孝顺是我们的本分，父母养育了我们、教育了我们，使我们健康地长大，父母的深情，像高山一样高，如海水一样深，这种恩情，我们是永远也报答不完的。父母要工作要生活，还要腾出很多时间来照顾我们的衣食住行，如果我们能看到父母的不容易，还会觉得他们做得不够好吗？在日常生活中，我们该如何感恩父母、孝顺父母呢？

教学内容

1. 体谅父母，孝顺父母

《弟子规》中说："父母呼，应勿缓。父母命，行勿懒。""应"指答应，"缓"是缓慢，"命"是"让我们去做事"。整句的意思是父母叫我们的时候，应立即答应，而不是拖拖拉拉。父母让我们去做事，就应立刻去做，不能找借口偷懒。回想一下，平时我们凡事总是依赖父母，当我们写作业遇到难题、肚子饿的时候，当我们寻求帮助、等待关爱的时候，他们总是对我们百依百顺，无微不至地关怀着我们。比如我们口渴了，只要对爸爸妈妈一喊"我要喝水"，爸爸妈妈就会马上答应，把水端到我们面前，叮嘱我们慢慢喝，别呛着。但是有些同学觉得父母这样做是应该的，有时候对父母的吩咐还充耳不闻，这种行为就是不孝顺父母的表现。

孝敬父母是中华民族的传统美德，是人们的基本礼仪，而"父母呼，应勿缓"就是对父母最基本的孝道和礼仪。其实父母并不需要我们以后轰轰烈烈地去为他们做什么大事，有时候关心孝敬父母，仅仅就是一声及时的回应。

当看到父母忙碌的时候，应主动做一些力所能及的事情。看到家里脏了乱了，就主动收拾，多锻炼自己做家务的能力。外出时要和家长道别，回家时先向父母问好。吃饭时先请父母入座，替父母盛好饭菜。每天要问候下班回家的父母，当父母劳累时，我们应主动帮助或请父母休息一下。当父母外出时，我们应提醒父母是否遗忘东西或注意天气变化。当父母生病时，应尽心尽力地照顾他们、安慰他们、替他们接待客人等。不要盲目地和别人攀比，父母挣钱很辛苦，除满足生活学习需要外，不必要多花费，做到能省则省。

2. 努力做好自己，与父母和谐相处

养成良好的生活习惯，注意起居饮食，保持身体健康。养成良好的学习习惯，积极向上。要诚实，杜绝撒谎的行为，不做任何违法乱纪的事。要听从父母的教诲，不辜负他们的期望。生活节俭，无浪费现象，不乱花钱，不向父母提过高要求。帮父母做力所能及的家务，减轻父母负担。有心事主动和父母说，经常与父母聊天。碰到一些自己解决不了的事情，要和父母商量，征求和认真考虑父母的意见。外出时，在征得父母同意后，应把去向和

时间告知父母。努力学好各门功课，经常主动向父母汇报自己在学校的学习、生活情况，不让父母操心。父母有做错的地方，要诚恳地指出。

实践活动

明明的爸爸妈妈辛辛苦苦工作了一天，晚上回来疲惫不堪，明明却吵着让他们陪他一起玩，你认为明明的做法对吗？为什么？

延展阅读

《弟子规》节选

父母呼，应勿缓。

父母命，行勿懒。

父母教，须敬听。

父母责，须顺承。

第二节　直面挫折

教学目标

1. 充分认识人生难免有挫折，了解挫折产生的原因，做好直面挫折的准备。

2. 学会正确面对挫折、应对挫折，以积极乐观的态度应对生活中的挫折与逆境，养成克服困难和开拓进取的优良品质。

教学设计

第一步：案例引入，揭示课题。

第二步：做游戏，体验挫折。

1. 请两个学生进行"掰手腕"比赛，三局两胜。

2. 分别采访获胜、失败的同学，问其感受。

人生难免有挫折，你在平时生活中遇到过哪些挫折？让学生畅所欲言。

第三步：理解挫折的含义及内容。

根据学生列举的挫折事例，引导学生理解挫折的含义及内容。

第四步：掌握直面挫折的方法。

1. 学生谈遭遇挫折时是怎样应对的。

2. 师生共同总结直面挫折的方法。

案例材料

由于期末成绩不理想，小强的情绪十分低落，感到前途渺茫，不想再上学。到了暑假，小强跟着父亲做起了木匠。

一天，小强学刨木板，刨子在一个木结处被卡住，怎么使劲也刨不动。"这木结怎么这么硬？"他自言自语。"因为它受过伤。"一旁的父亲插了一句。"受过伤？"他不明白父亲话里的含义。"这些木结，都是树受过伤的部位，结疤之后，它们往往变得更硬。"父亲说，"人也一样，只有受过伤后，才会变得坚强起来。"

父亲的话让小强心头一振。第二天，他放下了刨子，拿起了课本，还要求开学后回学校读书。

老师：父亲的话给了小强什么启发？小强为什么要回学校读书？

学生自由回答。

教学内容

1. 挫折的含义及内容

《现代汉语词典》把"挫折"解释为"事情进行不顺利，失败"。这个词最开始常用于兵家失利，《史记·屈原贾生列传》有"兵挫地削"一词。

挫折，在心理学上指个体有目的的行为受到阻碍而产生的必然的情绪反应，会给人带来实质性伤害，表现为失望、痛苦、沮丧不安等。

"月有阴晴圆缺"，人生就像一条曲线，起起伏伏，有高潮，也有低谷，挫折不可避免。例如，尽管平时十分用功学习，可是期末考试还是有一门成绩不理想；再如，与同学无法和谐相处。这种消极的情绪体验，常使人感觉失望、忧虑。

挫折包含三个方面的含义，一是挫折情境，二是挫折认知，三是挫折反应。

（1）挫折情境是指引起个人挫折的具体环境。

（2）挫折认知，指对挫折情境的知觉、认识和评价。这种认知与评价因人而异，存在很大差异。例如，两个学生同样面对期末考试两门不及格需要补考的事情时，一个学生认为问题很严重，情绪反应比较强烈，另一个人却感觉无所谓。

（3）挫折反应，即一个人在挫折情境下所产生的烦恼、焦虑、愤怒等情绪和行为。

2. 如何应对挫折

（1）树立正确的挫折观。遭受挫折，是人们认识世界和改造世界过程中的必然经历，任何人的成长过程中都不可避免地会遇到不同程度的挫折。正视挫折，认真分析挫折产生的主客观原因，正确对待挫折，不仅可以克服和消除挫折，而且还可以磨炼自己的意志。

（2）控制好自己。挫折产生后，谁都会感到紧张、烦闷，行为也不免有些失常。在这种情况下，如果能有意识地运用心理防御机制，采取一些比较积极的方式处理，可以有效避免挫折加重或由挫折带来新的挫折。

（3）重组知觉判断。挫折感的强弱，往往取决于对挫折的知觉判断。其实，知觉判断仅仅是一种具有整体性特点的感性认识，所以，当挫折感产生后，要认真分析所面对挫折的实际情况，进行实事求是的估计，然后再检查自己的判断是否符合实际。如果发现自己的知觉判断夸大了事实，就要修改自己的认识，自己的挫折感就会得到一定的缓解。如果发现挫折是由自己的错觉造成的，便可以很快消除挫折感。

（4）分散挫折的压力。不要把痛苦闷在心里，应当主动向老师、同学或亲友倾诉，争取别人的谅解、同情与帮助。这样可以减轻挫折感，增强克服挫折的信心。

（5）转移自己的视线。遭遇挫折后，一般人都会感觉度日如年，这时，要适当安排一些健康的娱乐活动，如走出户外去呼吸大自然新鲜的空气等。丰富多彩的闲暇活动可以转移自己的视线，开阔思路，使内心产生一种向上的激情，从而增强自信心。

实践活动

人生难免有挫折，我们在生活、学习中经常要面对一些挫折。例如：考试成绩不理想，同学关系不和睦，班级环境不适应……你是否遇到过这样的挫折？你是怎样面对这些挫折的？请给同学们讲一讲。

延展阅读

长歌行

汉乐府

青青园中葵，朝露待日晞。

阳春布德泽，万物生光辉。

常恐秋节至，焜黄华叶衰。

百川东到海，何时复西归？

少壮不努力，老大徒伤悲。

第四章 疾病预防

第一节 肥胖的危害与预防

教学目标

1. 了解肥胖是如何界定的，知道肥胖是如何产生的及其危害。
2. 知道预防肥胖的方法，培养合理饮食的习惯。

3. 初步掌握运动减肥的方法，养成科学运动的习惯。

教学设计

第一步：案例引入，揭示课题。

1. 让学生思考案例中的小强为什么变成了小胖子。

2. 肥胖会影响健康吗？

第二步：用课件展示肥胖的人的图片。

1. 介绍什么是肥胖，以及肥胖可能会导致的疾病。

2. 请几名学生说出自己的出生年月日、体重与身高，教师帮忙计算出他们的体质指数（BMI）并记录。

3. 学生根据教师计算出的结果，对照表格，说一说自己是否超重或肥胖。

第三步：讨论交流，说说如何预防肥胖。

第四步：开展实践活动，学习制作健康生活计划。

1. 对学习、娱乐、运动、休息时间进行合理安排。

2. 结合自身身体状况及爱好，选择行之有效的运动方式和运动次数。

学生制定计划，各小组交流后推选出一份最好的健康生活计划在全班交流。

小组互评，教师点评，学生根据意见调整健康生活计划。

第五步：教师总结。

案例材料

由于父母工作很忙，小强从小到大都由爷爷奶奶带，可受宠爱了，家中的饮食安排一切都以小强的喜好为准。小强喜欢吃肉，奶奶就每顿都炒上满满的一大碗肉，小强准能一扫而光。对于青菜，小强瞧都不瞧一眼。小强喜欢吃油炸零食，爷爷准备了美味的薯片、炸鸡腿，让小强一边看电视一边吃美食。小强喜欢喝可乐，奶奶就一箱一箱往家搬。眼瞧着小强越长越胖，爷爷奶奶犯愁了：才10岁的孩子，体重咋就过140斤了呢？小强也开始烦恼了，体育成绩不合格，稍微跑两步就气喘吁吁。一到热天，胖乎乎的小强更是难受得要命。无论做什么事都感到力不从心……

老师：你们知道小强为什么会这么胖吗？

学生1：因为他爱吃肉不爱吃青菜。

学生2：他还爱喝可乐。

老师：营养过剩是儿童青少年肥胖的最重要原因，吃进去的食物过多，多余的热量就转变成脂肪在体内蓄积。同时，缺乏运动也是造成儿童少年肥胖的最重要因素。另外，肥胖与饮食习惯密切相关，有人研究过，大量吃甜食、动物性脂肪和油腻食物的人容易发生肥胖。此外，主食吃得过多、吃饭速度过快也是造成肥胖的原因之一。

教学内容

1. 肥胖的定义和标准

肥胖是指一定程度的明显超重与脂肪层过厚，是体内脂肪尤其是甘油三酯积聚过多而导致的一种状态。它不是指单纯的体重增加，而是体内脂肪组织积蓄过剩的状态。

我国 2018 年颁布了《学龄儿童青少年超重与肥胖筛查》（中华人民共和国卫生行业标准 WS/T586–2018），明确了判定青少年超重或肥胖的标准。该标准使用的主要指标是体质指数（BMI）。

BMI= 体重（kg）/ 身高的平方（㎡）。身高在测量时以"厘米"为单位，记录到小数点后一位，计算 BMI 时转化为"米"，保留一位小数。年龄以半岁为单位，一律使用实足年龄。实足年龄计算为调查日期减去出生日期，指从出生到计算时为止共经历的周年数。

例如：某学生生日为 2010 年 9 月 25 日，调查日期为 2020 年 9 月 24 日，则其实足年龄为 9.5 岁；如果调查日期为 2020 年 9 月 25 日，则其实足年龄为 10.0 岁；如果调查日期为 2021 年 3 月 25 日，则其实足年龄为 10.5 岁。

中国学龄儿童青少年超重、肥胖筛查体重指数（BMI）分类标准

单位：kg/ ㎡

年龄（岁）	男生		女生	
	超重	肥胖	超重	肥胖
6.0	16.4	17.7	16.2	17.5
6.5	16.7	18.1	16.5	18.0
7.0	17.0	18.7	16.8	18.5
7.5	17.4	19.2	17.2	19.0
8.0	17.8	19.7	17.6	19.4
8.5	18.1	20.3	18.1	19.9
9.0	18.5	20.8	18.5	20.4
9.5	18.9	21.4	19.0	21.0
10.0	19.2	21.9	19.5	21.5
10.5	19.6	22.5	20.0	22.1
11.0	19.9	23.0	20.5	22.7
11.5	20.3	23.6	21.1	23.3
12.0	20.7	24.1	21.5	23.9
12.5	21.0	24.7	21.9	24.5

年龄（岁）	男生		女生	
	超重	肥胖	超重	肥胖
13.0	21.4	25.2	22.2	25.0
13.5	21.9	25.7	22.6	25.6
14.0	22.3	26.1	22.8	25.9
14.5	22.6	26.4	23.0	26.3
15.0	22.9	26.6	23.2	26.6
15.5	23.1	26.9	23.4	26.9
16.0	23.3	27.1	23.6	27.1
16.5	23.5	27.4	23.7	27.4
17.0	23.7	27.6	23.8	27.6
17.5	23.8	27.8	23.9	27.8
18.0	24.0	28.0	24.0	28.0

2. 儿童青少年肥胖的危害

（1）身体方面

体重增加，大量脂肪沉积，增加了肌体负担和耗氧量，导致儿童青少年身体笨重、行动迟缓、活动能力差。

肥胖儿童青少年由于胆固醇、脂肪酸、血脂过高，免疫系统受到抑制，抗疾病能力较差，容易患呼吸道疾病，还容易患一些"成年疾病"，如糖尿病、高血压、脂肪肝、冠心病等。

（2）心理方面

肥胖常给人以臃肿、疲软、懒散、笨拙等印象，影响体型美。在集体活动中，肥胖儿童青少年常常因为动作笨拙而被嘲笑，从而产生自卑感和精神压力，致使性格上显得孤僻。长此以往，一些肥胖儿童青少年容易形成不愿与人交往的"自闭症"。

（3）学习方面

肥胖儿童青少年由于体内脂肪过多，耗氧量比正常人高，导致体内氧气不足，同时由于体内氨基酶供应不足，使得大量氨基酸堆积在脑细胞内，形成"脂肪脑"，最终影响脑细胞活动，致使其智力落后于同龄人。肥胖儿童青少年还会出现无精打采、容易疲劳、嗜睡、精神不集中等症状，从而影响学习效率。

3. 如何预防肥胖

（1）定期测量体重。当发现自己体重增长过快时，应及时适当控制饮食，尤其是饮料、甜食等高热量食品的摄入。

（2）吃饭要细嚼慢咽。细致地咀嚼食物有利于消化液与食物的结合，能促进消化吸收，促进营养素的吸收与利用。如果进食过快，狼吞虎咽，食物来不及被磨碎就进入消化道，胃肠会非常累，从而引起一系列消化道疾病；吃得太快，还容易使食物进入呼吸道，引起窒息等可怕的后果。

（3）均衡饮食，不挑食、不偏食。全面地摄取营养，一餐中要包含粮谷类、瘦肉类、蔬果类、奶豆类、油脂类 5 种食物，克服挑食、偏食的坏习惯。

（4）三餐定时定量，零食要适量。规律饮食，一日三餐不仅要按时，还要大概遵循一定的饭量。三餐之间可以适当选吃零食，但应避免选择高脂肪、高热量的零食，不吃垃圾食品。

（5）每天运动。培养健康的生活方式不仅仅是要吃好，还要进行适量的运动。我们可以选择喜欢的运动方式，并保证一天活动 30 ~ 40 分钟，比如跑步、跳绳、踢球、跳舞等。

（6）多帮父母做家务。除了进行必要的体育运动外，还要积极参与家务劳动，这不仅能帮助父母，还能锻炼身体、提高动手能力。

实践活动

如何预防肥胖？根据你的实际情况制作一份健康的运动计划。

延展阅读

跳绳的好处

跳绳是一种简单易行的运动，可简可繁，随时可做，一学就会，特别适宜在气温较低的季节进行。从运动量来说，持续跳绳 10 分钟，与慢跑 30 分钟或跳健身舞 20 分钟相差无几，可谓耗时少、耗能大的有氧运动。跳绳能增强人体心血管、呼吸和神经系统的功能。研究证实，跳绳可以预防糖尿病、关节炎、肥胖症、骨质疏松、高血压、肌肉萎缩、高血脂、失眠症、抑郁症等多种病症。

第二节　冻疮的预防

教学目标

1. 使学生了解冻疮的症状、人体容易长冻疮的部位、发病原因、预防方法，以及冻疮的治疗和护理方法。

2. 让学生养成良好的卫生习惯，积极参加体育锻炼，增强耐寒、抗病的能力。

教学设计

第一步：案例引入。

同学们，冬天你会有什么烦恼呢？许多同学冬天会生冻疮，生冻疮是什么滋味？

第二步：学习新知。

1. 什么是冻疮？

出示冻疮症状图片，学生观察，教师授课。

（1）患上冻疮，局部皮肤先出现红肿或紫色的硬块，又痒又硬。

（2）严重的局部还出现水泡和溃烂，第二年还容易复发。

2. 预防冻疮的方法。

教师详细阐述，学生当堂消化新知。

第三步：教师总结。

冻疮是冬季很容易发生的常见病，会影响正常的生活和学习，所以同学们应当预防冻疮的发生。只要运用了正确的预防方法，就能有效预防冻疮。生了冻疮也不要担心，遵照医嘱，做好治疗就能尽快恢复健康。

案例材料

小刚最讨厌冬天了，因为一到冬天，他的手就会长冻疮。今年也不例外，刚刚入冬，他的手上就长了红色的小硬块，又痒又疼。为了遮住这些冻疮，小刚只好每天都戴着手套，虽然他想尽各种办法，冻疮还是不见好。

老师：同学们，在寒冷的冬季，很多人都有长冻疮的烦恼。冻疮总是悄无声息地出现在手背、耳朵、手指甚至脸上，又疼又痒，令人痛苦难耐。你们冬天有没有长冻疮的烦恼呢？

学生：有。

老师：看来，好多同学都长过冻疮，长了冻疮会影响正常的生活和学习，所以同学们应当预防冻疮的发生。

教学内容

1. 什么是冻疮

冻疮常见于冬季，是由于气候寒冷引起的局部皮肤反复红斑、肿胀性损害，严重者可出现水泡、溃疡，病程缓慢，气候转暖后自愈，易复发。

2. 冻疮的症状

冻疮好发于初冬、早春季节，以儿童、妇女和末梢血液循环不良者多见，这些人群常伴有肢体末端皮肤发凉、肢端发绀、多汗等表现。冻疮好发于手指、手背、面部、耳郭、足趾、足缘、足跟等处，常两侧分布，常见损害为水肿性红斑。严重者可发生水疱，破裂形成糜烂或溃疡，愈后存留色素沉着或萎缩性瘢痕。

3. 预防冻疮

（1）进行耐寒锻炼。预防冻疮的关键是进行耐寒锻炼。从秋末冬初开始，坚持用冷水洗脸、洗手，洗后要及时擦干并涂抹护肤霜、药用甘油、凡士林软膏等。这样可以增加抗寒能力，减少冻疮的发生。

（2）多晒太阳。在入冬前多晒太阳，让紫外线照射以往患冻疮的部位可起到预防作用。

（3）加强体育锻炼。可进行一些室外的体育锻炼，如快走、跑步、跳绳等。不适宜室外锻炼的人，可尝试用冷水洗手、洗脸，提高皮肤的抗寒能力。

（4）注意保暖。在寒冬季节，皮肤暴露处要多加保护，出门时应戴口罩、手套、防风耳罩等。潮湿可加速体内热量的散失，因此应经常保持服装、鞋袜干燥。易受冻部位可擦凡士林或其他油脂类护肤品，以保护皮肤，减少热量散失。当从户外回到户内时，受冻部位不宜立即烤火，也不应立即用热水浸泡，而应让肢体自然复温。

实践活动

和小伙伴们讲一讲，寒冷的冬季，你是怎么预防冻疮的？

延展阅读

预防冻疮做到"六勤""五不要"

"六勤"：勤进行体能活动，锻炼耐寒能力；勤准备防寒物品，保持身体暖和；勤换鞋袜和鞋垫；勤用热水洗脚，保证脚部血液流畅通；勤活动手脚和揉搓面部；勤互相督促，互相关爱，共同防治冻疮。

"五不要"：不要穿潮湿过小的鞋袜；不要长时间静止不动；不要在无防冻准备时单独外出；不要赤手接触金属；不要在冻伤后用火烤、雪擦、冷水泡和捶打患处。

第三节　预防新型冠状病毒感染的肺炎

教学目标

1. 通过学习，使学生了解新型冠状病毒和新冠肺炎，知道新冠肺炎对健康的危害。

2. 知道如何科学预防新冠肺炎，克服恐惧心理。了解在感染新冠肺炎之后应采取哪些有效的治疗措施。

3. 帮助学生养成健康的生活习惯，提高预防疾病、增进健康的意识。

教学设计

第一步：案例引入，让学生了解新型冠状病毒。

1. 健康码、接种新冠病毒肺炎疫苗、大数据行程卡，这些新兴的词语都和新冠病毒肺炎密切相关。你对新冠病毒肺炎了解多少？你知道新冠病毒肺炎肆虐给我们带来的影响有多大吗？播放有关疫情的视频，展示新型冠状病毒肺炎的有关情况。

2. 新型冠状病毒是如何传播的？

播放有关新型冠状病毒传播途径的视频。

第二步：讨论如何预防新型冠状病毒肺炎。

1. 讨论：有什么办法可以预防新型冠状病毒肺炎呢？

方法：勤洗手、打开窗户通通风、人多不去凑热闹、外出戴口罩等，并出示相应图片。

2. 出示正确的洗手步骤图片，组织全体学生模拟练习。

3. 如果有病毒不小心来到我们的身体里怎么办？

学生回答，教师总结。

小结：病毒来了不用害怕，我们的身体里有一支免疫系统军队保护着我们。只要我们加强锻炼，注意正常作息，做好个人卫生，就可以提升这支军队的战斗力。

第三步：教师总结。

同学们都非常勇敢！新型冠状病毒并不可怕，只要我们科学防护，讲究卫生，加强锻炼，一定能够战胜它。

案例材料

2019年末至2020年初，我国迎来了一场前所未有的疫情，一场有关传染性疾病的防卫战打响了。短短的时间内，城市变得空荡起来，学校停课，工厂停工，广场上也不再有人跳广场舞，整个城市就像暂停了一样。这场由新型冠状病毒引起的肺炎疫情深深地影响了我们的生活。

老师：同学们，在新冠肺炎来临之时，我们应该如何做好自我保护呢？

教学内容

1. 新型冠状病毒

新型冠状病毒肺炎简称新冠肺炎，是指新型冠状病毒感染导致的肺炎。新型冠状病毒是指先前在人体中从未发现的冠状病毒新毒株，与SARS病毒、MERS病毒同属于冠状病毒大家族，它被世界卫生组织命名为2019-nCoV。由这种新型冠状病毒导致的肺炎疫情对人民的生命健康造成了极大的威胁，也给社会经济发展带来了巨大的损失。

新型冠状病毒在体外的生存能力一般比较弱，理论上不到半小时就会死亡，所以说它的环境耐力非常差。新型冠状病毒在干燥环境中的存活时间约为48小时。

新型冠状病毒对热敏感，在56℃的环境中超过30分钟即可死亡。此外，使用乙醚、75%乙醇和含氯的消毒剂都可以有效地灭活新型冠状病毒。

2. 新型冠状病毒的常见传播途径

（1）呼吸道飞沫传播：近距离接触且吸入新型冠状病毒肺炎患者通过打喷嚏、咳嗽、说话产生的飞沫会导致感染。

（2）密切接触传播：用手去接触被新型冠状病毒肺炎患者的分泌物污染的物品后再触碰口、鼻、眼会导致感染。

（3）在相对封闭的环境中长时间暴露于高浓度气溶胶的情况下，存在经气溶胶传播的可能。此外，由于在粪便及尿中可分离到新型冠状病毒，应注意粪便及尿污染环境而造成的气溶胶或接触性传播。

3. 感染新型冠状病毒后的症状

发热、干咳、乏力是感染新型冠状病毒后的典型症状，特别是发热，这是在公共场所判断并隔离疑似新型冠状病毒肺炎患者的重要症状依据。但是这些症状也是其他呼吸道疾病的普遍表现，并且有些病情严重的新型冠状病毒肺炎患者仅表现为中低热，甚至无明显的发热症状，因此不能简单地将有发热症状作为判断新型冠状病毒感染的依据，应该进行更加专业的医学检验。

重症新型冠状病毒肺炎患者多在发病一周后出现呼吸困难的情况，严重的甚至会出现急性呼吸窘迫综合征、休克、代谢性酸中毒等并发症。除了上述症状外，还有一些"不典型"的发病症状。例如，少数患者会出现鼻塞、流涕等症状，和普通感冒类似；部分患者会出现轻度的食欲不振、恶心、呕吐、腹泻等症状；部分患者仅有轻度的乏力、四肢或腰背部肌肉酸痛等症状。

4. 如何预防新冠肺炎

虽然疫情在国内得到了有效控制，但为了避免疫情卷土重来，在日常生活及出行时，我们仍需做好个人防护。

（1）接种疫苗。接种新冠肺炎疫苗是有效的防护手段，要积极接种。任何一款疫苗都不能百分之百地预防病毒感染，接种疫苗之后，仍要继续做好个人防护。

（2）尽量减少外出活动。不要去疫情高发地区；疫情期间不要走亲访友和聚餐，尽量在家休息；尽量避免到人群密集的公共场所活动，尤其是空气流动性差的场所，如公共浴室、温泉、影院、网吧、商场、车站、机场、码头、展览馆等；尽量避免前往售卖活体动物的农贸市场。

（3）养成良好的个人卫生习惯。保持手部卫生，在接触公共环境或公共用品后，要及时用肥皂或洗手液和流动的水进行洗手；没有流水时，就用免洗手消毒剂进行消毒。避免用未清洁的手接触口、鼻、眼。咳嗽、打喷嚏时，用纸巾或肘部遮挡口鼻。保持室内良好通风，保持居住环境整体清洁。就餐时尽量选择分餐制，使用公勺公筷。

（4）养成良好的生活习惯。合理膳食，注意饮食卫生，食物要洗净煮熟烧透，处理食物时生熟要分开；适量运动，增强身体素质，提高自身抵抗能力；保持积极心态，科学认识疫情，避免过度紧张、焦虑等不良情绪。

（5）家庭备置体温计、口罩、消毒用品等物资。

（6）坚持佩戴口罩，及时更换口罩。口罩出现脏污、变形、损坏、异味时需及时更换，每个口罩累计佩戴时间不超过 8 小时。

（7）保持一米的社交距离。呼吸道传染病主要通过近距离呼吸道飞沫传播，保持一米以上社交距离可在一定程度上预防病毒感染。守住一米线，出行勿拥挤，保持安全距离，于人于己都有益。

（8）若出现新型冠状病毒肺炎的可疑症状（如发热、咳嗽、咽痛、胸闷、呼吸困难、乏力、精神稍差、恶心呕吐、腹泻、头痛、心慌、结膜炎、轻度四肢或腰背部肌肉酸痛等），应根据病情，及时到医疗机构就诊。在前往医疗机构的路上，应尽量避免乘坐地铁、公共汽车等公共交通工具，避免前往人群密集的场所。就诊时应主动告诉医生自己近期接触过哪些人、去过哪些地方，配合开展相关调查。

实践活动

根据你所学到的知识，制作一份有关新型冠状病毒肺炎的手抄报吧。

延展阅读

如何选择口罩

预防新冠肺炎，要选择正规厂家生产的一次性使用医用口罩、医用外科口罩、医用防护口罩或 N95 口罩。

对此，国家卫生健康委员会疾病预防控制局发布的指南如下：

1. 一次性使用医用口罩：推荐公众在非人员密集的公共场所使用。

2. 医用外科口罩：防护效果优于一次性使用医用口罩，推荐疑似病例、公共交通司乘人员、出租车司机、环卫工人、公共场所服务人员等在岗期间佩戴。

3. KN95/N95 及以上颗粒物防护口罩：防护效果优于医用外科口罩、一次性使用医用口罩，推荐现场调查、采样和检测人员使用，公众在人员高度密集场所或密闭公共场所也可佩戴。

4. 医用防护口罩：推荐发热门诊、隔离病房医护人员及确诊患者转移时佩戴。

有呼吸道基础疾病患者需在医生指导下使用防护口罩，年龄极小的婴幼儿不能戴口罩，易引起窒息。

第五章　安全应急与避险

第一节　溺水的应急处理

教学目标

1. 让学生了解发生溺水的原因，学习预防溺水的基本常识。

2. 通过学习，让学生掌握不同情况下溺水时的应急处理，以及如何科学救助他人。

3. 让学生提高安全意识，体会到生命的宝贵及预防溺水的重要性。

⏰ 教学设计

第一步：故事导入。

教师出示溺水场景照片，讲述与溺水相关的新闻，请同学们谈谈自己的看法。

第二步：探讨溺水的原因。

1. 溺水的原因主要有哪几种？

学生分小组讨论，小组代表归纳后回答：

（1）没有监护人的陪同，私自下水游泳。

（2）在禁止游泳或不能游泳的地方下水。

（3）对有无暗礁、水流变化、水深等情况不够了解就下水。

（4）事先不进行充分的身体准备活动就下水。

……

2. 体会失去孩子后父母的悲痛。

学生发表感受，教师总结。

第三步：播放宣传游泳安全的视频，学习发生溺水时的应急处理。

第四步：学习如何科学救助溺水者。

📚 案例材料

7 月 23 日，某村 3 名小孩在水库游泳时意外溺水，被紧急送往卫生院经抢救无效后死亡。据了解，事发当天正是周末，村里有 5 个孩子相约去水库玩水。突然，一个孩子被水草困住脚，有两个小孩去救她，却没能成功，反而一起溺亡。另外两个小孩跑回村里向大人求助。据村民提供的现场打捞视频显示，有多位救援人员持竹竿搭乘小木船在水潭来回搜寻，将近两个小时后才把 3 个小孩都打捞上来。

老师：野外陌生水域暗含很多危险，同学们千万不要独自到不熟悉的水域游泳，一旦遇险，生命安全将受到严重威胁。

✏️ 教学内容

1. 发生溺水的原因

炎炎夏日，到海滨、河流中游泳是一件十分惬意的事情，但其中的危险也应引起我们高度重视。对危险估计不足、盲目下水是悲剧发生的根本原因，如果多一份小心，少一些盲目，危险就会远离我们。

在野外水域游泳存在较大风险，潮水、暗礁、暗流、水草、腿脚抽筋等都会给我们带来意想不到的伤害，甚至危及生命。

发生溺水通常是由以下几种原因造成的：没有监护人的陪同，私自下水游泳；在禁止游泳或不能游泳的地方下水；在酗酒、身体疲惫等情况下下水；对有无暗礁、水流变化、水深等情况不够了解就下水；事先不进行充分的身体准备活动就下水；在水温偏低时下水等。一旦危险发生，如果没有得到及时的救助，就会造成重大的伤害。其实，游泳溺水等伤害事故并不是不可避免的，只要每个人心中时刻都有安全观念，只要每个人都掌握一些安全知识和自救、互救的技术，悲剧的发生就会大大减少。

2. 溺水的应急处理

（1）不熟悉水性时的应急处理

除呼救外，取仰卧位，头部向后，使鼻部可露出水面呼吸，呼气要浅，吸气要深。深吸气时，人体比重降到比水略轻，可浮出水面，此时千万不要将手臂上举乱扑动，这样会使身体下沉更快。

（2）水中抽筋时的应急处理

若是手指抽筋，可将手握拳，然后用力张开，迅速、反复多做几次，直到不再抽筋为止。若是小腿或脚趾抽筋，先吸一口气，仰浮于水上，用抽筋肢体对侧的手握住抽筋肢体的脚趾，并用力向躯干方向拉，同时用同侧的手掌压在抽筋肢体的膝盖上，帮助抽筋肢体伸直。要是大腿抽筋的话，可同样采用拉长抽筋肌肉的办法处理。

（3）水草缠身时的应急处理

在野外自然水域中游泳，如果被水草或渔网缠住，一定要保持冷静，千万不要盲目挣扎。应放松身体，观察缠绕情况，寻找解脱的方法。水草和缠绕的绳子会随着身体的放松而向外、向上扩散，这时可用仰泳方式（两腿伸直、用手掌倒划水）顺原路慢慢退回，或平卧水面，使两腿分开，用手解脱。摆脱水草后，轻轻踢腿而游，尽快离开水草丛生的地方。如果发现摆脱不了，一定要尽快大声呼救。

（4）身陷漩涡时的应急处理

如果不小心身陷漩涡，一定要保持镇定。越是较小的东西，越会随着漩涡不断转动，只要我们不沉下去，就有脱离漩涡的机会。如果身上有救生圈，一定要紧紧抱住，如果没有救生圈，则看看周围有没有木板、泡沫等较轻的东西，设法抓住它们就不会很快下沉。当身体在漩涡中随着水流转动时，千万不要惊恐，需尽可能地抓住一切机会，沿着漩涡边缘的切线奋力划出来，或者趁着漩涡转动较慢时使劲游出来。

3. 学会科学救助他人

如果发现他人溺水，要采用科学的方法进行救助，在救人的同时，不要忘记自身的安全。未成年人发现同伴溺水时，可以将救生圈、竹竿、木板等物抛给溺水者，再将其拖至岸边；不要贸然下水营救，并立即寻求成人帮助。

将溺水者救上岸后，要立即清除其口腔、鼻咽腔的呕吐物和泥沙等杂物，使其保持呼吸通畅。溺水者若已喝进大量的水，救护者可单腿跪地，将溺水者腹部放在屈膝的大腿上，一手扶着溺水者的头，使他的嘴向下，另一手压在背部，将水排出。若溺水者昏迷，呼吸很弱或已停止呼吸，做完上述处理后，要进行人工呼吸。这时，可让溺水者仰卧，救护者在身旁用一手捏住溺水者的鼻子，另一手托着他的下颚，吸一口气，然后用嘴对着溺水者的嘴将气吹入，吹完一口气后，离开溺水者的嘴，同时松开捏鼻子的手，并用手压一下溺水者的胸部，帮助他呼气。如此有规律地反复抢救，每分钟约做 14～20 次，开始时可稍慢，以后适当加快。

实践活动

想一想，在游泳前我们要做哪些准备工作，才能预防溺水的发生呢？

延展阅读

儿　歌

游泳戏水季节到，偷偷下水不得了。

擅自结伴不能保，大人陪护不能少。

没有救援不要去，陌生水域不可靠。

盲目施救不可取，安全六不别忘掉。

第二节　意外创伤的救护

教学目标

1. 通过本课的学习，认识一些常见的意外创伤，掌握一些简单的外伤处理方法，提高自护能力。

2. 学会正确处理伤口，从而减少创伤带来的危害。

教学设计

第一步：案例引入，揭示课题。

1. 生活中你遇到过哪些意外伤害？

2. 如果你被小刀划伤了，你会怎么做？

学生各抒己见，教师点评补充。

第二步：学习常见的意外创伤的急救方法。

第三步：教师总结。

案例材料

放学路上，丽丽、芳芳和涛涛边走路边追逐玩耍。突然，芳芳不小心碰到了一块石头，摔倒在地，顿时不能动弹，痛得脸色发白。

丽丽赶上来，伸出手就要拉芳芳。涛涛大声喊："不行，让我们先看看再说！"

涛涛的爸爸是医生，所以他懂得一些急救知识。涛涛先问芳芳："哪里不舒服？"

芳芳说："脚好像扭了，好痛！"

涛涛接着问："还有哪里不舒服吗？"

芳芳说："没有了，就是脚痛。"

涛涛这才和丽丽扶起芳芳，让她坐在路边的石凳上。芳芳坐好后，涛涛蹲下来，又仔细检查芳芳受伤的脚。

检查完毕，涛涛说："没关系，你的脚扭伤了，但问题不大。回去以后，马上用冰块冷敷，千万不要用热毛巾来敷。睡觉时把受伤的脚垫高些。明天上学时，我们带一根拐杖来接你……"

老师：涛涛的做法科学吗？如果你是芳芳的同学，你能像涛涛那样做吗？

学生：我觉得他的做法很科学。我可能不会，因为我不懂急救知识。

老师：在生活中，我们难免会遇到各种各样的意外伤害，如扭伤、割伤、骨折等，学习一些应对及自救方法，是非常必要的。今天，就让我们一起来学习一些常见的意外伤害的处理方法。

教学内容

1. 扭伤的处理

扭伤是在外力作用下发生在关节处的韧带损伤。在所有扭伤中，踝关节扭伤的发生率是最高的，其原因大多是身体失去重心，整个脚掌没有平落。发生扭伤后，关节处会出现疼痛、肿胀、瘀血等症状，行动也十分不便。当发生关节扭伤时，正确的做法如下：

（1）应立即停止运动。

（2）扭伤当天，应每3～4个小时进行15分钟的冷敷。

（3）以贴布或绷带包扎。

（4）将小腿垫高，使扭伤的肌肉处于抬高的位置。

（5）在确认没有骨折和关节错位时，扭伤48小时以后就可以进行热敷。热敷时，用热毛巾直接敷在扭伤部位。热敷的时间不要太长，每天2次，每次20分钟即可。

（6）可以外用一些治疗跌打损伤的药物。发生严重的扭伤时，应当去医院治疗。

2. 出血的急救

在户外运动或劳动时，有时会发生身体被锋利的物体切、割、划伤而导致流血的情况。出血通常有三种情况，包括毛细血管出血、静脉血管出血和动脉血管出血，其中动脉血管出血最为严重，若不及时止血，常会危及生命。

如果是动脉血管出血，在没有纱布、药品等急救用品时，一般采用指压止血法最为有效。指压止血法是用手指或手掌在受伤部位的血管上方（近心端），用力将动脉压住，使血管封闭，阻断血液通过，以止住出血。血止住以后，应及时告诉父母或老师，或者到附近医疗机构请医生处理。

3. 骨折的急救

骨折一般是指由于外伤而导致骨骼发生裂纹、折断，或变成碎块。发生骨折后，若骨折处的两端位置发生移动，可使骨折处形状发生改变，如缩短、成角或延长，因此发生骨折后，不能活动骨折部位。另外，骨折处往往有大量内出血，会剧烈疼痛，严重时还会引发内脏损伤，引起休克。

发生骨折后，一定要在第一时间到医院由专业的医生进行救治。如果下肢或脊椎发生骨折，患者不能直立，最好拨打"120"急救电话，让专业医生前来组织搬运和救护，避免因搬运不当而导致的二次伤害。如果迫不得已必须搬运，则在搬运前最好先做固定，保持伤肢位置不动。搬运时动作要轻稳，防止震动和碰撞。如果骨折处有伤口，则应该用清洁、干净的布片、衣物覆盖伤口，再用布带包扎，包扎时松紧要适度。

4. 皮肤擦伤的处理

这里所说的皮肤擦伤是指受伤部位的皮肤或黏膜破裂，伤口与外界相通，有时还有组织液或血液从伤口流出。擦伤的处理原则是先及时止血，再处理伤口，以预防感染。

如果伤口较浅，擦伤面积较小，可先用生理盐水洗净，伤口周围用 75% 的酒精消毒，局部可擦涂碘伏，一般无须包扎，暴露在空气中即可。

如果是关节部位擦伤，一般不要暴露在空气中。关节部位的擦伤，经消毒处理后，一般采用消炎软膏或多种抗菌软膏擦涂，再用无菌纱布包扎。

如果伤口中有异物，如煤渣、细沙、泥土等，可先用生理盐水洗净，必要时用已消毒的硬毛刷子将异物洗净，再用双氧水洗净伤口。伤口周围用 75% 的酒精消毒，然后用凡士林（润滑作用）纱条覆盖伤口。伤口情况严重时，还要及时去医院注射破伤风，并加以抗生素治疗。

实践活动

分小组演练"指压止血法"，在演练过程中，注意哪个位置是"近心端"。

延展阅读

儿　歌

独自行走要记牢，看清脚下走大道。

雨雪天气要慢行，红灯亮了就要停。

乘坐车辆要注意，头手不能往外伸。

行车过程不乱动，防止意外和摔伤。

第三节　火场的避险与救护

教学目标

1．让学生了解火灾的危险性。

2．掌握防范火灾和在火灾中逃生与自救的一些基本技能。

教学设计

第一步：案例导入。

第二步：传授新知。

1．课件展示近年来有关火灾的事故案例，让学生谈谈感受。

2．一旦发生火灾，你知道怎样报警吗？模拟拨打"119"火警电话。

报警时要注意以下事项：

（1）牢记火警电话"119"。

（2）报警时要讲清楚着火单位、所在区（县）、街道、胡同、门牌或乡村地区。

（3）说明什么东西着火、火势怎样。

（4）讲清报警人姓名、电话号码和住址。

（5）报警后要安排人到路口等候消防车，给消防车指引去火场的道路。

（6）遇有火灾发生时不要围观。有的同学出于好奇，喜欢围观消防车，这既有碍于消防人员工作，也不利于自身安全。

（7）不能随意拨打火警电话。假报火警是扰乱公共秩序、妨碍公共安全的违法行为；如发现有人假报火警，要加以制止。

第三步：学习火场逃生的知识与技能。

第四步：教师总结。

案例材料

某消防大队接到了一位女孩的求救电话，电话那头突如其来的一阵噼啪作响，让接线员的心提到了嗓子眼。电话那头的女孩情绪激动，正害怕地大叫，但在消防人员的不断安抚和引导下，她渐渐冷静下来，将自己家的详细地址告诉了接线员。根据女孩提供的位置信息，消防人员迅速抵达现场，发现起火房屋里的大火正不停向窗外窜，防盗窗边上还蜷缩着一位八九岁的女孩，凶猛的火焰离她只有不到 5 米的距离了，翻滚的浓烟已将她包围。消防员立即进屋救援，很快将躲在卧室窗边的女孩救出。经过消防员一个多小时的奋力扑救，大火终于被扑灭，此时起火房屋的多个房间已被烧毁，唯独女孩躲避的房间受损较轻。

经询问得知，起火时只有女孩一个人在家，当她发现起火时，客厅已被大火封锁，无法逃到室外，于是她赶紧退回卧室，紧闭房门，同时用电话拨打"119"报警。当大火和浓烟突破卧室后，女孩便马上逃到空气更加流通的防盗窗边躲藏。消防人员表示，正是女孩这一系列自救行为，阻挡了火势的蔓延，也为自己争取了救援时间。

老师：故事中的小女孩给了我们什么启示？

学生：遇到火灾时要沉着冷静，要想办法自救。

老师：同学们，火灾无情。火灾不仅毁坏物质财产，造成社会秩序的混乱和生态平衡的破坏，还有可能危害我们的生命。我们要对自己学习或居住的建筑物的结构及逃生路径做到了然于胸，并且熟练掌握发生火灾时的逃生技巧。

教学内容

1. 认识火灾

火灾是指在时间和空间上失去控制的燃烧所造成的灾害。在各种灾害中，火灾是最经常、最普遍的威胁公众安全和社会发展的灾害之一。火灾发展过程中产生的烟雾和有毒有害物质也会在建筑物内不断蔓延，造成人员恐慌和伤亡，影响疏散和救援。严重的火灾还会造成巨大的财产损失，破坏生态平衡，影响社会稳定等。因此，我们都应当学会并掌握火灾报警的方法，为救助遇险人员、排除险情、扑灭火灾争取时间。当浓烟烈火袭来时，只要我们冷静机智地运用火场逃生的知识与技能，就能避免火灾伤害，安全渡过难关。

2. 火场逃生的知识与技能

在大火威胁生命安全的情况下，保存生命、迅速逃离危险是人的第一需要。自救是常用的逃生方法，在实施自救行动之前，一定要强制自己保持头脑冷静，根据周围环境和各种条件，选择自救的方式。

（1）熟悉所处环境。这里所讲的环境，是指我们经常或临时所处的建筑物内部环境。一般来说，我们对自己经常工作或居住的环境是比较熟悉的，但也不能麻痹大意，可事先制订较为详细的逃生计划，做好必要的逃生训练和演练，如确定好逃生的出口，可选择门窗、阳台、室外楼梯、安全出口、室内楼梯等，同时也应明确每一条逃生路线及逃生后的集合地点。对于确定好的逃生出口、路线和方法，家庭和单位所有成员都要熟悉和掌握，必要时可把确定好的逃生出口和路线绘制成图贴在明显的位置。外出去宾馆、饭店、商场、影剧院等陌生的环境时，应留心大门、楼梯、安全出口以及灭火器、消火栓、报警器的位置。只有养成良好习惯，才能有备无患。

（2）一旦在火场上发现或意识到自己可能被烟火围困、生命受到威胁时，要立即放下手中的工作，争分夺秒，设法脱险，切不可贻误逃生良机。脱险时，应仔细观察，判明火势情况，明确自己所处环境的危险程度，以便采取相应的逃生措施和方法。根据火势情况，要优先选择最简便、最安全的通道和疏散设施，如楼房着火时，首先选择疏散楼梯、普通楼梯、消防电梯等，尤其是防烟楼梯更为安全可靠。如果以上通道被烟火封

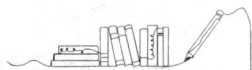

锁，又无其他器材救生时，可考虑利用建筑的阳台、窗口、屋顶、落水管、避雷线等脱险，但应注意查看落水管、避雷线是否牢固，防止人体攀附上以后断裂脱落造成伤亡。

（3）准备简易的防护器材。如果必须经过充满烟雾的路线才能离开危险区域，可用湿毛巾、湿口罩捂住口鼻，无水时用干毛巾、干口罩也可以。在穿过烟雾区时，即使感到呼吸困难，也不能将毛巾从口鼻上拿开，因为一旦拿开就有烟雾中毒的危险。在穿过烟雾区时，除用毛巾、口罩捂住口鼻，还应将身体尽量贴近地面或爬行穿过。如果门窗、通道、楼梯等已被烟火封锁，冲出危险区有危险时，可向头部、身上浇些冷水或用湿毛巾等将头部包好，用湿棉被、湿毯子将身体裹好或穿上阻燃的衣服，再冲出去。

（4）创造避难场所。在各种通道被切断、火势较大、一时又无人救援的情况下，在没有避难间的建筑里，被困人员应设法创造避难场所。当被困在房间里时，应关紧迎火的门窗，打开背火的门窗，但不能打碎玻璃，如果窗外有烟进来还要关上窗户。如门窗缝隙或其他孔洞有烟进来，应用湿毛巾、湿床单等物品堵住或挂上湿棉被等难燃或不燃的物品，并不断向物品上和门窗上洒水，最后向地面洒水，淋湿房间的一切可燃物，运用一切手段和措施保证安全，直到消防队到来。要想办法与外界及时联系，如房间有电话，要及时报警，如无电话，可通过敲击墙壁、夜间使用发光体等办法向外求助。

实践活动

查阅资料，或者请教爸爸妈妈，了解正确使用灭火器的方法。

延展阅读

火灾逃生歌谣

遇火灾，先冷静。

报火警，不要忘。

先自救，离火场。

寻出口，辨方向。

湿毛巾，捂口鼻。

低姿行，防烟呛。

有序行，莫慌张。

逃生法，常学习。

多演练，保安全。

中小学健康教育与近视防控指导用书

第六章 护眼知识与近视防控

第一节 近视的原因

教学目标

1. 让学生了解形成近视的原因，认识到不良的生活习惯会导致近视的发生。

2. 让学生反思平时的用眼习惯，初步培养良好的用眼习惯，保护好心灵的"窗户"。

教学设计

第一步：案例导入，师生交流。

故事中的小林为什么会近视了呢？学生畅谈，教师点评。

第二步：学习新知。

1. 了解眼睛的基本结构。

教师出示眼睛的基本结构图并做简单介绍。

2. 介绍近视的概念和造成近视的原因。

教师阐述，让学生对照近视产生的原因，反思自己平时的用眼习惯。

3. 教师补充：

（1）不良的饮食习惯、饮食不均衡也是引起近视的原因之一。

（2）喜欢零食、甜食、患龋齿的青少年近视眼发病率更高。

第三步：一起学习延展阅读部分，了解近视的危害。

第四步：教师总结。

案例材料

小林是一个特别喜欢看书的孩子，他走路看书，坐车看书，有时躺在床上看书，有时在阳光下看书，还有的时候躲在被窝里拿着手电筒偷偷看书。妈妈告诉他，爱看书是好习惯，但他的看书方式都不利于爱护眼睛，可小林一点也没有听进去，依然我行我素。不久，小林就发现自己看东西时眼睛变得模糊不清，还常常流泪，并且很疼。妈妈带小林去医院做了视力检查，发现小林果然近视了。没有办法，小林只好带上了厚厚的近视眼镜。

老师：同学们，你知道什么是近视吗？

学生：近视就是只能看清近处的事物，看不清远处的事物。要想看清远处的事物，就只能靠近或佩戴近视眼镜。

老师：你们知道案例中的小林为什么会近视吗？

学生：因为他看书看得太久了。

学生：因为他看书的姿势和习惯不好。

老师：造成近视的原因有很多，除了遗传因素、环境因素、营养因素，更多的是不良的用眼卫生习惯所造成的。为了更好地保护我们的眼睛、远离近视，我们就一同来探寻一下究竟是什么原因造成近视的吧！

教学内容

1. 近视的概念

近视是屈光不正的一种。眼在调节放松状态下，外界的平行光进入眼内，其焦点正好落在视网膜上，则形成清晰像，此称为正视；若焦点无法落在视网膜上，则称为非正视，也就是屈光不正。

2. 造成近视的原因

随着生活水平的日渐提高，人的用眼频率及不健康用眼的习惯也越来越多，从而导致眼疾的产生。其中，近视就是生活中最常见的眼疾，它不仅会严重影响我们的视力，还给我们的生活与学习带来不便。造成近视的原因主要有以下几个方面：

（1）遗传因素

父母有一方或者双方都近视的，孩子近视的发生概率要高，但不是说父母有近视，孩子就一定会近视。若父母高度近视，则遗传倾向更为明显，因此，如果某同学的父母有高度近视的话，该同学更要注意预防。

（2）用眼过度

眼球发育一般在 18 ~ 20 岁前停止，而 12 ~ 18 岁是近视的高速发展期。随着作业量的增加，同学们总是长时间近距离用眼，使眼睛的睫状肌持续收缩，长期处于痉挛状态，导致眼睛睫状肌的调节功能下降，看远处时，眼睛睫状肌也松弛不了，从而引发近视。

（3）缺乏户外活动

缺乏户外活动是现在近视高发的重要原因之一。户外充足的自然光线能够刺激我们眼睛的发育，调节视力。如果长时间待在室内，那么眼睛就会缺乏自然光线的刺激，不能更好地发育。而且，在户外活动时，我们的眼睛在看近处和远处中来回活动，加强了眼球的调节作用。

（4）过度使用电子产品

过度使用电子产品已经成为导致近视的重要因素。现在，越来越多的同学沉迷于智能手机、平板电脑等电子产品，眼睛几乎长时间盯着屏幕不动，长此以往，眼睛得不到充分休息，很容易引发近视。

（5）不良的用眼习惯

读写姿势不正确，眼睛与书本的距离太近，常常会让眼球的肌肉处于紧张状态，从而导致近视。另外，走路或乘车时看书等，会使书本与眼睛的距离随着手的晃动而不断改变，眼睛也不断地调节，非常容易导致近视。

（6）在强光或弱光下学习

在强光或弱光下学习也是引起近视的重要原因之一。如果在强光下学习，光线直接照射书面等，会使眼睛因强烈的反射而不适，人就很难看清字体。反之，在弱光下学习，人会因照明不足而难以清晰地看清书面上的字体，就会将眼睛更加凑近书本，久而久之，眼睛很容易疲劳，导致近视发生。

（7）饮食不均衡，喜欢挑食、偏食

饮食不均衡也是引起近视的重要原因之一。锌、维生素、蛋白质等是眼睛在生长发育期间不可缺少的重要营养物质，如果缺少这些营养物质，眼睛组织会变得脆弱，眼轴变长，屈光焦点前移而无法落在视网膜上，导致近视。

实践活动

这一课，我们认识了眼睛近视的原因，今后在生活中，我们该如何预防近视呢？请同学们说一说。

延展阅读

近视的危害

1. 影响身心健康。患了近视以后，很多体育活动都无法参加，运动少会导致身体抵抗力变差，身心健康受到影响。

2. 影响生活质量。患了近视以后，在交际、旅游外出、参加娱乐活动时都有诸多不便，由此导致心理障碍，致使生活质量低下。

3. 影响工作前途。如果有高度近视的话，在以后升学选择专业和就业时会有很多的限制。

4. 影响后代视力。由后天因素导致的近视，如果不调理的话，也会遗传给后代。

5. 影响学习成绩。患了近视以后，不佩戴眼镜看不清字，佩戴眼镜则易造成视疲劳，影响注意力，从而影响学习，导致成绩下降。

6. 影响眼睛健康。如果患了近视不及时调理，会导致近视的度数加深，最后发展为高度近视，严重的会导致视网膜脱离，引出白内障、青光眼等并发症，甚至还有失明的可能。

此外，近视还会给生活带来很多的不便，如在雨天或盛夏、寒冬，戴眼镜进出温差大的场所时易在镜面形成反霜，导致视物不清，而擦拭镜片又易磨损镜面，会导致视物更加模糊，从而增加近视度数。

第二节　近视的预防

教学目标

1. 了解近视的分类，知道近视根据近视度数的高低、近视的程度一般分为三个等级。
2. 让学生通过学习如何预防近视，在日常生活中养成良好的生活习惯与用眼卫生。

教学设计

第一步：案例引入，揭示课题。

第二步：学习新知。

1. 近视的分类。
2. 近视的影响。
3. 近视的预防。

第三步：教师总结。

案例材料

9 岁的小女孩鑫鑫，近视高达 1250 度，并且伴有弱视。即使在矫正之后，她双眼的视力也只能达到 0.4。为什么会出现这种情况？原来，由于父母工作忙，鑫鑫平时跟着爷爷奶奶一起生活，老人习惯了在昏暗的光线下看手机、看电视，鑫鑫也就跟着一起看。并且，她很少出去运动、晒太阳。父母一直没有察觉，直到学校体检时，老师才发现鑫鑫连视力表第一行都看不清……

老师：上课之前，我想采访一下我们班近视的同学，近视给你的生活带来哪些影响？

学生 1：不戴眼镜我就看不清黑板上的字。

学生 2：戴着眼镜我不能打篮球。

学生 3：我觉得戴眼镜影响我的脸型。

……

老师：看来，近视不但影响我们的学习，还影响我们的生活。今天我们就一起学习预防近视的相关知识，希望没有近视的同学们保护好自己的视力，已经近视的同学们能够控制高度近视的发生。

教学内容

1. 近视的分类

（1）根据近视度数的高低、近视的程度，近视一般分为以下三个等级：

①轻度近视：低于300度；②中度近视：300～600度；③高度近视：600度以上。

（2）根据引发原因，近视可分为以下两种：

①屈光性近视：主要是由于角膜和晶体的屈光力过强，引起平行光线射入眼睛以后提前成像，成像在视网膜之前，导致看不清远处的物体。

②轴性近视：由于眼轴增长，平行光线射入眼睛以后，成像在视网膜之前，导致看不清远处的物体。

（3）根据眼轴的增长以及度数的高低分类，近视可分为以下两种：

①单纯性近视：近视度数一般在600度以内，大部分患者的眼底无病理变化，进展缓慢，用适当的镜片即可将视力矫正至正常，其他视功能指标多属正常。

②病理性近视：一般近视度数较高，且伴有不同程度的眼底改变。患者除了远视力差之外，常伴有夜间视力差、飞蚊症、漂浮物、闪光感等，发生视网膜脱离、撕裂、裂孔、黄斑出血和开角型青光眼的危险性要大得多。

如果患了近视，要到医院进行验光，根据近视的度数选择合适的近视眼镜。

2. 近视对生活和就业的影响

近视让人看不清远处的东西，给生活、学习造成困难；需要配戴眼镜，形成困扰；600度以上的高度近视，容易引起视网膜出血、脱落，甚至导致失明；高度近视（如并发青光眼、白内障）也可致失明；长时间视疲劳、眼充血、眼球凸，不仅影响学习，还会影响外貌；近视患者在专业选择上也有限制，如不能报考飞行技术、航海技术、消防工程、刑事科学技术、海洋船舶驾驶、民航空中交通管制等专业。

3. 近视的预防

（1）养成良好的生活习惯。做好个人卫生，勤洗手，勤剪指甲；不挑食，不偏食，养成健康的饮食习惯；多吃有益于眼睛的食物，如番茄、胡萝卜、豆类、鱼、虾等；多做户外运动，保证充足的睡眠；每次看电视、电脑或手机的时间不超过半小时，座位与电视机的距离最好是屏幕对角线的4～6倍。

（2）近距离用眼的时间不宜过长，每隔45～60分钟要休息10～15分钟。休息时应隔窗远眺或进行户外活动，也可以做眼保健操，使眼球调节肌得到充分放松。

（3）近距离用眼时的光线要适中，光线过强或太弱均是造成近视的重要因素。因此，在夜晚或光线暗的环境下，最好采用40～60瓦的白炽灯照明，放在书桌的左上角。这是因为白炽灯的光线比较柔和，显色性能良好，眼球容易适应，能防止光线过强或过暗所带来的用眼疲劳。

（4）近距离的用眼姿势要正确。近距离用眼的姿势是影响近视眼发生率的另一个因素。近距离用眼时，桌椅高低比例要合适，坐姿端正，书本放在距眼30厘米的地方。写字要做到"头正、肩平、身直、足安"。坐车阅读、躺在床上阅读或伏案歪头阅读等不良的用眼习惯都将增加眼的调节负担，增加眼外肌对眼球的压力，尤其是小学生的眼球正处于发育阶段，球壁伸展性比较大，长时间的不良用眼姿势容易引起眼球的发育异常，导致近视。

（5）积极参加体育锻炼，增强体质。身体素质的好坏与青少年近视眼的发生也有密切关联：比如说，营养不良、患急慢性传染病、体质虚弱、偏食或贪吃甜食的孩子常患有近视眼。平日里要加强体育锻炼，如跑步、做广播操、打球、踢毽子等。此外，眼保健操也是预防近视眼、自我保健的好方法，可以在读书写字的间隙做眼保健操，以解除用眼疲劳。

（6）如果出现眼睛干涩、发红，有灼热感或异物感，眼皮沉重，看东西模糊，甚至出现眼球胀痛或头痛，要立即停止使用电子产品和看书学习，休息一段时间；若休息之后不见好转，要及时到医院眼科就诊。

（7）定期检查视力。越早发现视力下降，越能及时采取措施，以控制近视的发生和进展。

实践活动

还记得我们学过的眼保健操吗？它也是缓解眼疲劳，预防近视的一种方法，大家一起练一练吧。

延展阅读

儿　歌

爱眼护眼要记牢，户外活动很重要，目浴阳光视力好，
一尺一拳和一寸，坐姿端正须做到，长时用眼需休息，
放松远眺赶疲劳，电子产品要少用，照明条件应确保，
眼保健操认真做，视力检查要趁早，不熬夜来不挑食，
饮料甜品尽量少，养成用眼好习惯，一生明亮乐陶陶。

第三节　开展户外运动，保护我们的视力

教学目标

1. 明白积极开展户外运动对预防近视的意义。
2. 培养学生主动参加体育锻炼的习惯，增强学生保护视力的意识。

教学设计

第一步：案例导入。

第二步：学习新知。

1. 有助于预防近视的常见户外运动有哪些？

学生回答，教师补充。

2. 说说这些户外运动带给我们哪些好处。

学生自由阐述，教师补充总结。

3. 说一说你喜欢的户外运动。

第三步：教师总结。

案例材料

10岁的乐乐简直就是一个小宅男，平日里的爱好除了看书，就是在家玩玩具，很少出门。在一次做视力测试时，乐乐的视力不达标。医生提醒说，如果不及时纠正、保护乐乐的视力，可能在不久的将来乐乐就需要戴眼镜了。乐乐的妈妈没有近视问题，乐乐的爸爸也只是有一点点近视而已，度数并不高。医生说，导致乐乐视力不达标的原因，可能就是乐乐喜欢看书，用眼过度，平日看书的时候姿势也不是很正确，并且缺乏户外运动。

老师：经常进行户外活动有助于我们保持视力正常，避免出现弱视、斜视等问题。晒太阳可促使人体内分泌更多的多巴胺和维生素D，既可有效预防近视，又可促进骨骼发育。所以，我们应多到室外活动，去感受阳光，并且每天的活动时间最少为2个小时。

教学内容

1. 户外运动预防近视

户外运动除了能强身健体、放松心神之外，还能预防近视。户外运动是免费预防近视的方法，也是唯一不需要使用其他产品与设备辅助就能保护视力的方法。

户外运动能够开阔我们的视野。当我们的眼睛看近处时，晶状体会凸出，睫状肌也随之收缩；看远处时，晶状体会变平，睫状肌也随之舒张。所以，户外运动时，应尽可能选择视野开阔的地方。

2. 适合青少年开展的户外运动

（1）乒乓球

打乒乓球时，双眼以乒乓球为目标，不停地上下调节运动，可以改善睫状肌的紧张状态，使其放松和收缩。同时，眼外肌也可以不断活动，促进眼球组织的血液循环，提高眼睛视敏度，消除眼睛疲劳，从而起到预防近视的作用。运动专家和医生都建议，让患近视的孩子经常打乒乓球，每天练习1～2小时，坚持2～3个月，就会收到明显效果。

（2）羽毛球

打羽毛球预防近视的原理和乒乓球相似，打羽毛球的时候，我们的眼睛会一直随着羽毛球的移动而移动，所以有益于我们的视力。打羽毛球能使人"眼明手快"的原因很简单，就是因为打球时双方要经常观察对手挥拍姿势和高速飞行中的羽毛球，眼睛紧紧追寻高速飞行的物体，眼部的睫状肌就会不断地收缩和放松，从而能大大促进眼球组织的血液循环，提高眼部肌肉的活力，时间久了可以提高视觉灵敏度和视力。对于中老年人和过度用眼的人来说，如果能坚持打羽毛球，视觉敏感度将会明显提高。

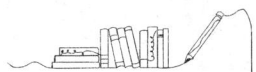

（3）阳光下玩耍

研究发现，在合适亮度的阳光下，视网膜能够释放更多的多巴胺，而多巴胺能阻止人体眼轴生长，缓解近视增长，除此以外，自然光线还有助于促进视神经及眼睛各方面的发育。在户外向远处看，还可使眼睛处于轻松舒适状态，由此瞳孔会相对缩小以令视物清晰，可使假性近视得到恢复。所以，我们应增加户外活动的时间，多在阳光下快乐玩耍。

（4）踢足球

足球场非常开阔，绿色的草地能让眼睛感到很舒适。在空旷的环境当中，眼睛会自然放松地望向远处，这对还处于眼睛发育期的青少年来说非常重要。所以，青少年应多在空旷的运动场活动，特别是在踢足球时，眼睛基本上都处于视远状态，这样就可以让眼睛得到充分的放松。

（5）放风筝

近距离、长时间用眼引起眼球睫状肌紧张，是造成近视的主要原因。放风筝时，极目远眺风筝的千姿百态，让目光始终聚焦于远处，能达到调节眼部肌肉及神经、消除眼睛疲劳、保护与增强视力的目的。

（6）打篮球

打篮球时，我们的目光会聚焦在篮球上，随着篮球的移动而转动，这样可使眼球不断运动，增强眼部血液循环，有效地改善睫状肌的调节功能，进而使眼睛的疲劳得到消除或减轻，起到预防近视的作用。

实践活动

同学们，平日里你都做些什么户外运动？你觉得这些运动给你的视力带来了哪些好处？快和同学们分享一下吧。

延展阅读

户外运动小贴士

首先，进行户外活动时，应做好紫外线防护，因为过多的紫外线会损害身体健康，所以不可以在太阳下暴晒。尤其是在夏季，更要注意防晒，可以戴帽子和太阳眼镜、涂防晒霜等；中午时分阳光强烈，不适宜进行户外活动，一般应在下午3点之后，或在比较舒适的树荫下活动。

其次，户外运动时出汗会很多，要及时补水，但注意要少量多次饮水，不要等到口渴时才想起来喝水，要均衡补充水分。

第三，冬季进行户外运动时，应注意保暖，以免出现冻伤。

第四，经过漫长宅家的假期，大家都缺乏运动锻炼，因此，刚开始恢复运动时要循序渐进，运动量不宜过大，运动前要先热身，运动后要放松，运动和休息交替，注意运动安全，千万不要勉强进行剧烈、长时间的运动。

水平三

（小学 5、6 年级）

第一章　健康行为与生活方式

第一节　健康的生活方式

教学目标

1. 让学生了解影响健康的因素有哪些，不良的生活习惯对身体健康会造成哪些危害。

2. 让学生养成良好的行为习惯，认识到健康对生命的意义，掌握健康的生活方式。

教学设计

第一步：案例引入。

播放图片，让学生说说图片中的哪些做法是错误的并说明原因。

第二步：了解影响健康的因素。

第三步：学习健康的生活方式。

第四步：学习体会。

让学生说一说自己平时的生活习惯有哪些需要改正。

第五步：教师总结。

案例材料

10 岁的女孩佳佳在家里突然感到全身疼痛，喘不过气来，小脸涨得通红。家人赶紧把她送到医院就诊，经检查她被确诊为糖尿病酮症酸中毒。医生认为，佳佳得糖尿病很可能跟她平日里经常吃甜食、喝饮料有关系。

老师：同学们，你们知道佳佳为什么会得病吗？

学生：因为她没有养成良好的饮食习惯。

老师：我们日常生活中的习惯与健康有没有关系呢？影响我们健康的因素有哪些呢？今天让我们一起来学习。

教学内容

1. 健康的定义

根据世界卫生组织的解释，健康不仅指一个人没有疾病或虚弱现象，而是指一个人生理上、心理上和社会适应上的完好状态。也就是说，一个人在躯体健康、心理健康、社会适应良好、道德健康等方面都健全了，才是完全健康的人。

2. 影响健康的因素

现代人类面临着许多疾病，其中有很多是慢性非传染性疾病。影响这些慢性非传染性疾病发生的因素，一个是生物遗传因素，另一个就是环境因素、社会因素。后者与人们的生活行为、生活方式有密切的关系，不良的生活方式会对健康产生影响，引发慢性非传染性疾病。如今，不良生活方式造成的疾病将成为人类的"头号杀手"。

（1）不良生活习惯对健康的影响。不良生活习惯如偏食挑食、暴饮暴食、吸烟饮酒、久坐而不锻炼、经常熬夜、精神紧张以及不遵守交通规则等，会对个人、群体乃至社会的健康带来直接或间接的影响。不良生活习惯对于身体的危害很大，如经常熬夜容易导致机体免疫功能下降，容易生病；偏食挑食容易导致营养不良；吸烟饮酒更是恶习，容易导致上呼吸道感染、胃部疾病、血管病变等。不良生活方式和有害健康的行为还是诱发恶性肿瘤、心脑血管疾病和糖尿病甚至是精神疾病的主要因素。因此，在日常生活中养成健康的生活习惯，对于保证我们的身体健康至关重要。

（2）环境因素对健康的影响。环境因素包括自然环境和社会环境两个方面。生态破坏和环境污染导致人类赖以生存的自然环境遭到影响，必然对人类健康造成危害。这种危害与其他的因素相比，具有效应慢、周期长、范围大、危害人数多、后果严重、控制困难等特点。社会环境主要包括政治、经济、科学、文化、教育等方面。政治动乱、战争、贫穷、愚昧、教育落后等社会因素都会对健康造成很大的危害。

（3）生物学因素对健康的影响。主要包括遗传、病原微生物、寄生虫等因素。遗传因素造成个体间对于疾病的易感性不同，进而影响疾病的发生及其轻重程度。

（4）卫生服务条件对健康的影响。卫生服务条件主要指卫生保健系统和医疗服务的水平与质量。如果卫生服务和社会医疗保障体系存在缺陷，就不能有效地防治当地居民的疾病和促进健康的发展。

3. 健康的生活方式

要拥有健康，必须通过个人和社会的不懈努力。我们每一个人都要对自己负责，积极学习有关健康的知识，主动采取有效的自我保健措施，改变不利于健康的生活方式，尽可能达到身心健康的最佳状态。那么，健康的生活方式是什么呢？

（1）合理膳食。饮食要多样化，每天摄入的食物品种越多越好，因为单一的天然食物都不能满足青少年生长发育所需的全部营养素。每天应保证足量的谷物摄入，最好能粗细搭配，吃一些新鲜蔬菜和水果，还要吃适量的鱼、蛋、禽肉和瘦肉。坚持一日三餐，进餐定时定量，切忌暴饮暴食，科学足量饮水，合理选择健康的饮料。

（2）保持适量运动，养成规律运动的良好习惯。体育运动应坚持安全性、自觉性、循序渐进、持之以恒和全面锻炼等原则，多做户外运动。

（3）禁烟禁酒。吸烟和被动吸烟会导致癌症、心血管疾病和呼吸系统疾病等多种疾病。吸烟等于是慢性自杀，特别是青少年正在成长发育阶段，吸烟对身体的害处更大。无节制地饮酒，会使食欲下降，以致发生多种营养素缺乏、急慢性酒精中毒、酒精性脂肪肝和肝硬化；过量饮酒还会增加患高血压、中风和某些癌症等疾病的风险，并可导致

事故及暴力的增加。儿童青少年正处生长发育阶段，必须做到远离烟酒的危害。

（4）心理健康。能够客观地评价自己，积极应对日常生活中的压力，有效率地开展学习；用乐观、开朗、豁达的态度面对生活，将目标定在自己力所能及的范围内，建立良好的人际关系，积极参加社会活动等。

（5）日常卫生方面。个人卫生要做到"五勤"：勤洗手、勤洗澡、勤洗头和理发、勤换洗衣服、勤剪指甲。保护牙齿要做到：早晚刷牙、饭后漱口、少吃糖果、定期做好口腔卫生防病检查。室内保持干净卫生，经常开窗通风。咳嗽、打喷嚏时要遮掩口鼻，不随地吐痰，不乱扔垃圾。不与他人共用毛巾、浴巾和其他洗漱用品。合理利用时间，保证充足的睡眠。注意饮食和饮水卫生，不吃不洁或变质食物，不喝生水。养成良好的用眼习惯，保护好眼睛，预防近视。

实践活动

向父母、亲戚和邻居等宣传健康生活方式，普及关于健康方面的知识。根据自身或家人存在的健康问题，提出相应的改善措施，并和家人一起完成计划。

延展阅读

免疫与健康

环境中有各种各样对人体有害的生物和非生物因素，但在通常情况下，人体的健康并没有因为它们而受到严重的影响，为什么呢？这是因为人体的免疫系统在发挥作用。免疫就如同一道道的屏障，时刻抵御外界对人体的各种伤害。人体有三道强大的防线：皮肤、黏膜是第一道防线，吞噬细胞和杀菌物质是第二道防线，特异性免疫是第三道防线。人体的免疫系统，是在长期进化过程中与各种致病因子不断斗争而逐渐形成的，它像一支训练有素的精锐部队，通过免疫防御、免疫稳定和免疫监视三大功能来捍卫人体的健康。我们生存的环境中充满了各种各样的微生物，如细菌、病毒、支原体衣原体、真菌等，我们要尽量避免这些物质进入人体，所以养成良好的卫生习惯是提高人体免疫能力的最理想方法。

第二节　人体所需的营养

教学目标

1. 让学生认识常见的营养问题，并明白不是吃的多吃得胖就是健康，要注意营养均衡。

2. 知道人体所需营养物质的来源，学会运用人体所需的营养相关知识去搭配饮食。

左侧竖排文字：中小学健康教育与近视防控指导用书

教学设计

第一步：案例引入，揭示课题。

课件出示常见的营养问题图片（肥胖、瘦弱、发育畸形……）。

第二步：了解人体所需的营养。

1. 课件出示"中国居民平衡膳食宝塔"图片。

2. 活动练习：谁是小小营养师？

（1）教师提供一份品类俱全的菜单。

（2）请五位同学搭配出一日三餐。

（3）请同学们评选出营养又健康的搭配。

第三步：学习如何进行营养搭配。

第四步：教师总结。

案例材料

11 岁的妞妞身高 152 厘米，在同龄孩子中算是佼佼者，而她的体重更是把同龄人甩出了几条街，一般 11 岁的孩子体重在 70 斤左右，而妞妞已经 130 斤了。妞妞身体不太好，经常生病，于是妈妈带她去医院做了检查，医生告诉妈妈，妞妞是肥胖症并且伴有营养不良。

老师：吃下过多的甜食和脂肪类食物，会导致身体被太多的热量"填满"，占据了本该存储营养的位置，造成营养结构失调，从而出现营养不良的情况，如钙容易不足，铁也容易不足，还有一些维生素类也容易出现不足，这些营养不足容易导致人的身体出现各种各样的问题。一份相关报告显示，营养不良的儿童有百分之七十都是肥胖儿童。

教学内容

1. 中小学生常见的营养问题

（1）缺铁性贫血：铁主要存在于红细胞中，缺铁可引起缺铁性贫血，主要表现为无力、疲劳、头晕、注意力不集中、免疫力差，严重者还会影响智力和体格发育。

（2）锌摄入不足：锌是性器官和性功能发育所必需的，锌还可以促进食欲，增强机体的免疫功能。缺锌表现为生长发育缓慢、食欲不振等。

（3）钙摄入不足：中小学期间是生长发育的关键期，钙摄入不足会对人体骨骼和牙齿的发育形成障碍。

（4）维生素缺乏：维生素 A 缺乏可引起夜盲症甚至导致失明，维生素 B_2 缺乏可引起唇炎、皮炎和生长发育缓慢等。

（5）肥胖症：指体内脂肪堆积过多或分布异常导致体重增加，由遗传因素、环境因

素等多种因素相互作用导致的慢性代谢性疾病。中小学生得了肥胖症易发生心肺功能障碍，运动能力和劳动能力会降低，成人后患高血压、高脂血症、动脉粥样硬化等慢性病的概率较大。

2. 人体所需的营养

人类从外界摄取各种食物，经过消化、吸收和新陈代谢以维持机体的生长、发育和各种生理功能，这一连续过程就叫营养。一个人生命的整个过程都离不开营养。食物中能被人体消化、吸收和利用的有机和无机物质称为营养素。目前所知，人体必需的营养素有40种以上，归纳起来主要可分为碳水化合物、脂类、蛋白质、矿物质、维生素、纤维素以及水等几大类。它们在人体内都有各自的独特功能，任何单一营养素的摄入都不能满足人体每日新陈代谢的需要，对于处于生长发育期间的青少年来说，这一点更为重要，这也是强调合理搭配膳食、均衡营养的原因所在。

（1）蛋白质是一切生命的物质基础，没有蛋白质就没有生命。对处于生长发育期的少年儿童来说，一点一滴的成长与进步都离不开蛋白质。在构成我们身体的成分中，除水以外，蛋白质是含量最高的营养素。人体的生长、发育、运动、遗传等一切生命活动，都离不开蛋白质。蛋白质主要来源于奶类、蛋类、瘦肉、鱼虾及豆制品等。

（2）碳水化合物是人体从食物中获取能量的最主要、最经济的来源。碳水化合物主要来源于谷类、薯类、根茎类蔬菜、豆类、含淀粉多的坚果，这些食物的主要成分是淀粉。葡萄糖、果糖是最简单的碳水化合物，多存在于水果及蔬菜中。

（3）脂肪是一个让人又爱又恨的家伙。脂肪如果长期摄入不足的话，容易出现体力不足、注意力不集中、身体抵抗力下降等症状，还会影响大脑发育，引起生长发育迟缓。但脂肪热量高，若摄入过多，容易引起超重、肥胖。在日常生活中，有"看得见的脂肪"，如动物油、植物油等；还有一些"看不见的脂肪"，如一些坚果类食物（芝麻、核桃、花生、瓜子等）的脂肪含量也比较高。

（4）矿物质是建筑我们身体这座大楼的"建筑材料"，如果矿物质缺乏了，我们身体这座大楼就会受到影响。人体需要的矿物质主要有钙、铁、钠、锌等。每种食品的矿物质含量是不一样的；含钙多的食物有奶及奶制品、豆及豆制品、海产品等，含铁多的食物有动物血、肝脏、瘦肉等，钠主要来源于食盐，锌主要存在于海产品、动物内脏。

（5）维生素虽然在体内既不参与构成人体细胞也不参与供能，却起着重要的调节作用，是不可忽视的营养素。人体缺乏维生素的话，食物的消化和利用就不能正常进行，会造成食欲不振，失去健康和活力。新鲜的蔬菜水果、动物肝脏、粗粮等食物中都含有丰富的维生素。

（6）膳食纤维属于碳水化合物的一种，虽然它不能被消化吸收，但却是健康饮食不可缺少的好帮手。膳食纤维就像是肠道的清洁工，可以促进胃肠蠕动，加速排便，减少有毒物质接触肠壁的时间。膳食纤维主要存在于粗粮、根茎类蔬菜、海藻类产品等食物中。

（7）水是生命之源，我们的生命一刻也离不开水。水参与体内的一切代谢活动，把营养物质运往全身各处，并帮助排泄废物，尤其在炎热的夏天或出汗较多时，一定要注意及时补水。

3. 中小学生如何进行营养搭配

（1）食物多样，谷类为主（小学生每人每天应摄入各种谷薯类250~300克，中学生300~400克）。每天的膳食应包括谷薯类、蔬菜、水果、畜禽鱼蛋奶和豆类食物。每日膳食必须由多种食物适当搭配，每天摄入12种以上食物，每周25种以上，合理搭配。其中，谷类是我国传统膳食的主体，是最经济、最主要的热能来源。青少年生长旺盛，活泼好动，热能消耗较大，因此，要多吃一些米、面等主食，以保证获得充足的热能。此外，还要注意粗细粮搭配，经常吃一些粗粮、杂粮等，长期食用过于精细的粮食，就会导致营养缺乏病，常见的如维生素 B_1 缺乏病。因为米、面若碾磨得太精，其表层所含的B族维生素、矿物质和膳食纤维就会流失到糠麸上。

（2）多吃蔬菜、水果和薯类（中小学生每人每天应吃新鲜蔬菜400~500克，水果200~350克）。所有的新鲜蔬菜都含有多种维生素，红、黄、绿等深色蔬菜中的维生素含量超过浅色蔬菜，绿叶蔬菜、辣椒等含有丰富的维生素C，黄瓜、西红柿等的维生素C含量虽不及绿叶蔬菜，但能生吃，从而减少了烹调过程中的损失，所以也是维生素C的良好来源。猕猴桃、山楂、柑橘、杜果、柿子等水果也含有丰富的维生素C和胡萝卜素。需要注意的是，蔬菜和水果的种类繁多，不同的品种所含营养成分不尽相同，甚至差别很大，所以不能相互代替，不能只吃水果不吃蔬菜，也不可只吃蔬菜不吃水果，而且应尽量多样化，食用多种不同的蔬菜和水果。薯类兼有谷类和蔬菜的双重功效，可以经常食用，但应相应减少谷类的摄入，以免热能摄入过多。

（3）常吃奶类、豆类或其制品（中小学生每人每天应食鲜奶300克，每周食用大豆105~175克）。奶类不但含有丰富的优质蛋白质和维生素，而且含钙量高，钙的吸收利用率也很高，是天然钙质的极好来源，对促进儿童少年生长发育必不可少。豆类是我国的传统食品，含大量的优质蛋白质、不饱和脂肪酸、钙及维生素 B_1、维生素 B_2、烟酸等，其中大豆的营养价值最高，蛋白质含量是瘦猪肉的2倍，且不含胆固醇，当动物性食物供应不足时，大豆及其制品是优质蛋白质的最好食物来源。全国营养调查资料显示，我国中小学生钙的摄入量普遍不足，还不到推荐供给量的一半。因此，中小学生每日都应摄入一定量的奶类和豆类食品，这样既能获得充足的优质蛋白质，又可以补充钙的不足。有的孩子吃鲜奶后会出现腹胀、腹泻等不适，是因为体内缺乏一种能分解鲜奶中的乳糖的酶，食用酸奶可避免这一现象。没有条件每日饮奶者，可用豆浆或其他大豆制品替代。

（4）常吃适量鱼、禽、蛋、瘦肉（中小学生每人每天应食用140~200克），少吃肥肉和荤油。动物性食物是优质蛋白质、脂溶性维生素和矿物质的良好来源，而蛋白质又是身体组织和器官的重要组成成分，也是合成调节生长发育和性成熟的各种激素的原料，所以中小学生每日应摄入足量的优质蛋白质才能满足生长发育的需要。瘦肉中含有一定的铁，且易被人体吸收。鱼类特别是海产鱼中含有的不饱和脂肪酸有降低血脂和防止血栓形成的作用。动物肝脏含铁、维生素A极为丰富，还富含维生素 B_{12}、叶酸等。需要注意的是，肥肉为高热能高脂肪的食物，摄入过多不但容易引起肥胖，而且可能增加某些慢性病的发生概率，应不吃或少吃。即使是所谓的纯瘦肉中也含有一定量的脂肪，因此，也不宜吃得过多。有的家长以为这类食物营养价值高，就要孩子大量食用，其实食用过多动物性食物对人体健康是没有好处的。要注意合理搭配食用动物性食物与植物性食物，使各种营养素相互补充，满足机体的营养需要。

（5）重视户外活动，保持适宜体重，避免盲目节食。我们不但要合理饮食，还应积极参加体育锻炼及户外活动。中小学生每日户外活动时间不得少于 1 小时，要积极参加做操、打球、游泳、划船、爬山等运动。超重或肥胖的孩子，应在医生或营养师的指导和监控下，合理控制饮食，增加体力活动，使热能的摄入和消耗达到平衡。

（6）吃清淡少盐的膳食（每日食盐用量以不超过 5 克为宜）。钠的摄入量与高血压发病呈正相关，为控制高血压，应从小养成吃少盐膳食的习惯。酱油、味精等调料及咸菜、香肠等腌制食品中也含有较多的钠，不宜多吃。

（7）合理分配三餐，少吃零食，饮清淡饮料。一般地说，早、中、晚三餐的能量分别占一日总能量的 30%、40%、30% 为宜，有条件的可以在早餐和中餐之间加一课间餐。有的家长不把早餐当正餐，只是垫垫肚子，所以许多孩子的早餐的质和量都不能满足身体的需要。合理的早餐既要吃含碳水化物丰富的食物，如馒头、面包等，同时还要进食富含优质蛋白质的食物，如鸡蛋、牛奶、豆浆等，最好搭配一些新鲜的蔬菜水果。

实践活动

你每天吃的食物里是否包括学到的这些营养素呢？列出你一天的食谱，看一看每种食物里富含什么营养素。

延展阅读

中国学生营养日

1989 年成立的中国学生营养促进会在营养学家于若木的主持下，结合世界卫生组织 2000 年人人享有卫生保健的战略目标，制定了 1991 年至 2000 年十年学生营养工作计划，命名为"护苗系统工程"。该计划把每年 5 月 20 日确定为中国学生营养日，旨在广泛宣传学生时期营养的重要性，大力普及营养知识。

第三节　暴饮暴食的危害

教学目标

1. 通过本节的学习，让学生认识暴饮暴食对身体的危害。
2. 通过本节的学习，让学生知道如何控制自己的食量，做到规律饮食。

教学设计

第一步：案例引入。

第二步：了解暴饮暴食的危害。

1. 播放"老鼠饮食不规律的实验"课件。

限制饮食的老鼠：小，轻，寿命长；

放量进食的老鼠：大，重，寿命短。

2. 小知识：为什么用老鼠做实验？

（1）繁殖力强，数量充足；

（2）发育快，可以缩短试验周期；

（3）体形小，有利于饲养，方便进行试验操作；

（4）皮色浅，有利于观察；

（5）同属哺乳动物，相关实验数据与人类符合的可能性更大。

3. 暴饮暴食的危害。

伤肠胃；伤肝脏；伤胰脏；伤大脑。

第三步：如何控制暴饮暴食？

1. 提倡饮食卫生，纠正暴饮暴食的行为。

2. 细嚼慢咽，将食量控制在合理的范围之内。

第四步：分组讨论。

如果我们遇到丰盛的食物，不小心吃多了，应该怎么办呢？

第五步：知识延展，了解盲目节食的危害。

案例材料

小星经常暴饮暴食，他喜欢吃油炸食物，也爱喝碳酸饮料，在家的时候，他的嘴巴几乎一天都不闲着，一直在吃。小星的身高不到 1.5 米，体重却高达 70 千克。因为身体一直未出现过什么异样，再加上他年龄还小，正是长身体的时候，家人就没有督促他减肥。直到有一天，小星突然感到剧烈腹痛，还伴有呕吐，父母将他紧急送往医院就诊。接诊医生第一时间给小星做了相关检查，通过检查结果判断小星患上了重症胰腺炎。

老师：同学们，你们知道什么是暴饮暴食吗？

学生：就是一次性吃很多。

老师：当一个人遇到自己爱吃的食物时，可能会胃口大开，明明已经很饱了，可还是控制不住自己的嘴巴，又多吃了一些，这种情况就叫作暴饮暴食。暴饮暴食会对我们的身体造成很多的危害……

教学内容

1. 暴饮暴食的危害

暴饮暴食者吃的大都是高热量、高脂肪的食物，当一次摄入的脂肪太多消耗不掉时，它们就会堆积在体内，如果经常暴饮暴食，脂肪就会越积越多，从而造成身体肥胖，引发多种疾病。暴饮暴食会使机体内更多的血液流向胃部帮助消化，从而导致脑部供血相对减少，而长时间血液供应减少会影响脑细胞的正常工作，从而影响大脑的活动，可能会导致机体出现反应能力减缓等症状。

暴饮暴食还容易引发肠胃疾病。暴饮暴食会大大加重肠胃的工作负担，很容易造成消化不良，尤其是在吃肉食等不容易消化的食物时。肠胃器官如果长时间超负荷工作，就会导致各种肠胃疾病。经常暴饮暴食还会诱发癌症，这是因为一个人在暴饮暴食之后，需要消耗很多的体能才能消化掉大量的食物，这样就会造成消化器官因超负荷工作而非常疲劳，对于癌细胞的抵抗能力较差，使癌细胞开始逐渐滋生。长期暴饮暴食还会产生一系列其他疾病，如胰腺炎、脂肪肝、神经衰弱、胆囊炎、肥胖病、肾病、糖尿病等。

2. 如何控制暴饮暴食

提高自我控制能力，不断地给自己心理暗示。吃东西的时候要细嚼慢咽，要多嚼一会儿，并放慢咀嚼速度，这样不仅能减少摄食量，也有助于消化。改变生活习惯，多做体育活动，丰富自己的业余生活，比如多帮家人做家务，和家人、朋友一起散步、聊天等，用这些方式转移注意力。少吃多餐，每次吃饭吃到七分饱，想吃了可以过一段时间再吃一点，要有节制有计划地吃，不要一股脑地全吃光。多吃蔬菜水果，少吃油水多、脂肪含量高的食物，可以多吃点菜，少吃点米饭。少吃油大的荤菜，多吃青菜和水果。吃饱后还想吃时，可以用其他东西来代替食物，如泡泡糖、口香糖等，口香糖有甜味可以多嚼一会儿，在满足嘴瘾的同时也减少了暴饮暴食。

3. 饮食过量后如何缓解身体不适

如果不小心吃多了，可以先禁食半天，让肠胃彻底消化这些食物，也可以在进食半小时后慢慢散步，通过适当运动帮助消化。另外，在散步的时候可以选择听听音乐，让自己的身体得到放松。

吃多后，可以吃一点柠檬，或者服用几片帮助消化的药物；也可以给胃部和腹部做一些按摩，帮助肠胃加快蠕动，也有助于消化。如果胃部出现胀痛或其他情况，长时间都没有得到缓解，就应该引起足够的重视，马上去医院进行检查。长时间的胃胀可能是胃部疾病导致的，如果拖延治疗，会给身体健康造成极大威胁。

总之，身体健康是第一位的，不论在什么情况下，我们都不应该暴饮暴食，给自己的身体造成损害。我们要养成适度饮食的好习惯，无论是多么好吃的食物，都要做到适可而止，决不能贪图一时的口腹之欲而不加节制。

实践活动

你有没有吃多的经历？你是怎么缓解的？和同学们分享一下。

延展阅读

盲目节食的危害

一些女孩进入青春期后，因害怕发胖，一味节食，甚至造成青春期厌食症。青春期是人体生长发育最旺盛的时期，营养缺乏会造成极大的危害。

盲目节食会导致人体所需要的热量不足。青春期人体代谢旺盛，活动量大，机体对营养的需要相对增多。如果既要满足生长发育的需要，又要满足每日学习、活动的需要，每日所需要的热量一般不能少于 9600 千焦（2300 ~ 2400 千卡），如果达不到这一标准，就会影响生长发育。

盲目节食会导致蛋白质摄入不足，造成负氮平衡，使生长发育迟缓、身体消瘦、抵抗力下降，同时也影响智力发育，严重者会发生营养不良性水肿。女孩的青春期发育较男孩早，同时伴有明显的内分泌变化，蛋白质摄入不足所引起的不良后果将更为严重。

盲目节食可引起多种维生素缺乏病，如维生素 B 缺乏可导致脚气病，维生素 C 缺乏可导致坏血病，维生素 D 缺乏可导致长不高或骨骼变形，维生素 A 缺乏可引起夜盲症。节食还会造成各种无机盐及微量元素缺乏，钙、磷摄入不足或比例不当会直接影响骨骼发育，缺铁可导致贫血，缺锌可影响人体生长发育和性腺发育。

青春期是长身体、长知识的重要时期，这一时期的体质情况将影响一生的健康，因此处于青春期的我们必须为强健的体魄打下牢固的基础。单纯为追求外表美而不科学地节食，是不可取的，且后患无穷。

第四节　运动的好处

教学目标

1. 理解运动的好处，让学生知道运动不但可以促进新陈代谢，还可以增强自身免疫力。

2. 学习常见的体育运动，引导学生在课余时间积极开展体育锻炼。

教学设计

第一步：案例导入。

第二步：分析讨论。

1. 身高、体重与我们的生活习惯有没有关系？
2. 运动有哪些好处？不爱运动会怎么样？

学生讨论汇报，教师指导总结。

第三步：播放视频"常见的运动项目"，感受运动的快乐。

第四步：学习运动中应该注意的安全事项。

第五步：知识延展，了解"马拉松跑"。

案例材料

健健刚上小学时经常生病，学习成绩也不理想，上体育课时跑一会儿就气喘吁吁，所以他不喜欢运动，平时也不太爱与同学交往。体育老师鼓励他从参加一些力所能及的运动开始，如慢跑、跳绳、踢足球等，逐渐增加运动量。现在，健健成了运动小达人，愿意和同学们一起玩，还主动报名参加学校的运动会，学习成绩也提高了。

老师：同学们，你是否感受过在运动场上尽情奔跑、挥洒汗水的乐趣？你知道运动能带给我们什么好处吗？

教学内容

1. 运动的好处

运动是健康之本，运动让我们活力十足、心情舒畅、远离疾病、健康长寿，适量运动给我们带来的好处有很多。

经常运动能增强身体各器官系统的功能，改善血液循环，让骨组织得到更多的营养，同时对骨骼有着一种机械刺激作用，所以经常运动能使骨骼生长加速，促进儿童的生长发育。

运动能促进心肺功能，使血液循环加快，新陈代谢加强，心肌发达，收缩力加强。在锻炼过程中，肌肉活动需要消耗大量的氧气和排出更多的二氧化碳，于是呼吸器官需要加倍工作，久而久之，胸廓活动范围扩大，肺活量提高，肺内每分通气量加大，呼吸器官的功能增强，对防止呼吸道常见病有良好的作用。

运动可使胃肠蠕动增加，胃肠消化能力增强，食欲增加，营养吸收完全，身体发育更好。厌食、挑食的学生更需要运动。锻炼时，机体各部的协调运动都是在神经系统统一控制和调节下进行的，因此，在进行体格锻炼的同时，神经系统本身也在经受锻炼和提高。

多进行户外运动，接受阳光、空气和水的沐浴，能逐步经受外界环境变化的刺激，皮肤和呼吸道的黏膜不断受到锻炼，增强了耐受力，大脑皮层也对冷和热的刺激形成条件反射。当自然因素发生变化时，我们的身体就能迅速而准确地进行反应，使身体跟外界环境保持平衡，这样就不容易感冒，也不容易生病。

运动可加速体内新陈代谢的速率，使我们的心率、血流速度加快并且促进身体不断的释放热量，这样，体内大量毒素、代谢废物等会以汗液的形式排出体外，身体就会变得更干净和轻松。运动对大脑中枢神经有积极的调节作用，运动受大脑指挥且运动可以使大脑的中枢细胞处于兴奋的状态，不断地增强脑细胞的活力和大脑皮层的调节能力，使大脑思维变得更敏捷灵活，减轻学习的压力。

2. 常见的运动项目

（1）跳绳。跳绳是广泛流传于我国民间的一种体育活动，也是少年儿童喜爱的一项有益的健身娱乐活动。连续跳绳有利于提高少年儿童的灵敏性、协调性、节奏感和弹跳力，而且还能提高和改善心血管系统的功能和呼吸系统的机能，增强相关部位肌肉群的力量。跳绳分为单人跳和多人跳，其方法也是多种多样。

（2）跳皮筋。跳皮筋是一项健康、活泼、深受少年儿童特别是女生喜爱的运动，不受场地、器材、季节和人数的限制，对促进身体正常发育、增强下肢肌肉力量具有良好的效果。

（3）踢毽子。踢毽子也是一项非常流行的运动项目，深受女生的喜爱。踢毽子时，通过跳跃、举腿和摆动身体等能做出有趣和多样的动作，还可以进行各种踢毽子游戏和比赛。

（4）呼啦圈健身操。呼啦圈轻便美观，活动时占地不大，因此呼啦圈健身操是一项老少皆宜的运动项目，长期练习能锻炼腰腹肌肉、臀部肌肉、腿部肌肉的力量，能有效提高人体腰、髋、膝关节的灵活性、柔韧性。呼啦圈也常用于比赛、杂技表演，或用作减肥器具。

（5）韵律体操与体育舞蹈。韵律体操和体育舞蹈具有健身、竞技和文化娱乐性等特点，对塑造健康的身体、健美的形态，培养正确的审美观念和陶冶美的情操有重要作用。体育舞蹈是一项新兴的体育项目，动作丰富，变化多样，运动量的大小可以根据个人的身体情况来定。长期进行韵律操和体育舞蹈练习，能使我们的形体得以塑造、气质得以培养、体质得以增强、学习效率得以提高。

3. 体育运动的注意事项

（1）穿戴以安全为主。体育运动大多是全身性运动，活动量大，为了安全，穿戴要注意以下几个方面：衣服要宽松合体，最好穿运动服，衣服上不要别胸针等配饰；口袋里不要装钥匙、小刀等坚硬、尖锐、锋利的物品；不要佩戴各种金属的或玻璃的装饰物；女同学头上不要戴各种发卡；患有近视眼的同学，尽量不要戴眼镜，特别是在做垫上运动时，必须摘下眼镜；不要穿皮鞋，应当穿球鞋或运动鞋。

（2）在体育运动前不要吃得太饱，不要喝太多的水，空腹也不能进行体育运动。要检查场地和体育设施有没有危险，是不是安全，自己的身体状况是否适合运动，如处于睡眠不足、有过度疲劳感、重感冒、痢疾腹泻或其他身体不适的状态时，应暂停或中止运动。在做运动前要做好充分的准备活动，主要是一些全身性身体练习，包括跑步、踢腿、弯腰等。准备活动的量要相对较小，时间不宜过长，否则，还未进行体育运动，身体就已经疲劳了。

（3）运动中遵守规则。从事短跑、长跑等项目时要按照规定的跑道进行，不能串跑道，因为一旦被绊倒就可能会严重受伤。跳远时，必须严格按照老师的指导助跑、起跳，起跳前前脚要踏中起跳板，起跳后要落入沙坑之中。在进行单、双杠和跳高训练时，必须

在器械下面放好厚度符合要求的垫子，若直接跳到坚硬的地面上，会伤及腿部关节或后脑。在做跳马训练时，器械前要有跳板，器械后要有保护垫，同时要有老师和同学在旁边保护。做前后滚翻、俯卧撑、仰卧起坐等垫上运动时要严肃认真，不能打闹，以免发生扭伤。在篮球和足球运动中，要秉持"友谊第一，比赛第二"的原则，不要在争抢中蛮干，以免伤及他人。

（4）运动后不要立刻进食和洗澡。运动后，不要急于进食，要使心肺功能稳定下来、胃肠道机能逐渐恢复后再用餐。这段时间一般为半小时，如果是在下午较剧烈运动后，间隔的时间应相对更长。运动后补水时不可暴饮，应少量多次，可以在运动后每 20～30 分钟补水一次，每次饮水量 250 毫升左右，首选温热的白开水，也可选用橙汁、桃汁等原汁稀释饮料，不要饮含糖量过高的饮料，尽可能不饮用汽水。剧烈运动后切勿立即坐下休息，可以做一些放松跑、放松走等形式的下肢运动，促进下肢静脉血的回流，防止体育锻炼后心血输出量的过度下降。剧烈运动后不宜马上洗澡，必须等人体各系统机能恢复正常后才可洗澡。

实践活动

同学们，你最喜欢做什么运动？快和大家分享一下吧。

延展阅读

马拉松跑

公元前 490 年，希腊在马拉松平原与波斯皇帝派来的大军展开了激烈的战斗，雅典军队在外无救援的情况下，团结一心，打败了波斯侵略军。当时担任传令兵的菲迪皮茨奉命将这一胜利消息尽快告诉雅典居民，让受难同胞早些分享胜利的喜悦。他顾不得路途遥远，一口气从马拉松跑到雅典，到达雅典时他已累得筋疲力尽，只说了一句"我们胜利了"就倒在广场上，闭上了双眼。

1896 年举行首届奥运会时，顾拜旦采纳了历史学家布莱尔依这一史事设立一个比赛项目的建议，并定名为"马拉松跑"。当时，比赛沿用当年菲迪皮茨所跑的路线，约 40 千米。此后十几年，马拉松赛的距离一直保持在 40 千米左右。1908 年第 4 届奥运会在伦敦举行时，为便于英国王室人员观看马拉松赛，特意将起点设在温莎宫的阳台下，终点设在奥林匹克运动场内，起点到终点的距离经丈量为 26 英里 385 码，折合成 42.195 千米。后来，国际田联就将这一距离确定为马拉松赛的标准距离。女子马拉松赛开展较晚，1984 年才开始被列入第 23 届奥运会。马拉松赛在公路上举行，可采用起、终点在同一地点的往返路线，或起、终点不在同一地点的单程路线。比赛时，沿途必须摆放标有已跑距离的标识牌，要每隔 5 千米设一个饮料站提供饮料，两个饮料站之间设一个用水站提供饮水或用水。每位参赛者都必须在赛前进行身体健康检查，合格者方可参加。因马拉松赛路线条件差异较大，故世界田联不设世界纪录，只公布世界最好成绩。

第五节　认识吸烟饮酒的危害

教学目标

1. 让学生理解吸烟饮酒对身体健康的危害。
2. 教育学生从小养成不吸烟、不喝酒的良好习惯。

教学设计

第一步：案例引入。

请同学们讨论吸烟饮酒的危害有哪些。

第二步：认识吸烟的危害。

观看"模拟抽烟小实验"视频。

1. 吸烟对身体的危害。

2. 吸烟不仅危害自身健康，还会诱发违法犯罪。

第三步：认识饮酒的危害。

课件出示"酒后打架斗殴"等相关图片。

第四步：教师总结。

案例材料

小可与朋友小恒、小钱三人相约到一家小吃店吃烧烤，均未成年的他们点了几瓶高度白酒。席间，三人一边打牌，一边喝酒，并约定谁输了谁就喝一杯白酒。就这样，14岁的小可前后饮下约一斤半的高度白酒。次日凌晨，有些支撑不住的小可说自己要去吹吹风，但这一去，就再也没有回来。后来，他被人发现醉死在街头。

老师：青少年正处于生长发育时期，身体的内脏器官还比较弱嫩，功能还不完善，所以，从小就应该养成不吸烟、不喝酒的好习惯。

教学内容

进入青春期之后，同学们感觉自己长大了很多，开始自然而然地模仿大人的行为了，吸烟与喝酒是其中主要的两种，然而，这两种看似很酷的行为会对我们的身体产生严重的危害。

1. 吸烟的危害

（1）损害身体健康。据相关研究，吸烟开始年龄越早，肺癌发生率与死亡率越高。吸烟时，烟雾微粒和有害物质容易达到细支气管和肺泡，导致组织损伤严重。时间一长，

就会造成慢性支气管炎、肺气肿甚至肺心病。

（2）损害大脑，使智力受到影响。在烟草的烟雾中，一氧化碳含量很高，进入人体后，与血液中的血红蛋白结合成碳氧血红蛋白，使血红蛋白不能正常地与氧气结合成氧合血红蛋白，失去携氧功能。由于人的大脑对氧的需求量大，对缺氧十分敏感，因此，吸多了烟就会感到精力不集中，甚至出现头痛、头昏现象，时间久了，大脑就要受到损害，思维就会变得迟钝，记忆力也会减退，这必然会影响学习，使成绩下降。

（3）诱发违法犯罪。有的学生利用节食省下的饭钱买烟，影响了身体健康和生长发育。多数吸烟学生纪律松弛，学习成绩差，个别学生为了找钱买烟去打架斗殴，走上犯罪道路。有的和社会上不三不四的人勾结在一起，甚至结识扰乱社会治安的流氓团伙，堕落为违法犯罪分子。

（4）影响体能。某市对一所中学生进行了身高、体重、胸围、肺活量多项体格调查，发现吸烟者生长发育差，肺部和心脏的发育受到影响。吸烟还会引起少女的月经紊乱和痛经。

2. 饮酒的危害

同学们处于生长发育时期，各个器官组织的发育尚未成熟，而饮酒对正常的生理功能及发育会带来严重的影响，小学生一定要禁止饮酒，养成良好的行为习惯。

（1）影响大脑发育。未成年人的大脑正处于发育的阶段，酒中的酒精成分会危害脑部神经的发育。青少年的神经系统发育尚不健全，大量饮酒容易引起酒精中毒，最先受伤害的就是大脑，酒精的蓄积会破坏神经细胞间的联系，导致记忆力和理解能力减退。酒精中毒严重的还会出现呼吸困难、脉搏加快、神志不清的危险，不及时抢救，会因呼吸中枢衰竭而死亡。

（2）损伤肝脏。酒精进入人体后，要靠肝脏来解毒，而青少年肝脏分化尚不完全，肝组织比较脆弱，饮酒会给幼嫩的肝脏难以胜任的负担，这样就会破坏肝的功能，甚至引起肝脾肿大，危害胰脏的功能，诱发糖尿病的发生，同时还会影响身体对钙的吸收。未成年人饮酒还会导致身体肌肉无力、未老先衰、皮肤粗糙等，甚至还会造成肥胖等疾病的发生。

（3）未成年人饮酒影响身体发育。青少年的食道黏膜细嫩，管壁浅薄，经不住酒精的刺激，饮酒可能会引起炎症或黏膜细胞发生突变。同样，青少年的胃黏膜也比较嫩，酒的刺激可影响胃酸和胃酶的分泌，从而导致胃炎或胃溃疡。还有，摄入酒精后会刺激胃肠道产生不适的症状，还会影响营养的摄入，阻碍未成年人的身体发育。

（4）诱使其他不良行为的发生。酒后打架滋事、聚众闹事等是我们常见的未成年人犯罪行为，这些行为对青少年的危害更大。

实践活动

1. 说一说吸烟饮酒的危害。
2. 如果有朋友约你喝酒，你会如何拒绝？

延展阅读

远离烟酒等不良嗜好

1. 《中华人民共和国未成年人保护法》规定，禁止向未成年人出售烟、酒，经营者应当在显著位置设置不向未成年人出售烟、酒的标志；对难以判明是否是成年人的，应当要求其出示身份证件。

2. 任何人不得在中小学校、幼儿园、托儿所的教室、寝室、活动室和其他未成年人集中活动的场所吸烟、饮酒。

3. 中小学生应树立正确的人生观，明确学习目标和达到目标的方式。和家长、老师保持良好的沟通，就自己的困惑及时进行交流。

4. 提升自己的情操，摒弃社会中的糟粕，追求文明处事交际的方法和手段，如下棋、听音乐、打球、登山、绘画、书法等。

5. 对于同学中的不良习惯，如吸烟、喝酒等，要保持足够的抵抗能力，不参与，不吸第一口烟，不喝第一口酒。对于社会中不良习气对学生的侵扰，可以通过家长、老师或法律途径解决。

第六节　珍爱生命，远离毒品

教学目标

1. 通过本节教学，让学生初步认识毒品，在日常生活中提高警觉。

2. 让学生在学习和生活中养成良好的行为习惯，杜绝不良嗜好，培养坚强的意志，远离毒品的侵害。

教学设计

第一步：案例引入。

第二步：图片展示，认识毒品的危害。

1. 导入长期吸毒人员骨瘦如柴的图片。

2. 出示有关毒品种类、吸毒导致家破人亡、吸毒诱发刑事犯罪、吸毒败坏社会风气、吸毒祸害国家安全等的图片。

第三步：分组讨论。

遇到下面的情况你会怎么办？

1. 一个大朋友要带你去歌厅。

2. 同学递给你一支漂亮的香烟。

3. 一个陌生人给你一颗冰糖模样的糖块，还说特别好吃。

第四步：学习如何远离毒品。

第五步：教师总结。

远离毒品，首先在思想上要高度警惕，其次要保持健康的生活习惯。当直面毒贩或"朋友"的诱惑时，我们需要讲究自我保护的方法和技巧，才能免受毒品的侵害。

案例材料

小雪是父母的掌上明珠，从小聪明伶俐，4 岁开始学钢琴，5 岁学跳舞，并多次在市里比赛获奖。优越的生活条件和自身条件，加上父母的溺爱，使她变得十分任性。上中学后，读书生活的单调、枯燥使她很厌烦，她觉得平淡的生活没有乐趣。一天，几个朋友约她到迪厅去放松放松。没想到一去，她就觉得那地方很有意思、很刺激。于是，她便常常和几个朋友去那里放松。一日，因为考试成绩不理想，挨了家长的批评，小雪又去迪厅发泄，几个哥们儿就劝她去喝酒。喝完酒以后，有人递了个"小糖片"给她，说："你吃吃这个，心情能好一些。"那时候她迷迷糊糊的，拿起来便吃了，吃完就疯狂地跳，感觉很痛快。一次、两次、三次……后来，她才知道她吃的那个"小糖片"叫摇头丸，是一种毒品。就这样，她像一只迷途的羔羊，在泥潭里越陷越深。

老师："毒品"一词，听上去离我们非常遥远，但如果不提高警惕，其伤害就会在我们身边出现。自我们懂事以来，就常听父母和老师说"毒品之毒猛于虎"，他们时刻教育我们要"珍爱生命，远离毒品"，不断地唤起我们对毒品的认识，自觉抵制毒品。

教学内容

1. 毒品的种类

毒品的种类很多、范围很广，依据流行的时间顺序，可分为传统毒品和新型毒品。

（1）传统毒品

传统毒品一般指鸦片、吗啡、海洛因等流行较早的阿片类毒品。

鸦片又叫阿片，俗称大烟，由罂粟果实中流出的乳液经干燥凝结而成，因产地不同而呈黑色或褐色，味苦。生鸦片经过烧煮和发酵，可制成精制鸦片，吸食时有一种强烈的香甜气味，初吸时会感到头晕目眩、恶心或头痛，多次吸食就会上瘾。

吗啡是从鸦片中分离出来的一种生物碱，为无色或白色结晶粉末状，具有镇痛、催眠、止咳、止泻等作用，吸食后会产生欣快感，比鸦片容易成瘾。长期使用吗啡会引起精神失常、谵妄和幻想，过量使用会导致呼吸衰竭而死亡。

海洛因的化学名称是"二乙酰吗啡"，俗称白粉，是由吗啡和醋酸酐反应而制成的，镇痛作用是吗啡的 4 ~ 8 倍，医学上曾广泛用于麻醉镇痛，它成瘾快，极难戒断。历史上，它曾被用作精神药品来戒断吗啡，但由于副作用过大，其最终被定为毒品。

大麻主要指矮小、多分枝的印度大麻，桑科一年生草本植物。大麻类毒品主要包括大麻烟、大麻脂和大麻油，主要活性成分是四氢大麻酚。大麻对中枢神经系统有抑制、麻醉作用，吸食后会产生欣快感，有时会出现幻觉和妄想，长期吸食会引起精神障碍、思维迟钝，并破坏人体的免疫系统。

（2）新型毒品

新型毒品是相对传统毒品而言的，主要指冰毒、摇头丸等人工化学合成的致幻剂、兴奋剂类毒品。

冰毒即"甲基苯丙胺"，外观为纯白结晶体，对人体中枢神经系统具有极强的刺激作用，且毒性强烈。冰毒的精神依赖性很强，吸食后会产生强烈的生理兴奋，大量消耗人的体力，降低免疫功能，严重损害心脏、大脑组织甚至导致死亡。吸食冰毒还会造成精神障碍，表现出妄想、好斗、错觉，从而引发暴力行为。

摇头丸是冰毒的衍生物，具有兴奋和致幻双重作用，服用后会使中枢神经强烈兴奋，出现摇头和妄动行为，在幻觉作用下常常引发集体淫乱、自残与攻击行为，并可诱发精神分裂症及急性心脑疾病，精神依赖性强。

K粉即"氯胺酮"，白色结晶粉末，易溶于水，吸食者服用后遇快节奏音乐便会强烈扭动，会导致神经中毒反应、精神分裂症状，出现幻听、幻觉、幻视等，对记忆和思维能力造成严重损害。

"神仙水"是一种新型毒品，主要成分为 γ –羟基丁酸，俗称"液体快乐丸""神仙水""G水"，是一种无色、无味的液体，也有白色粉末、药片和胶囊等剂型。它与摇头丸、氯胺酮一起并称为三大"迷奸药"，服用后会严重伤害肝脏，造成暂时性记忆丧失，同时也会出现幻觉、呼吸抑制、知觉丧失及昏迷等症状。

2. 毒品的危害

（1）毒品对家庭造成危害。吸毒者在自我毁灭的同时，也破坏着自己的家庭，使家庭陷入经济破产、亲属离散甚至家破人亡的严重境地。

（2）毒品对社会生产力会造成巨大破坏。吸毒首先导致吸食者出现身体疾病，影响生产，其次是造成社会财富的巨大损失和浪费，同时毒品活动还造成环境恶化，缩小了人类的生存空间。据联合国麻醉品管制局公布的最新数字，世界上吸毒人员超过5000万人，每年有几十万瘾君子因吸毒丧命。

（3）毒品活动扰乱社会治安。吸毒者吸食、注射毒品，需要大量的金钱，面对这样高额的费用和强烈的诱惑，他们往往会丧心病狂、不择手段，甚至铤而走险，进行抢劫、盗窃、诈骗、贪污甚至杀人等违法犯罪活动，给社会治安造成严重危害。大量事实证明，吸毒已成为诱发犯罪、危害社会治安的根源之一。

（4）吸毒与艾滋病。吸毒会传染艾滋病。共用针具进行静脉吸毒也是艾滋病的一个主要传播途径，在共用针具进行静脉吸毒时，如果其中一人有艾滋病，其他人也会感染。

3. 珍爱生命，远离毒品

青少年要学会拒绝毒品、预防吸毒，要在平时的学习和生活中养成良好的行为习惯，杜绝不良嗜好，培养坚强的意志品质，增强抵制毒品侵袭的能力。所谓"近朱者赤，近墨者黑"，一些青少年在交友中，在所谓的讲哥们儿、姐们儿义气、虚荣心的驱使和同伴的影响下，很容易沾染毒品。一些毒贩为了拉人下水，会千方百计和你交朋友，想尽

一切办法和借口来引诱人吸毒，所以，同学们要慎交朋友。

吸食毒品伤害的是自己的健康、生命与尊严。尊重自我、懂得拒绝是对自己的生命负责，千万不要碍于情面或朋友义气而接受朋友的引诱与恐吓，走上吸毒的不归路！当我们情绪低落、苦闷沮丧的时候，要寻求正当、健康、合理宣泄情绪的方式，如果靠毒品来纾解一时的空虚，反而会沉沦于毒品之中而不能自拔。

远离是非场所，不随意接受他人给的东西。根据统计，吸毒者和贩毒者经常出没的地方有电玩城、唱吧、网吧、地下酒馆、舞厅等场所，他们往往不择手段地在这些场所设下陷阱，引诱或威胁青少年吸食毒品。犯罪分子还会将毒品掺入糖果、饮料供人吸食，所以我们应该随时提高警觉，在不熟悉的场所中，不要随意接受他人送的东西，以确保自身安全。

实践活动

根据所学知识，制作一张禁毒宣传卡片，并讲给家人、同学听。

延展阅读

国际禁毒日

1987 年 6 月，联合国部长级禁毒国际会议在奥地利首都维也纳举行，138 个国家的 3000 多名代表参加了这次大会。会议提出了"爱生命，不吸毒"的口号，并通过了《控制麻醉品滥用今后活动的综合性多学科纲要》。26 日会议结束时，与会代表一致通过决议，从 1988 年开始将每年的 6 月 26 日定为"国际禁毒日"，以引起全世界对毒品问题的重视，同时号召全世界人民共同来解决毒品问题。同年 12 月，第 42 届联合国大会通过决议，把每年的 6 月 26 日定为"禁止药物滥用和非法贩运国际日"，即"国际禁毒日"。

第七节　预防农药中毒

教学目标

1. 让学生了解农药经过口、鼻、皮肤等进入人体都会引起中毒反应。
2. 了解农药中毒的症状，以及相关的急救措施。

教学设计

第一步：案例引入。
播放近几年有关农药中毒重大事件的新闻图片或视频。
第二步：分组讨论，探索新知。

1．农药中毒的途径有哪些？

引导学生结合刚看的视频案例查找途径。

2．分组互动交流农药中毒的途径。

3．师生进一步归纳农药中毒的三种途径。

第三步：在学生了解农药中毒途径的基础上，引导学生总结在生活中应如何预防农药中毒。

第四步：学习农药中毒的急救措施。

第五步：教师总结。

案例材料

某地 3 名五年级女生放学后路过一片麦田时，看到田地里的麦子即将成熟，便拔下麦穗，揉搓后食用。三人回到家后，相继出现头晕、出汗、恶心等症状，家人急忙把她们送到了医院。经医生诊断，3 名女生的症状都符合有机磷类农药中毒表现，其中 2 名女生病情危重。经过救治，她们终于脱离了生命危险。

老师：农药是为农作物杀虫治病的药品，一般都有毒性，有些农药还含有剧毒。若一不小心将农药沾到皮肤上、由鼻子吸进肺里或者误食了刚打过农药的果实，就会发生严重的中毒事故，甚至危害生命。

教学内容

1．农药进入人体的途径

（1）经口，通过消化道进入。各种农药都可以通过消化道被吸收进入人体，而且经消化道吸收进入体内的农药剂量一般较大，人的中毒病情会相对严重。

（2）经皮，通过皮肤吸收。通过皮肤吸收是最常见的农药进入人体的途径。大部分农药都可以通过完好的皮肤被吸收进入人体，而且在皮肤表面不留任何痕迹，所以经皮肤吸收通常也是最易被人们忽视的途径。当皮肤有伤口时，对农药的吸收量要明显大于完整皮肤的吸收量。当农药制剂为液体或油剂、浓缩型制剂时，皮肤的吸收速度更快。

（3）经呼吸，通过呼吸道进入。人在喷洒和熏蒸农药，或使用一些易挥发的农药时，都可能通过呼吸将农药吸入人体。直径较大的农药粒子不能直接进入肺内，会被阻留在鼻、口腔、咽喉或气管内，并通过这些表面黏膜被吸收；微小的农药粒子能直接进入肺内，并且被快速而完全地吸收。

2．如何预防农药中毒

（1）不能在刚刚喷洒过农药的田间或绿化丛中行走或玩耍，如遇有人在喷洒农药，应立即远离。

（2）不能私自用剧毒农药在住宅区内毒杀老鼠和灭蚊蝇，以免发生意外。

（3）不能捡拾装过农药的瓶子。

（4）刚喷过农药的瓜果、蔬菜，半个月内不得食用。

（5）在食用水果、蔬菜前要将它们洗净、削皮，以防农药残留引起中毒。

3. 农药中毒后的急救措施

由于不同农药的中毒作用机制不同，其中毒症状也有所不同，一般主要表现为头痛、头昏、全身不适、恶心呕吐、呼吸障碍、心搏骤停、休克昏迷、痉挛、激动、烦躁不安、疼痛、肺水肿、脑水肿等，为了尽量减轻症状、减少死亡，必须及时地采取急救措施。

（1）经皮肤引起中毒的急救措施。当农药通过皮肤进入人体而引发中毒时，要立刻脱掉中毒者被污染的衣物，快速用清水冲洗皮肤，或者用碱水、肥皂水冲洗。如果农药不小心进入眼睛当中，要立即用淡盐水反复冲洗，再使用氯霉素眼药水滴冲。

（2）经呼吸引起中毒的急救措施。当有人因吸入农药而引发中毒时，需要立刻解开其衣领腰带，如果中毒者佩戴了牙套或者口腔内有分泌物，要及时清理干净，还要将其转移到空气新鲜的地方，让其仰卧，头部向后仰，保持呼吸道通畅，及时送医或拨打"120"救护电话。

（3）由误食引起的中毒急救措施。如果不小心喝了农药而引发中毒，要及时去医院采取导泻、洗胃、引吐、解毒剂等方式治疗。

实践活动

请同学们分组讨论：若遇到农药中毒，应采取哪些简单的急救措施？

延展阅读

农药残留的危害

农药残留指在农药使用后残存于生物体、农产品（或食品）及环境中的农药母体，以及具有毒理学意义的衍生物，如代谢物、转化物、反应物和杂质。农药残留对人体的危害如下：

（1）诱发长期慢性病症。农药残留会导致人类大脑功能紊乱，从而诱发一些无法医治的疾病，如帕金森病、早老性痴呆、心脑血管病、糖尿病、神经疾病及不孕不育症等。当前这些疾病的发生率逐年增高，与食用农药残留的蔬菜、水果等有直接关系。

（2）引起肝脏病变。残留农药进入人类机体后，主要依靠肝脏造酶来吸收毒素，然后进行氧化分解，但是，随着农药残留越来越严重，肝脏负担会严重超标，长期的超负荷工作会导致肝脏机能下降，引起肝硬化、肝积水等一些肝脏病变，从而降低肝脏的吸收分解功能。

（3）导致癌症、畸形和基因突变。农药残留中的化学物质是有剧毒的，进入人体内会促使人体的各个组织内细胞发生恶变，甚至会通过胚胎将毒素传给下一代，造成基因突变，导致胚胎畸形，甚至导致癌症的发生，这种现象对于人类来说是一种巨大的危害。

第八节　保护好我们的肠胃

教学目标

1. 初步认识肠胃的功能，知道科学合理的饮食对肠胃和身体有益，知道不良饮食习惯对身体健康的危害。

2. 了解饮食的一些基本常识，知道哪些食物能导致中毒或损害健康。

3. 了解保护肠胃的重要性，增强保护肠胃的意识，养成科学健康的生活习惯。

教学设计

第一步：案例引入。

第二步：出示图片，认识肠胃。

小结：食物进入人体内，要经过口腔、食道、胃、小肠、大肠五个器官。胃主要是促消化的器官，通过胃的挤压和胃酸的作用，把食物细化，几乎不吸收营养。肠是吸收营养的主要场所，也有很小的消化作用。肠胃对人体来说非常重要，我们一定要学会保护我们的肠胃。

第三步：如何保护我们的肠胃？

1. 不要暴饮暴食。

2. 做到"六不吃"。

3. 做好营养搭配。

4. 饭后不能立即运动。

5. 注意饮食卫生。

第四步：知识拓展，阅读"延展阅读"材料。

案例材料

滨滨从小就爱挑食，喜欢吃辛辣刺激的食品，尤其喜欢吃辣条。可是最近一年，滨滨开始频繁腹痛，几乎每天都会发作，每次疼痛持续至少半个小时。因为疼痛尚在可承受范围，滨滨又忙着学习，不想请假到医院就诊，他有时候就让母亲给他买点胃药，服用后缓解一下。

这个春节，滨滨的胃痛又开始反复发作了，于是妈妈带他去儿童医院消化内科就诊。在医生按压腹部时，滨滨能感到明显疼痛，而且频频伴有嗳气打嗝的情况，加之持续腹痛时间已达1年，于是医生建议滨滨做胃镜检查。再三考虑后，滨滨同意了。

经胃镜探查发现，当内镜抵达胃部时，几乎满视野都是溃疡糜烂病灶，尤其是胃窦部更是明显，多发大片溃疡，颜色鲜红，胃底还有糜烂出血。最后，滨滨被诊断为胃溃疡。

老师：滨滨的案例说明了什么问题？

学生：不能吃垃圾食品。

老师：除此之外，我们该如何保护我们的肠胃呢？

教学内容

1. 认识肠胃

肠胃一般指消化系统的胃和小肠、大肠部分。胃和小肠是营养吸收的核心，人体所需的营养几乎都要经过肠胃，肠胃是消化最重要的器官。

胃像一个大布袋，是一切食物进入人体后的储藏室。食物沿食道下滑，就来到了胃，在胃里需停留 4 ～ 6 个小时。这段时间内，胃不停地蠕动，并分泌出大量的胃液，将食物磨碎并与胃液搅拌在一起。在这个过程中，食物逐渐被消化和分解。可见，胃不但能够储存食物，还能消化食物。

肠道的长度因人而异，儿童的肠道相对比成人长，一般为身长的 5 ～ 7 倍，而成人的则为身长的 4.5 倍。肠道分小肠和大肠，又细又长的是小肠。小肠是消化系统中最长且弯曲最多的一段。小肠分泌的肠液和肝分泌的胆汁，还有胰腺分泌的胰液，同心协力把经过小肠的食物消化掉。小肠壁上还长着一层绒毛，看上去就像天鹅绒一样，这些绒毛会把食物中的养分吸收走，运送到身体的各个部位，转变成能量被人体利用。所以说，小肠是消化食物和吸收营养最重要的部位。大肠比小肠粗，肠壁较薄，它的作用也很重要。食物中有许多不能被小肠吸收的食物残渣，比如不被消化的纤维素、细菌之类，会被大肠收留。大肠把其中一部分的水分和维生素吸收，剩下的会变成粪便，被排出体外。

2. 如何保护肠胃

（1）不要暴饮暴食。暴饮暴食会大大加重肠胃的工作负担，很容易造成消化不良，尤其当吃一些肉食等不容易消化的食物时，更要细嚼慢咽。肠胃器官如果长时间超负荷工作，就会出现问题，造成各种肠胃疾病。

（2）做到"六不吃"。不吃生冷食物，不吃不洁瓜果，不吃变质食物，不吃未经高温处理的饭菜，不喝生水，不吃或少吃零食。

（3）做好营养搭配。要保证生长发育所需的足够的蛋白质、维生素和其他营养的摄入，多吃水果和蔬菜。

（4）饭后不能立即运动，运动后不能立即进食，也不要吃了便睡。这样对肠胃不利，还影响消化吸收，易感染疾病。

（5）饮食卫生很重要。饭前便后要认真洗手，尽量使用公筷公勺。不挑食偏食，吃饭时不狼吞虎咽。运动中不要大量喝水，饭后不要马上洗澡等。

实践活动

向家人、朋友宣传不良饮食习惯给身体带来的危害。

延展阅读

为什么要"食不语"

进食时把注意力集中在饮食上，既能增进食欲，又有助于消化和吸收。食物的消化和吸收过程是由神经系统控制的，如果食物的信号能较强地传入大脑皮质神经系统，就会促使条件反射出现、唾液分泌增加，从而增强食欲。同时，食物性嗅觉刺激会促使胃肠蠕动和消化液分泌增加，尤其会增加胃液的分泌。如果吃饭时嬉闹，注意力不集中，食物对大脑皮质神经系统的刺激信号减弱，就会使唾液、消化液分泌减少，经常这样，就可能会造成消化功能混乱，影响健康。另外，吃饭时说笑嬉闹很容易把食物呛入气管，造成气管堵塞或者吸入性肺炎，严重的还会因气管异物堵塞呼吸道而死亡。故古人言"食不语"，就是为了避免"纳食不香""食不知味"和发生意外。

第二章　生长发育与青春期保健

第一节　青春期的认识

教学目标

1. 通过学习，了解青春期的心理变化和身体变化，让学生正确认识青春期。
2. 引导学生正确看待第二性征，从心里接纳自己的身体变化。

教学设计

第一步：案例引入。

第二步：出示图片资料，分析青春期生理方面的变化。

1. 身高、体重突增。

2. 神经系统、心脏和肺功能明显增强。

3. 男生女生的性器官迅速发育，出现第二性征。

第三步：认识青春期心理特点。

让学生画出自己最近两天的喜怒哀乐，同桌之间互相讲一讲。

教师小结：看到同学们都笑得那么开心，老师也感到很高兴，希望同学们总是能这样开心。但是，我们的生活不可能总是一帆风顺的，高兴、悲伤、生气等都是人的情绪。一般来说，人类具有"七情"，即喜、怒、忧、思、悲、恐、惊。我们每天都会有情绪的变化，只是青春期的我们情绪变化更明显一些，这些都是正常的。

第四步：教师总结。

案例材料

五年级的时候，瑶瑶和小天还是非常要好的朋友，两人经常在一起玩。可是最近，两人开始疏远了。瑶瑶发现，自己的身体与以前相比，发生了很大变化，乳房开始迅速长大，妈妈还要求她穿上内衣。走在路上，瑶瑶总觉得有人在盯着她看。在班上，她一看见小天就脸红，总是有意无意地避开小天。

老师：天空是鸟儿的世界，天空因飞鸟而蔚蓝；大海是鱼儿的世界，大海因游鱼而奇妙；花丛是蝴蝶的世界，花丛因蝴蝶而美丽。同样，世界是我们的天空，世界因我们而更加灿烂，我们的青春我们自己来做主。孩子们，当你发现自己的身体和心理出现了变化，不要害羞，不要苦恼，这说明你们长大了！今天，让我们一起正确认识青春期，认识青春期的你们会有什么变化。

教学内容

1. 什么是青春期

青春期是以性成熟为主的一系列生理、生化、内分泌及心理、行为的突变阶段。青春期的个体正处在第二次生长发育高峰，不仅身高、体重、肩宽和骨盆宽等有了明显的变化，而且神经、心血管、呼吸等系统的生理功能也日趋完善，性器官和性机能都迅速成熟，男性出现遗精、女性月经来潮，同时出现"第二性征"，生理上的变化带来了性意识的觉醒。一般来说，女性比男性青春期开始得早，结束得也早。青春期的起始年龄、发育速度和程度及成熟，均有很大的个体差异。

2. 青春期的表现

青春期的男生女生特别关注自己的形象，他们强烈地渴望了解自己的体貌，如身高、胖瘦、体态、外貌、品位，并喜欢在镜中研究自己的体貌，并开始注意自己的仪表风度，还特别注意别人对自己外表的反应。

能力和学业成绩更加影响着青春期男生女生对自己的能力和在群体中的社会地位的认识，并逐渐影响着他们对自我的评价。因此，能力和学习成绩是青少年儿童关注自我发展、体现自我价值的重中之重。他们认认真真地看待自己个性特点方面的优缺点；在自我评价中，也将个性是否完善放在首要地位；对他人针对自己个性特征的评价非常敏感。他们在受到肯定和赞赏时，内心深处会产生强烈的满足感；在受到批评和惩罚时，会感受重大打击，容易产生强烈的挫折感。这是学校和家庭教育不可或缺的心理依据。

3. 青春期的生理变化

（1）形态的发育。青春期形态发育最明显的特点是身高和体重的迅速增长。青春期以前，儿童的身高每年平均长 3 ~ 5 厘米。步入青春期后，女孩每年增高 4 ~ 10 厘米，男孩每年增高 6 ~ 12 厘米。青春期人的身体增高主要是由于下肢骨的增长，体重迅速增加是由于骨骼、肌肉和内脏等的迅速生长发育，而这些变化与营养、睡眠、体育锻炼等有密切的关系。

（2）内部机能的发育。进入青春期，人在形态发育的同时，体内各种组织、器官的生理功能也发生了明显的变化。同时，这一时期人大脑皮层的内部结构和功能不断分化和完善，脑的沟回增多、加深，脑神经纤维变粗、增长，使大脑对人体的调节功能大大增强，兴奋过程和抑制过程逐步平衡，分析、理解和判断问题的能力有了很大的提高。因此，孩子的好奇心、求知欲、记忆力大大增强，容易接受新事物，所以青春期是学习知识、发展智力的"黄金时期"。人在 10 岁时心脏的重量约是新生儿心脏的 6 倍，而到青春期后期可增加到新生儿心脏的 12 倍，心肌的增厚使心脏的收缩力增强，心脏供血能力显著提高，保证了青春期日益旺盛的新陈代谢的需要。肺活量表示肺的功能大小，青春期时人的肺活量显著增大，10 岁时肺活量只有约 400 毫升，到了 14 ～ 15 岁就增加到约 2500 毫升，男生到 17 ～ 18 岁、女生到 16 ～ 17 岁时肺活量可以达到约 4000 毫升，接近成人水平。

（3）性器官的发育。性器官的发育和性功能的成熟是青春期发育的突出特征。人的生殖器官的生长发育在童年期几乎处于静止状态，进入青春期后，在垂体分泌的促性腺激素的作用下，睾丸或卵巢迅速发育。此时，男性的睾丸开始增大，内部结构逐渐发育完善，并能产生精子，分泌雄性激素，开始出现遗精现象；女性的卵巢发育也加快，并能产生卵细胞，分泌雌性激素，开始出现月经。男生首次遗精或女生月经初潮，则标志着青春期性功能发育的开始。性器官分泌的性激素可以促进生殖器官的发育和第二性征的出现。男女两性生殖器官的差异叫作"第一性征"，进入青春期后，男女还出现了除性器官以外的各自所特有的特征，叫作"第二性征"。男性的第二性征主要表现在长胡须、喉结突出、声音变粗、声调变低等；女性的第二性征主要表现在骨盆宽大、乳房隆起、声调较高等。

4. 青春期的心理变化

青春期是生长发育的高峰期，也是心理发展的重大转折期。随着少男少女自我意识的形成，他们的独立性急剧增强，不再被动地听从父母的教诲和安排，而是渴望用自己的眼睛看世界，用自己的标准衡量是非曲直。这种从被动到主动、从依赖到独立的转变，对于青少年来说是成长的必由之路。

进入青春期，少男少女结束了"少年不知愁滋味"的孩童时代，进入了"多事之秋"。此时，由于心理的不断发展，他们的情绪自控能力比孩提时有了较大的提高，学会了掩饰、隐藏自己的真实情绪，出现了心理"闭锁"的特点。过去爱说爱笑的孩子，进入青春期可能会变得沉默寡言，他们常把自己关在房间里，很少和父母交谈，甚至拒绝父母的关爱。

青春期是长大成人的开始，是由不成熟向成熟的过渡，这一过程对青少年来说是漫长而痛苦的。此时，他们既非大人，又非儿童，原来的孩童世界已被打破，但新的成人世界又尚未建立，因此，他们的内心充满了矛盾和冲突，比如，生理成熟提前和心理成熟滞后的矛盾，独立意识增强与实际能力偏低的矛盾，渴望他人理解但又心理"闭锁"

的矛盾。

青春期的少男少女情绪容易波动，而且表现为两极性，有时心花怒放、阳光灿烂、满面春风，有时愁眉苦脸、阴云密布、痛不欲生、暴跳如雷，可以用"六月天孩子脸"来形容。处在青春期的学生渐渐从家庭游离，更多地与同伴一起交流、活动，结交志趣相投的同学为知心朋友，他们可能会无话不谈、形影不离，视友谊至高无上。这些举止往往令家长很难理解，而这恰恰是典型的心理断乳表现，只是发生得太快，家长没有心理准备。此时的家长对他们越是束缚，他们会离家长越远，有的甚至逃离家庭去投奔朋友。

青春期是性心理萌芽期，表现为开始比较注意自己的形象，特别是注意异性同学对自己的评价，也尝试与异性交往。但是，在交往过程中，他们的心理变得很复杂：一方面渴望接近对方，另一方面又很害怕别人发现，结果使男女生之间的交往显得神神秘秘、羞羞答答，反而别扭。一般情况下，他们并不是真正意义的恋爱，只是彼此有共同的语言，喜欢一起交流和彼此欣赏。但是，由于表现别样，他们可能会成为同学们的谈资，一经夸大就会令他们非常尴尬。因此，由与异性同学交往而引发的严重心理负担，很可能会直接影响到学习和生活。

实践活动

当你进入青春期后，对妈妈爸爸的教育方式会有很多自己的想法。你觉得爸爸妈妈该怎样做才好呢？请把自己的想法写下来，回家之后跟爸爸妈妈好好聊一聊。

延展阅读

青春期是一次新生

青春期，从字面上理解是"成长"的意思。从理论上讲，青春期是指童年与成年之间的一个特殊阶段，但是实际上它通常被简单地定义为青少年时期，也就是所谓的"十来岁"的那些年。一般认为，到了18岁，就算童年结束，成年开始了。

心理学家和教育家斯坦利·霍尔把青春期比作"狂飙运动"，意思是说这是一个情绪躁动的时期，此时人的行为既可以安静内敛，也可以鲁莽冲动。青春期的孩子渴求强烈的情感和新的感觉，对自我和环境的意识大幅提升，对事物的感受更加敏感，感官上有自己的追求。于是，青春期的孩子开始揣摩"言外之意"，自我意识的提升还使他们有了批评和自我批评的能力。另外，青春期也容易产生抑郁，使自己心志消沉、怀疑自己，似乎有不能克服的性格缺点，以及幻想没有希望的爱情等。

总之，青春期是让一切变得更好的必要开端，青春期的到来让我们逐渐拥有更高级、更复杂的人类特质，青春期是一次新生！

第二节 女生青春期保健

教学目标

1. 了解女生青春期身体和心理的变化有哪些。
2. 认识到月经初潮标志着女生青春期的到来，是正常的生理现象。
3. 让女生掌握生理期的卫生保健知识。

教学设计

第一步：案例引入。

课件展示青春期少女的身体变化特征。

第二步：活动调查。

先在班级调查女生中来月经的人有多少，询问她们第一次来月经时的感受，从而引入初潮的话题。

第三步：播放动画视频，帮助学生理解初潮的形成。

1. 引导学生注意生理期卫生及心理调节。
2. 了解月经期伴发的症状。
3. 学会选择正规厂家生产的卫生棉。

第四步：知识延展，阅读"青春期女性乳房保护"相关材料。

第五步：教师总结。

案例材料

女生小雅刚上初一，这天正在上课时，她突然发现自己身下不受控制地有一股液体涌了出来。她感觉非常的不适，肚子还有坠痛感。好不容易熬到了下课，小雅赶紧跑到厕所，才发现自己的内裤上被血染红了。

小雅吓得不行，还以为自己哪儿碰着或者摔着了，当即用学校的电话哭着给妈妈打电话。小雅妈妈先让她镇定下来，让她说明具体的出血位置。问清楚之后，小雅妈妈知道女儿的生理期来了。

妈妈赶紧请了假，买好卫生巾，第一时间赶到了学校。看到妈妈到了之后，小雅害怕的心才有了些许的安全感。

小雅的妈妈原以为孩子还小，就没来得及告诉女儿什么是"生理期"。没想到孩子这么快就长大了，看到女儿害怕的样子，妈妈特别自责。回家后，经过妈妈耐心地讲解，小雅才知道这是每一个女孩都要经历的生理现象，这代表着她已经长大了。

老师：亲爱的女同学们，月经的到来，说明你们已经长大了，不再是小孩子了。初

来月经的你，如果毫无防备，很可能会弄脏内裤，造成尴尬场面，你可以在书包中常备女性卫生用品。刚开始时，月经周期可能极不规律，有时会相隔一个月，甚至六个月，这些现象都是正常的，不必紧张。另外，进入青春期后，男性会更加关注你，这时一定要注意保护好自己，穿着不要暴露，不要单独出远门，更不能乱交朋友，以免上当受骗。

亲爱的男同学们，这时候也要学习关爱女生、帮助女生呀！

教学内容

1. 青春期女生的第二特征

青春期是人生第二次生长发育高峰，这一时期的我们，不仅身高、体重迅速增加，体型向成人型发展，身体各器官的功能也日渐完善，大脑神经系统逐渐成熟，更突出的是性器官和第二性征开始发育成熟，这是青春期最显著的特点。

女性的第二性征是指除生殖器官外，可以区别男女两性的外部特征。这一时期，女性变得皮肤细嫩，嗓音尖细柔润，乳房隆起，肌肉柔韧，脂肪分布于肩膀、胸部、臀部，形成女性特有的体态。

2. 什么是月经初潮

月经是指女性随卵巢的周期性变化，有规律的、周期性子宫内膜脱落及出血的生理现象，是生殖功能成熟的标志之一。月经大约每隔28天（25～35天）出现一次，持续的时间一般为2～7天，大多数为3～6天。月经初潮的年龄通常在11～13岁（早的可在10岁，晚的可到18岁），月经初潮标志着女性青春期的到来，是每个女性到一定年龄具有的正常生理现象。

女性的第一次月经称为月经初潮。因为这时的卵巢（分泌激素和产生卵子的器官）功能还没有健全，脑垂体分泌性腺激素的反应也比较差，所以在月经初潮后的一年内，月经经常是没有规律的，有的几个月不来，有的间断没有规律，有的经期长短不一。据统计，月经初潮到第二次月经来潮间隔的时间的正常范围在9个月以内，从月经初潮到正常周期月经的时间的正常范围在2年内。正常排卵功能的建立是女性发育成熟的真正标志。

3. 月经期伴发的症状

一般月经期无特殊症状，常见伴发症状如下：盆腔淤血，下腹及腰骶部有下坠感；膀胱刺激症状，个别可有尿频；自主神经功能紊乱症状，如头痛、失眠、忧郁、易激动；胃肠功能紊乱，如缺乏食欲、恶心、呕吐、便秘或腹泻；其他症状，如鼻黏膜出血、皮肤痤疮等。这些症状一般不严重，不影响学习与生活。

4. 经期保健

月经虽然是正常的生理现象，但是在经期，全身及生殖器官局部的防御机能均会发生暂时性的减退，因此，女性在月经期间需要做好卫生保健。

（1）保持阴部卫生。月经期间，生殖器官的局部防御机能减退，同时经血又是细菌生长繁殖的良好培养基，所以很容易发生细菌感染。因此，月经期要每天清洗外阴，保持外阴的清洁与干燥。

（2）保持经期用具的卫生，卫生巾要经常更换。

（3）加强饮食卫生。少吃辛辣、生冷的食物，多吃蔬菜、水果和易于消化的食物，以此保持大便通畅，减少盆腔充血。多饮开水，增加排尿次数，以冲洗尿道，预防炎症发生。

（4）加强保暖。经期抵抗力下降，盆腔充血，如果受凉，会刺激盆腔血管收缩而减少月经血量，导致痛经或月经失调，有时还会导致停经。

（5）适度活动。适当的活动有利于盆腔内的血液循环，减少盆腔充血，所以可以正常进行一般强度的活动，但要避免过度。

（6）保持心情愉快，避免因情绪的变化而引起的月经不调。

实践活动

青春期的我们应该注意哪些事情？回家向妈妈请教一下吧。

延展阅读

青春期女性乳房保护

女性进入青春发育期，最先发育的是乳房。在体内雌激素的影响下，女性的乳腺开始发育，这时乳房内除了许多细长的乳腺管不断发育外，还积累了不少脂肪，由于乳腺组织较硬而脂肪组织较柔软，所以乳房日渐隆起，而且富有弹性，成为女性成熟的标志。

乳房刚刚发育期间，应避免约束和压迫，内衣要稍微宽大一些，不要戴胸罩，不要穿过于紧身的内衣，这样不但影响乳房的发育，还会影响胸廓和心肺的发育，不利于健康。

当乳房进一步发育、比较丰满时，就需要戴合适的胸罩了。戴胸罩可以保护乳房，使它得到均匀的发育，并且避免在走路或运动时，由于乳房大幅度的摆动而引起的不舒适。胸罩的大小要合适，可以稍微宽松一点。最好选用柔软布料的胸罩，有利于通气和吸汗等。

晚上睡觉时要脱掉内衣，以免内衣过紧，影响血液循环。要保持内衣清洁干净，勤换洗，在太阳光下晾晒。

第三节　男生青春期保健

教学目标

1. 让男生了解青春期身体的变化有哪些。

2. 正确认识遗精是一种正常的生理现象，它是生殖系统成熟的标志。

3. 了解变声期的特点，掌握变声期以及青春期的卫生保健知识。

教学设计

第一步：案例导入。

导语：同学们想一想，随着年龄的增长，我们的身体都发生了哪些变化？我们心里想的又和以前有什么不一样呢？

（引导学生讨论，按照生理和心理两方面进行分类。）

第二步：观看视频，激发学习兴趣。

播放关于"青春期男生"的相关教育视频。

1. 男生青春期有什么特征？

2. 男生青春期生理的变化有哪些？

第三步：讨论交流。

1. 教师组织学生分组讨论男生青春期应如何保健，引导学生正确看待青春期的生理及心理变化。

2. 学生发表观点，教师归纳总结。

第四步：教师总结。

案例材料

小远唱歌特别好听，同学们都夸他是小歌手。可最近，小远的烦恼出现了，他发现自己的声音变得粗哑起来，唱起歌来像嘶吼，同学们也都不愿意听他唱歌了。不但如此，小远还发现自己的脸上长出了青春痘。为此，他烦恼不已。

老师：同学们还记得什么是青春期吗？

学生：记得。

老师：青春期是由儿童发育到成年的过渡时期，这个时期一般持续 10 年左右，即女孩 10 ~ 18 岁、男孩 12 ~ 20 岁为青春期。每个青少年进入青春期的年龄和时期都因遗传、营养和运动等因素有所不同，其中 10 ~ 15 岁这 5 年发展速度最快。很多同学在进入五六年级以来，身体发生了一些比较大的变化。那么，男同学会有哪些变化呢？今天，我们就一起来了解一下吧。

教学内容

1. 青春期男生的第二特征

青春期男性的第二性征，主要标志如下：体格高大，一般比女子个子高；肌肉发达，肩宽体壮；喉结突出，声音雄壮；体表常有多而浓密的汗毛，开始长胡须。

对男孩而言，青春期开始的最常用标准是夜间遗精，这是男性生殖器官排出过多精液的正常方法。遗精常常伴随着一些夜间梦境，所以又叫梦遗，但也有些男孩不出现这种情况。遗精是一种正常的生理现象，它是生殖系统成熟的符号。

2. 男生变声期

声带和喉部的变化导致青春期男生的声音出现了显著改变，稚气的童声逐渐消失了，发音频率变低，声调变得粗而低沉。这是青春期的"小插曲"，只是个短暂的过程，不必担忧。

变声期可分为变声初期、变声期和变声后期。声带发生变化是变声期的一个重要表现。到了青春期，女孩子的喉部变得狭小，声带较短、较薄、振动频率高，所以音调较高而细；男孩子的喉腔较大，声带较宽、较厚，所以音调较低沉而粗。

男生一般在十二三岁至 16 岁左右步入变声期，女生一般在 13 ~ 15 岁，最迟到 16 岁左右，一般要持续半年或一年。这个时期他们的喉头、声带不断地生长发育，出现声音嘶哑、音域狭窄、发音疲劳、声带充血水肿、分泌物增多等现象，这时候，如果合理地使用嗓子、科学地调理饮食，今后的嗓音将会变得动人而有磁性。

3. 男生变声期的保健

有关专家指出，在变声期里要特别注意保护好嗓子，否则会使嗓子沙哑，甚至终身成为"沙喉咙"，不仅不能唱出美妙的歌声，就连平时说话也不好听。所以，正在变声期的你要注意以下几点：

（1）控制音量，不要大喊大叫。长时间使用嗓子，会造成声带黏膜充血、发炎、声带肥厚或声带闭合不全，因此在变声期不要做过度的发声练习，那样容易损伤嗓子，影响其正常健康发育。

（2）劳逸结合，预防上呼吸道感染，适量饮水。饮水能减少或清除咽喉部的分泌物，减少咽喉炎的发生。如果感到嗓子发痒或者轻微疼痛，应多喝温开水，少说话或者不说话，让声带充分休息，必要时到医院诊治。

（3）远离烟酒、尘埃及有害气体的伤害。由于变声期间声带比较脆弱，尼古丁的侵蚀和酒精的刺激会给嗓子带来很大损伤。同时，空气中的尘埃和有害气体，例如甲醛，对嗓子的损害也比较大。

（4）调理饮食。补充蛋白质、B 族维生素和钙，以促进发音器官的健康发育。少吃或不吃辛辣刺激性食物。辣椒、大蒜、胡椒粉等辛辣食物，会刺激喉腔黏膜，容易引起咽喉部炎症。

4. 男生青春期保健

（1）外生殖器的保护。男生的整个外生殖器，包括阴茎和阴囊，是身体重要的组成部分。睾丸对外界的压力十分敏感，即使是用很小的力道捏一下，也会让人痛得难以忍受。同时，阴茎和阴囊对机械刺激很敏感，应注意避免碰撞、摆弄捏玩。下面几种情况可能会引起外生殖器损伤：打闹和摔跤时撞到生殖器；骑车时的颠簸或碰撞使外生殖器受到来自下方的撞击；踢球时的拼抢、冲撞造成外生殖器受伤。在遇到这类情况时，睾丸通常会因阴囊受到撞击而反射性地向上收缩，以缓解冲击力量，使损伤减轻，此时应立即站起来使劲蹦跳，力争使其归位，然后赶往医院进行治疗。

（2）外生殖器的清洁。每晚用干净的温水清洗外生殖器，勤换内裤，洗澡时要将包

皮翻过来用水冲洗干净。如不注意保持清洁，积垢会引起炎症，严重时可影响排尿。

（3）遗精的处理。进入青春期后，男生每月会出现 1~2 次梦遗，量不是很多，通常会导致人醒来，梦遗是一种正常的生理现象，应消除不必要的紧张和焦虑心理，平时备一条小毛巾，如夜里"有情况"，用毛巾擦拭干净即可。另外，内裤宜用软质布料，不宜过紧，以免刺激外生殖器。

实践活动

面对青春期的变化，你有什么困惑和疑虑？不要害羞，去请教爸爸吧。

延展阅读

为什么会变声

男孩在青春发育期间会出现声音嘶哑、音调低沉、发音走调、咽喉部有异物的感觉，如果请五官科医生用喉镜检查一下，还可以发现声带充血、肿胀、分泌物增多等症状，这正是变声的表现。这一时期，男孩的嗓音会从稚嫩的童音转变为粗而低沉的男性成人声音。

变声期是每个青少年都要经历的，只是相比较而言，男孩变声更明显一些。那么，为什么男孩会经历一个明显的变声期呢？人之所以能发出声音，主要靠人体里的发声器官即声带振动。进入青春期后，男孩由于体内雄性激素的作用，喉头开始变得粗大，左右两块方形软骨构成的夹角变小，并向前凸出，形成男子特有的喉结。喉头的前后径也增宽，位于甲状软骨后的声带也同时增长、增宽、增厚，这时发出的声音就会变得粗而低沉。而女孩由于体内分泌的雄性激素量少，喉部发育不明显，一般不会出现喉结，声带也不会明显增宽、增厚，所以声音仍然是又尖又高，不会像男孩那样出现明显的声音变化。

第三章　心理健康

第一节　学会管理时间

教学目标

1. 让学生学会管理自己的时间，给将要做的事情做好分类，提高学习效率。
2. 让学生掌握提高学习效率的方法，明白拥有一个健康的身体有利于提高学习效率。

教学设计

第一步：案例引入。

1. 引导学生讨论本课案例：小明起床这么早，为什么还迟到了？

2. 如果你是小明，你会怎么做？

第二步：游戏激趣——学习如何进行时间管理。

1. 课件出示放学后需要做的十件事，让学生排序。

2. 教师指挥，组织两位同学表演"赶火车"。

小结：一个人要想攀登上事业的高峰，就必须学会管理自己的时间。同样，作为一名小学生，要想在学校生活中取得最大的成功，就必须会管理自己的时间。时间是一种重要的资源，它具有不可变性、无存储性和无可替代性。"少壮不努力，老大徒伤悲"，学会管理和利用自己的时间对我们尤为重要，不要等老了之后再去后悔。

第三步：学习如何提高学习效率。

第四步：课堂实践。

让学生做一份课余时间规划表，比一比谁做的计划最科学。

案例材料

小明是小学 6 年级的学生。早上，他 6 点就醒了，用了半小时洗脸穿衣。当他坐在书桌前准备早读时，发现自己不知道该先读什么书，拿起英语课本觉得应该先读语文，拿起语文课本又觉得应该先读英语，就这样又半个小时过去了，他什么都没有读。等他吃完早饭，已经是 7 点 40 分了。妈妈催他去学校时，他才发现书包还没有收拾好，结果今天又迟到了！

老师：世界上有一样东西是绝对公平的，那就是时间。每人每天拥有的时间都是一样的。有的人用它读书、工作，有的人用它打扑克消磨时间，有的人用它完成一项发明，有的人则用它睡觉。人们对时间的利用千差万别，不管怎样努力都无法改变它的脚步，让它加快或慢下来。那么，我们该如何管理自己的时间，更好地提高学习效率呢？今天我们一起来探讨。

教学内容

1. 如何进行时间管理

时间管理，就是通过事先计划并运用一定的方法、技巧，对自己的时间进行灵活、有效的利用，以更好地实现自己目标的过程。

随着我们逐渐长大，需要做的事情也越来越多，利用好时间，高效地完成学习、生活的任务是我们必须掌握的技巧，那我们该如何给将要做的事情分类呢？可以把事情按

照重要性和紧急性分成四类：重要并且紧急的事情，比如今天应该完成的作业，这是首先要做的事情；重要但不紧急的事情，比如培养一个有益的兴趣爱好，这类事情在有紧急事情的时候可以先不做，但是一旦有时间就应该去做；不重要但紧急的事情，比如我们要提交的和学习无关的材料，这类事情要尽快做完，将时间留给重要的事情；不重要也不紧急的事情，比如打游戏，这类事情没有意义也不紧迫，就不需要做或延后再做。通过把事情分为轻、重、缓、急四类，就可以更好地利用时间。

2. 如何提高学习效率

一个人事业的成败，在很大程度上取决于他对时间的利用。我们常常能听到"企业效益"这个词，指的是企业投入与产出的一个关系：投入小而产出大，效益就好；反之，投入大而产出小，效益就不好。在学习效果与学习时间上，同样有一个效率的问题。想提高学习效率，就要做到以下几点：

首先，在学习上要主动。只有积极主动地学习，才能感受到其中的乐趣，才能对学习越发有兴趣，有了兴趣，才能在不知不觉中提高效率。有的同学基础不好，在学习过程中总是有不懂的问题，但又羞于向人请教，结果是郁郁寡欢、心不在焉，根本无从谈起提高学习效率。这时，唯一的方法就是主动向人请教，将不懂的地方彻底弄懂，一点一滴地积累，才能进步。学习过程中，把各科课本、作业和资料有规律地放在一起，待用时，一看便知在哪里。有的同学找某本书时，东找西翻也找不到，时间就在忙碌而焦急的寻找中逝去，事实证明，没有条理的学生学习成绩不会好到哪里去。

其次，玩的时候痛快玩，学的时候认真学。一天到晚伏案苦读，不是良策，学习到一定程度就要休息、补充能量。但学习时，一定要全身心地投入，手脑并用，要有陶渊明"虽处闹市，而无车马喧嚣"的境界。

最后，要坚持体育锻炼，守护身体健康。没有一个好的身体，再大的能耐也无法发挥，所以，学习再繁忙，也不可忽视锻炼。有的学生为了学习而忽视锻炼，身体越来越弱，学习越来越感到力不从心，这样怎么能提高学习效率呢？另外，要把个人和集体结合起来，和同学保持互助关系，团结进取，也能提高学习效率。每天还要保证充足的睡眠时间，晚上不要熬夜，定时就寝。如果时间允许，中午可以小睡一会儿。充足的睡眠、饱满的精神是提高效率的基本要求。

实践活动

你是否经常愤愤不平：为什么我整天除了学习就是学习，但学习成绩还是上不去呢？而班上有的同学又是打球，又是看课外书，学习时间并不太多，成绩却出类拔萃？那么，赶紧反思一下自己的"时间管理"吧！

延展阅读

课前预习有助于提高学习效率

课前预习是学生学好新课、取得良好学习成绩的基础，如果不搞好课前预习，上新课时就会心中无数、不得要领、消极被动，不容易消化当天所学的知识。反之，如果做好了课前预习，不仅可以培养自己独立思考问题的能力，而且还可以提高学习新课的兴趣，掌握学习的主动权，提高学习效率。预习后，对新课有了初步的了解，知道自己有哪些问题弄不懂，上课时就可以集中精力对付新课的重点和自己不懂的难点，配合老师授课，及时消化新知识和掌握新技能。

第二节　与异性交往的原则

教学目标

1. 让学生理解进入青春期后，向往异性是一种正常的生理反应和心理现象。
2. 学会如何正确与异性交往，把握与异性交往的原则。

教学设计

第一步：案例引入。

第二步：分组讨论，引导学生正确认识青春期的心理变化。

1. 当你和异性同学交往，引起别人的误会时，你会怎么做？

2. 假如本班的一位异性同学和你的兴趣、爱好都相同，想和你成为知心朋友，你会怎么做？

学生自由发表观点，教师总结。

第三步：学习与异性同学交往的原则。

第四步：投票选出班里最受欢迎的男生女生们，讨论他们有哪些特点。

第五步：教师总结。

案例材料

西西和威威既是邻居又是同学，而且他们俩从小就是很要好的朋友，上课时互相学习、互相帮助，放学后结伴走路回家，周末的时候经常一起玩耍，可以说是形影不离。可是到了五年级后，威威突然发现，西西不爱跟自己玩了，经常躲着他，他为此非常苦恼。同时威威发现，只要班上的男生女生走得太近，就会招来一些闲言碎语。

威威把他的烦恼讲给了妈妈，妈妈说："西西长大了，是个大姑娘了，你俩在一起玩儿肯定要保持好距离呀！"可是威威还是不太明白。

老师：我们生活在两性的世界里，男生女生的交往在所难免。进入青春期后，男生女生的交往会有比较微妙的地方，矛盾与烦恼有时会困扰我们。要与异性同学建立纯洁的友谊，正常交往，就必须要掌握一定的尺度和分寸，那么怎么样的交往才是恰当的呢？今天我们一起来探究这个问题。

1. 向往异性是青春发育期的一种正常生理反应和心理现象

进入青春期后，人的性别意识开始觉醒和逐步形成，男女同学之间会产生一种互相吸引的心理，特别希望异性注意自己并有好感，这些都是正常现象。今天我们就来学习如何正确处理异性之间的关系。

实际上，异性交往是人类社会生活中不可缺少的重要组成部分，异性交往在个人成长历程中的各个阶段都是必不可少的。小学生心理萌发的正常异性交往不仅有利于学习进步，而且也有利于个性的全面发展。一般来讲，既有同性朋友又有异性朋友的小学生，往往性格比较开朗，为人诚恳热情，乐于帮助同学，自制力也比较强。只在同性同学中交朋友的学生，往往缺少健全的情感体验，不具备与异性沟通的社交能力，社交范围和生活圈子也比较狭小，人格发展不完善。

然而，由于各种因素的影响，有些同学在与异性交往方面出现了一些偏差，比如，有的学生表现为与异性交往时过分害怕、紧张甚至恐惧，有的学生则表现为过分随便、没有分寸甚至放荡不羁，这些都是不正确的交往方式，不利于小学生的健康成长，我们要及时杜绝这种不正确的行为。

2. 与异性交往的原则

男生女生之间的交往要真诚，要像结交同性朋友那样。在交往中，我们要懂得互相尊重，友好相处，端庄诚恳，既要尊重对方，包括尊重对方的人格、尊重对方的意愿、不随意干扰别人，也要学会自爱、自重，爱护自己的尊严和名誉，珍惜自己的人品和人格，并且懂得保护自己。

多结交朋友有利于我们认识、了解更多异性，对异性有一个基本的总体把握，并学会辨别。有的人外表迷人，却华而不实；有的人学习成绩顶呱呱，却恃才傲物、颐指气使。如果只在有限的范围内个别交往，难免会"只见树木，不见森林"，导致对异性的了解有限，因而失之偏颇。所以，多参加集体活动，有意识地在更广阔的范围内交往，十分必要。最好多参加有男女生同时参加的群体活动，众多男生女生在一起，你可能不会像面对一个异性时那样紧张、羞怯，能更容易自然地表达自己，这样有助于培养自己以平常心与异性相处。同时，这样的活动，也能够让我们从中受到教育、获得知识、培养能力，充分地感受到集体的力量、积极向上的力量。

男女生之间的交往要自然，言语、表情、行为举止、情感流露及所思所想，都要做到自然、顺畅，既不过分夸张也不闪烁其词，既不盲目冲动也不矫揉造作。消除异性交往中的不自然感，是建立正常异性关系的前提。男女生自然交往的最好体现是像对待同性同学那样对待异性同学，像建立同性关系那样建立异性关系，像进行同性交往那样进行异性交往。男女生交往时，不要使同学关系因为异性因素而变得不舒服或不自然。

异性交往的程度和方式要恰到好处，应为大多数人所接受，既不为异性交往过多而萌动感情，也不因回避或拒绝异性而对交往双方造成心灵伤害。此外，在与异性交往中，所言所行要留有余地，不能毫无顾忌，特别是在与某位异性的长期交往中，要注意把握好尺度，既要注意交往的场合，又要留意交往的时间。对学生来说，有些场合是不宜与异性单独相处的，如公园或电影院、异性宿舍里、熄灯后的教室或校园某个角落等。心理学家指出，44厘米是人际交往中的最小间隔，低于这个距离，就属于"亲密距离"，所以，保持44厘米以上的距离，对于男女生来说才是"安全距离"。

实践活动

真正的友谊会使生活变得更加完整，同时我们可以从中学习如何与他人分享、包容和互相支持。在日常生活中，你是如何与异性相处的？有什么感悟？快和同学们分享一下吧。

延展阅读

学会宽容

生活中，我们每个人难免与他人产生摩擦。在社会交往中，吃亏、被误解、受伤害的事总是不可避免地发生。古人云："智者能容。"意思是说，越是睿智的人，越是胸怀宽广。我们要不断求知，正确认识自己和他人，使自己成为真正的智者。在他人不尊重自己时，自己仍然去尊重他人就更为可贵了。战国时代的蔺相如忍辱负重，以宽大的胸怀深深感动了不尊重自己的大将廉颇，最后廉颇主动上门"负荆请罪"，这一千古传颂的"将相和"故事，至今仍值得我们借鉴。

宽容其实就是忍耐。面对同伴的批评、朋友的误解，过多的争辩和反击是不可取的，唯有冷静、忍耐、谅解最重要。当我们发现情绪就要失控时，可以通过自我暗示、深呼吸、转移注意力等方法来调整和放松自己的紧张状态，使不良情绪得到缓解。宽容也要有底线，对于危害社会的犯罪分子，如果我们一味地宽容，整个社会都会为此付出代价。

第四章　疾病预防

第一节　贫血的危害与预防

教学目标

1. 让学生了解什么是贫血，以及贫血的症状与危害。
2. 了解日常生活中预防贫血的方法。

![教学设计]

第一步：案例引入。

第二步：学习新知。

1. 什么是贫血？

2. 探讨其原因。

3. 了解常见缺铁性贫血的症状和危害。

第三步：图片展示富含铁元素的食物。

第四步：学习如何预防贫血。

第五步：知识延展，了解"贫血的原因"。

第六步：教师总结。

![案例材料]

小文是一个胖胖的男孩，吃的喝的都是"最好"的，可是最近的一次体检却显示他患有中度缺铁性贫血。小文的妈妈不解地问医生："我平时很关注孩子的饮食，无论孩子喜欢吃什么，我都会做给他吃，而且小文比同龄的很多孩子都要重，为什么还会贫血呢？"医生解释说："很多家长眼里的'吃得好'，其实是糖、脂肪、蛋白质等摄入过多，并不代表不缺铁、钙、锌等其他营养素。现实中，我国中小学生所摄入的营养素很不平衡，脂肪、糖类等摄入过多，而微量营养素摄入又明显不足。一些家长不懂合理搭配膳食，整天给孩子吃大鱼、大肉，要不就是巧克力、薯条等零食不离口，还有的孩子在一段时间内只吃一两种食物，结果造成营养素摄入不平衡。即使我们饮食中供给的铁并不低，但由于搭配不当，也会导致铁的吸收率低，使青少年缺铁性贫血的患病率一直居高不下。"

老师：贫血是一种各个年龄段的人都会出现的疾病，而且很多儿童也会出现这种疾病。对于儿童贫血的问题，在生活之中其实是可以预防的。今天，老师带领大家一起认识贫血的危害以及怎么预防贫血。

![教学内容]

1. 贫血的分类

贫血是指一定体积的血液内红细胞数量和血红蛋白含量低于正常范围，一般分为缺铁性贫血、巨细胞贫血、再生障碍性贫血和溶血性贫血四大类。常见症状包括：头晕、耳鸣、记忆力下降、苍白、食欲不振、四肢软弱无力、心跳加快、心脏搏动增强等，严重者甚至可引起贫血性心脏病、心力衰竭。

依据血红蛋白（Hb）浓度，可将贫血分为轻度、中度、重度、极重度贫血。在海平面地区，血红蛋白浓度标准为成年男性 Hb<120g／L，成年女性（非妊娠）Hb<110g／L，

163

孕妇 Hb <100g / L（6 岁以上的儿童判断标准与成人相同），只要低于这些数值，即为贫血。

轻度：Hb > 90g / L，但小于正常值。

中度：Hb 60 ～ 89g / L。

重度：Hb 30 ～ 59g / L。

极重度：Hb < 30g / L。

2. 贫血的症状

（1）营养不良表现。长期贫血患儿体格发育差，身材矮小，不爱玩，易疲倦；因营养不良导致皮肤弹性较差，指甲发育不好、质脆、有横纹，毛发干燥、颜色发黄、无光泽等。

（2）皮肤和粘膜苍白。这是贫血患儿最突出的表现，以面部、口唇、耳郭、手掌和甲床等处较为明显，眼结膜及口黏膜更显苍白，这是因为这些部位毛细血管丰富且在浅表处分布，贫血时红细胞及血红蛋白减少，血液颜色变淡，容易在这些部位表现出来。

（3）消化系统表现。食欲不振是最常见的症状之一，亦会出现腹胀、心窝胃脘部不适、恶心、便秘，有时还有舌痛、舌苔光滑等症状。贫血严重者，肝脏可有轻度肿大，发生心力衰竭时尤其明显，并常有压痛。

（4）神经系统表现。脑组织缺氧时，就会出现精神不振、嗜睡、烦躁不安、注意力不集中、对周围环境反应差、智力减退等情况。还会出现头痛、头晕、耳鸣、眼前出现黑点等症状。如果是维生素 B_{12} 缺乏所致的巨幼红细胞性贫血，则神经系统症状更为明显。

（5）造血器官表现。人在出生后，骨髓成为机体唯一的造血工厂，医学上称之为"造血器官"。但在出生前，除了骨髓外，胎儿的肝脏、脾脏和淋巴结也是主要的造血器官，只是在出生后停止造血了。当一个人患上重症贫血时，肝脏、脾脏和淋巴结又恢复了造血，以补偿骨髓造血的不足，于是这些器官的细胞开始增生，临床上便可见到肝脏、脾脏和淋巴结肿大。但当患上一种名为"再生障碍性贫血"的疾病时，机体内的肝脏、脾脏和淋巴结并不增大，因为这种贫血是造血器官本身病变造成的，所以没有能力进行代偿了。

（6）循环与呼吸系统表现。贫血时组织缺氧这个信息通过神经系统"告诉"大脑指挥中心，大脑便命令心脏泵血速度加快（心跳加速）、肺脏呼吸运动加快，力图多提供一些氧气，这种现象称为"代偿"。但代偿是有限度的，如果贫血继续恶化，代偿功能失调，就会出现心脏扩大症状，严重者会出现心力衰竭。

（7）生殖系统表现。女性患者常有月经不规则，甚至出现闭经。贫血常由月经过多引起，但偶尔贫血亦可引起月经过多。

（8）泌尿系统表现。严重贫血患者尿中可出现少量蛋白，尿浓缩功能轻度减低，但除了本来就有肾脏疾病外，一般不会引起血液尿素氮增高。发生急性血管内大量溶血时，尿色可呈红茶或酱油样颜色（血红蛋白尿），如果同时有循环衰竭，可出现少尿、无尿和急性肾功能衰竭等。

3. 青少年缺铁性贫血的症状及危害

缺铁性贫血是由于体内铁储备不足、摄入不足、丢失过多或者吸收障碍引起了铁缺乏，从而导致血红蛋白合成减少的一种疾病。

青少年处于身体和智力发育的关键时期，加之繁重的课业和升学压力，极易出现缺

铁性贫血相关症状。一般情况下，青少年患上缺铁性贫血，除了嗜睡、精神萎靡等，还会出现其他不良反应，如头昏、耳鸣、失眠、记忆力减退、影响智力发育、面色苍白、食欲减退、消化功能下降等。

（1）影响身体生长。长期患有缺铁性贫血的青少年多数较为瘦弱，其主要原因是缺铁导致骨骼肌内的呼吸酶、线粒体氧化酶、肌红蛋白浓度等明显下降，肌肉供氧不足，有氧代谢能力下降。因此，缺铁性贫血的青少年在身高、肌肉爆发力、等张肌力、持久性耐力等方面比健康的同龄人差。

（2）影响智力发育。患有缺铁性贫血的青少年多因大脑长期慢性缺氧或脑细胞发育不良而造成智力落后于同龄人，对于正处于上学阶段的青少年而言，记忆力和逻辑思维能力下降、学习效率降低等危害是不容忽视的。

（3）影响机体免疫。如果青少年的缺铁性贫血症状长期不能得到有效的改善和纠正，其机体免疫能力将明显下降，进而诱发各种疾病，尤其是上呼吸道感染的发病率会明显增加。

4. 贫血的预防

（1）保持良好的饮食习惯，而且吃饭要有规律，在营养的摄入上要均衡而广泛，避免偏食和挑食。

（2）患缺铁性贫血时，除了应根据医生的要求用药外，还可以通过合理饮食来远离贫血。

（3）多吃含铁量较高的食物。含铁较高的有动物血、瘦肉、肝、木耳、香菇、芝麻等，水果中含铁高的有桃子和葡萄等。同时，多吃含维生素 C 高的蔬菜和水果可以促进铁的吸收，如菜椒、西兰花、猕猴桃、草莓、橙子等。

（4）保护好我们的骨髓。骨髓是我们的造血工厂，我们要尽量减少一些化学性和物理性的因素对于骨髓的损伤，比如一些药物、一些 X 射线等，它们都是造血的大敌。

（5）定期体检，掌握身体健康状况。

实践活动

请同学们利用课余时间去图书馆查阅相关资料，了解哪些食物可以预防贫血。

延展阅读

贫血的原因

贫血的原因需要根据贫血的种类来定，大致分为如下几种：营养缺乏导致的贫血，即造血原料的缺乏，如缺铁；造血功能不良，包括再生障碍性贫血、白血病或血液性其他肿瘤都会引起贫血；基础疾病、慢性病，比如肝病、肾病、风湿病或者其他的慢性肿瘤，这些疾病到终末期或者在发展过程中，都会导致机体出现不同程度的贫血；慢性失血，比如肠病、痔疮、慢性溃疡会导致贫血；红细胞受到破坏、感染，比如慢性淋巴增殖性疾病、免疫性疾病会导致自身抗体增加，最后发生溶血，引起贫血。

第二节 常见肠道传染病的预防

教学目标

1. 让学生认识肠道传染病，了解常见肠道传染病的症状，知道肠道传染病是经消化道传播的疾病。

2. 学会预防肠道传染病，做好个人卫生，防止病从口入。

教学设计

第一步：案例引入。

1. 你在生活中出现过肚子痛吗？是什么原因引起的呢？

2. 案例中传染病的起因是什么？

分小组议一议。

第二步：播放肠道传染病的相关知识图片。

边指导学生看图，边讲解肠道传染病的过程。

第三步：学习新知。

1. 认识肠道传染病。

2. 了解常见肠道传染病的症状。

3. 掌握肠道传染病的预防方法。

第四步：教师总结。

案例材料

一天，某学校部分学生陆续出现不同程度的腹痛、呕吐、发烧等症状，学校及时将他们送至医院进行诊治。

事件发生后，当地政府部门高度重视，立即启动应急处置，全力以赴开展医疗救治、病因调查、预防处置等相关工作，并请省、市专家到现场进行医疗技术指导。几天后，患病学生陆续出院了。

经省、市、县三级疾控中心人员调查，确认该疾病系由志贺氏菌感染引起的细菌性痢疾，并确定该校食堂员工张某为传染源。

老师：细菌性痢疾是一种肠道传染病，今天，让我们一起认识常见的肠道传染病。

教学内容

1. 认识肠道传染疾病

肠道传染病是经消化道传播的疾病，常见的主要有伤寒与副伤寒、细菌性痢疾、霍乱、

病毒性肝炎、感染性腹泻等。肠道传染病患者的病原体从患者和病原携带者的粪便、呕吐物中排出，污染周围环境，再通过水、食物、手、苍蝇、蟑螂等媒介经口腔进入胃肠道，在人体内繁殖，产生毒素，引起发病，并继续排出病原体传染给其他健康的人。

2. 常见的肠道传染病与症状

（1）伤寒、副伤寒：一年四季均可发病，每年 8 ～ 10 月为发病高峰季节，常以青壮年、学生为主。其临床表现为发热、头痛、全身不适、食欲减退、腹胀等。患者的体温在发病后第 5 ～ 7 日可达 39 ～ 40℃，在病程第二周可见玫瑰疹。该病主要通过被污染的水和食物传播，也可以通过日常接触传播。

（2）细菌性痢疾：由痢疾杆菌引起的，通过日常生活接触、食物、水、蝇等传播，由于很少的病菌量即可引起本病，因此人与人的接触传播最为常见。发病后患者出现畏寒发热、恶心、呕吐、腹痛、腹泻、脓血便等，有的病情凶险，特别是儿童，可出现高热、惊厥、休克和呼吸衰竭。细菌性痢疾的表现轻重不一，易形成慢性化病，故要及时就诊。

（3）霍乱：由霍乱弧菌所致，经饮用水传播是其重要的途径。河水、井水、池塘水、泉水与自来水均经地面或地下，受人或动物的粪便污染而成为传播媒介。患者可出现无痛性腹泻、呕吐、"淘米水"样大便、脱水等，如不及时治疗，会迅速休克甚至死亡。

（4）病毒性肝炎：一般情况下分为甲肝、乙肝、丙肝、丁肝和戊肝 5 种类型，它们的症状都比较相似，比如乏力、食欲减退、恶心呕吐、肝肿大及肝功能损害等，有些人的皮肤和眼睛还可能发黄（黄疸）。甲肝、乙肝和丙肝在我们的日常生活中比较多见。

（5）感染性腹泻：也称急性胃肠炎，是指各种病原体肠道感染而引起的腹泻。根据腹泻的持续时间长短，可将其分为急性（＜ 14 天）、持续性（14 ～ 29 天）或慢性（≥ 30 天）三种。其病原体主要包括细菌、病毒、寄生虫和真菌等，传播途径大致相同，主要是"病从口入"即粪口传播，少数由个体接触传播或呼吸道飞沫传播（诸如病毒等），其确诊须依赖病原学检查；其临床表现均可有腹痛、腹泻，并可有发热、恶心、呕吐等症状，重症患者会因大量失水引起脱水甚至休克等。

3. 肠道传染病的预防措施

（1）关键是把好"病从口入"这一关，注意饮食卫生，养成良好的卫生习惯，做好预防工作。做到不喝凉水、不洁之水，不吃腐败变质、不洁食物。夏季要做好食物的保存，尤其是放在冰箱里保存的食物，一定要蒸煮热透再食用。

（2）注意个人卫生和防护。要保持学习、生活场所的卫生，不要堆放垃圾。饭前便后、打喷嚏、咳嗽和清洁鼻子以及外出归来一定要洗手，勤换、勤洗、勤晒衣服、被褥，不随地吐痰。保持教室、宿舍内空气流通。少吃冷饮，包括雪糕、冰激凌和冰水等，更不要一次性吃得太多，暴饮暴食会损害肠胃的防御系统，这时候肠道致病原就有机可乘了。

（3）生活有规律。保持充足的睡眠，对提高自身的抵抗力相当重要。要合理安排好作息，做到生活有规律，劳逸结合，积极参加体育锻炼，增强免疫力。

（4）衣食要注意。根据天气变化，适时增减衣服。合理安排好饮食，饮食上不宜太过辛辣，也不宜过食油腻。要减少对呼吸道的刺激，如不吸烟、不喝酒。要多饮水，摄入足够的维生素，宜多食些富含优质蛋白、糖类及微量元素的食物。不食用腐败变质的食品，加工时要生熟分开，生吃的瓜果蔬菜应该用流动水洗净，吃剩的食物即使放在冰箱内，时间也不能过长，再次食用前一定要充分加热。

（5）切莫讳疾忌医。一旦出现腹泻、呕吐，要及时到医院的肠道门诊就诊，不要怀着侥幸心理，以致延误病情。

（6）消灭苍蝇、蟑螂，清洁环境，防止致病微生物污染食物和餐具。

（7）提醒家人尽量少在外面就餐，如果外出就餐要到卫生条件好、具备卫生许可证的正规餐厅饮食，并且尽量少吃或者不吃凉菜，千万不要在路边小摊买东西吃。如果家中有人发生腹泻，应注意不要发生交叉感染，避免家庭成员间相互传染。

实践活动

请同学们分组讨论：你还知道哪些传染病？你知道应该如何预防它吗？

延展阅读

不当饮食会引发疾病

饮食是人体生命活动正常进行的重要保障，但不当的饮食习惯或行为会引起疾病的发生。饮食致病常有三类情况：饮食偏嗜致病，即长期偏食某一类食物以致损伤机体的某些功能，引发疾病，如过度食用辣椒、酒等刺激性食物，容易引发食道癌、胃溃疡、痔疮、便秘等疾病；饥饱不节致病，即饮食没有节律使机体的某些功能出现异常，如经常处于饥饿状态，会使人体的气血生化缺少来源，引起脏腑功能活动衰退等；饮食不洁致病，即误食腐烂变质或被病菌污染了的食物以致损伤脾胃，导致胃肠功能失调，如有的人吃了剩菜、剩饭后会呕吐、拉肚子。

第三节　碘缺乏的危害与预防

学习目标

1. 让学生认识碘缺乏病，了解碘缺乏对不同年龄阶段的人的危害。
2. 通过学习，掌握预防碘缺乏的方法。

教学设计

第一步：案例导入，了解碘对人体健康的重要性。

碘是人体重要的微量元素，是甲状腺合成甲状腺激素、促进人体生长发育、维持正常新陈代谢、保证人体健康必需的微量元素。

第二步：图片导入，了解碘缺乏的危害。

重点了解儿童缺碘的危害：

1. 甲状腺肿大，甲状腺功能低下。

2. 智力低下，体格发育落后。

3. 严重碘缺乏可导致地方性克汀病。

第三步：学习如何预防碘缺乏。

第四步：知识延展，了解"碘缺乏病防治日"。

案例材料

11岁的亮亮脖子上好像长了肿块，使脖子看起来有点粗，他的胃口也没有从前好了。在妈妈的陪同下，亮亮来到医院内分泌门诊向医生陈述病情。经超声检查后医生发现，亮亮甲状腺弥漫性肿大，尿碘测值＜100ug，于是诊断为碘缺乏病。亮亮的妈妈告诉医生，听说碘过量会造成甲状腺癌，所以很长时间家里都食用无碘盐，没想到孩子竟然出现了碘缺乏病。

老师：同学们，你们帮妈妈买过盐吗？

学生：买过，我们家用的是加碘食盐。

老师：碘有"智力元素"之称，和蛋白质、脂肪、糖类、维生素等一样，作为一种营养素存在于人体。我们每天吃的食盐中都加入了碘元素。案例中的亮亮因为长时间食用无碘盐，导致碘缺乏引起了甲状腺肿大。今天，我们一起认识碘缺乏病，并学习如何预防碘缺乏。

教学内容

1. 什么是碘缺乏病

碘元素是人体不可缺少的营养物质，碘缺乏时机体会出现一系列的障碍。机体因缺碘导致的一系列疾病，以前命名为地方性甲状腺肿和地方性克汀病，现在统称为碘缺乏病。这类病的患者早期无明显临床症状，可出现甲状腺轻、中度弥漫性肿大，质软，无压痛；极少数明显肿大者可出现压迫症状，如呼吸困难、吞咽困难、声音嘶哑、刺激性咳嗽等。碘缺乏病的主要病因是人体摄取碘不足。该病分布广泛，多见于远离沿海及海拔高的山区，这些地区的土壤、水和食物中的含碘量一般极少。

2. 缺碘对人体的危害

碘是合成甲状腺激素不可缺乏的重要原料。甲状腺激素具有影响肌体代谢、生长发育特别是脑发育的生理作用，因此，如果甲状腺功能异常，分泌激素过量或不足，势必对机体代谢、生长发育和智力发育造成很大影响，导致种种疾病的发生。人体内具有足够的碘元素，才能保证正常的甲状腺功能。碘在人体内每天都在进行代谢，在停止碘摄入的情况下，体内储备的碘仅够维持2～3个月。人体内的碘完全依赖于自然环境的供应，而且必须每天摄入。那么，缺碘的危害有哪些呢？

（1）缺碘影响人的精神发育程度，致使人出现智力低下、呆傻等智力残疾。

（2）在青春期和儿童期，如果出现甲状腺肿大就容易导致甲状腺功能下降，体格发育落后，就会出现侏儒症，因此要特别注意，而且这种后果也是不能够逆转的。

（3）如果在成人期出现甲状腺肿大，就是出现了甲状腺功能低下的情况，严重的话可能会压迫到食管和气管，进而影响到正常的呼吸和吞咽，并且可能出现癌变。

（4）严重碘缺乏可导致地方性克汀病，主要原因是胎儿和婴儿若缺碘比较严重，会导致身材矮小、面容畸形、痴呆、聋哑等。

（5）孕妇缺碘会导致早产、流产，或出现死胎、先天性畸形胎、先天性聋哑儿等。

（6）碘缺乏不是很严重的，虽然没有克汀病的典型症状，但仍会存在精神发育迟滞或发育滞后的情况，即所谓的亚克汀病。

3. 如何防治碘缺乏

（1）我国提倡家庭中使用含碘盐。全民使用碘盐能有效地预防碘缺乏病，这是全世界公认的安全、有效、方便和价格便宜的补碘方法。但购买碘盐后应该注意密封、避光、避风、避免受热和久存，以防止碘的丢失，并且要坚持常年使用。应购买带有防伪标志的碘盐，不购买或不食用非碘盐。

（2）食用含碘丰富的食物，如海带、紫菜、淡菜、蚶干、蛤干、干贝、海参、海蜇、发菜等。大部分可作为食物的海洋生物含有相对多的碘，选用这些食物，有利于预防碘缺乏。

实践活动

通过本节课的学习，我们了解了缺碘会引起甲状腺肿大，如果食用过多的碘，会对人体造成伤害吗？请同学们课下查阅相关资料。

延展阅读

碘缺乏病防治日

1993 年 9 月召开的中国 2000 年消除碘缺乏病动员会提出，将 5 月 5 日定为全国碘缺乏病防治日，以加大宣传力度，提高人们对防治碘缺乏病的认识。1994 年起，每年的 5 月 5 日成为全国碘缺乏病宣传日。

1990 年，国家设立五一长假，由于碘缺乏病防治日被包含在了五一长假里，不便于宣传、教育工作的开展，经过卫生部与碘缺乏病防治相关部委的协调，防治碘缺乏病日自 2000 年起改为 5 月 15 日。

第五章　安全应急与避险

第一节　中暑的预防与救护

教学目标

1. 了解中暑的症状，知道如何预防中暑。
2. 让学生知道中暑的原因、一般的症状，学会急救的方法。

教学设计

第一步：导入新课，揭示课题。

第二步：了解中暑的症状。

中暑的症状分为三个层次，分别为先兆中暑、轻度中暑、重度中暑。

第三步：讨论交流，学习中暑的急救方法。

1. 如果你出现了中暑的现象，你该怎么办？
2. 生活中，假如你的朋友或同学出现了中暑现象，你会怎么做？
3. 怎样对中暑的人进行急救？

第四步：学习中暑的预防。

第五步：教师总结。

案例材料

　　期末考试结束了，快乐的暑期生活又开始了。东东非常高兴，他约了几个好朋友去郊外游玩。火红的太阳挂在蓝蓝的天空中，东东和朋友们吃完早餐，就兴高采烈地向郊外走去。

　　临近中午，骄阳似火，东东、强强、明明还在草地上踢足球。这时，东东已经口干舌燥，但他没有带喝的水，便问强强带了没有。强强说："我也没带，咱们再玩一会儿，就去买水喝。"东东说："好！"明明热得实在受不了了，便跑进了树林里，并喊道："你们别玩了，太热了。"可东东和强强不肯停下。

　　玩着玩着，东东突然感到头晕乎乎的，怎么也提不起精神来，不仅胸闷恶心，还头晕眼花、全身无力。起初他以为是自己玩累了，便休息了一会儿，可不但没有改善，反而更难受了，而且很想吐。路过的一位阿姨看到了，忙说："小朋友可能是中暑了。"她立即让东东躺在树荫下休息，解开他胸前的纽扣，并从背包里拿出风油精涂抹在他的太阳穴、人中上，还让强强和明明轮流给东东扇风。渐渐地，东东感到舒服了一些，靠着树干坐了起来，一边喝水，一边对阿姨说："谢谢您！"

老师：在高温下玩耍和工作，都易出现中暑的情况，如果不及时处理，会造成很大的伤害。那么，中暑是怎么一回事呢？如何才能认识到自己或他人中暑了？遇到中暑，我们应该怎么做呢？中暑能不能预防呢？今天，我们就一起来解决这些问题。

教学内容

1. 中暑的症状

中暑是指因高温引起的人体体温调节功能失调，导致体内热量过度积蓄，从而引发神经器官受损。该病通常发生在高温同时伴有高湿的天气。中暑的症状分为三个层次，分别为先兆中暑、轻度中暑、重度中暑。

（1）先兆中暑。口渴、头晕、胸闷、乏力，大量出汗，注意力下降、动作不协调等，是先兆中暑的表现。先兆中暑时间继续延长，如果不及时休息、不及时喝水，就会出现轻度中暑。

（2）轻度中暑。出现血压下降、脉搏加快，出现头晕、跌倒甚至短暂的晕厥时，是轻度中暑。

（3）重度中暑。重度中暑分三种情况：第一个叫热痉挛，主要指年轻人在剧烈的体育活动以后，出现四肢肌肉抽筋、抽搐，肌肉疼痛，并伴有体温升高；第二个是热衰竭，主要指一些老年人到了夏天热适应能力比较差，在高温、高湿、不通风的情况下待得时间过长，会出现体液大量丢失、循环衰竭、血压下降、脉搏加快，甚至晕厥的情况；第三个叫热射病，指的是在烈日暴晒下，热量透过颅骨直接损伤脑细胞，导致脑细胞水肿，甚至导致脑水肿，从而出现剧烈的头痛、恶心、呕吐甚至是神志模糊和昏迷。一旦发生热射病，死亡率是比较高的。

2. 中暑的急救方法

如果中暑情况不严重，仅出现头晕、头痛、恶心、呕吐的症状，可以口服藿香正气水进行治疗；也可以多喝水或多喝一些绿豆汤，绿豆汤具有清热解暑的作用，能缓解中暑的症状。如果中暑情况比较严重，出现发烧的症状，就应当服用降温药物进行治疗，也可以用冰袋冷敷的方法降温。如果患者出现了热射病症状，意识不清，就需要及时送往医院进行抢救。

（1）拨打急救电话。根据患者实际情况，电话告知医生或者"120"接线人员，并密切关注患者的症状。中暑时间过长会对脑部造成伤害，导致焦虑、神志不清、抽搐、头痛、头晕、胸闷、幻觉、肢体不协调、意识不清、躁动等。中暑还会对心脏、肾、肌肉的功能造成影响。如果发现患者出现这些症状，应及时送医院救治。

（2）不要随便用药。中暑时不可随意吃药，乱吃药易造成身体不适，一定要及时就医。

（3）降温。在等待急救期间，要尽快将患者移至阴凉、通风的区域。如果有条件的话，可将患者放置于有冷水的浴缸中或为其淋浴，或者放置于溪流、池塘中，注意温度

不要过低，因为这可能会掩盖患者心率过慢和心脏骤停的迹象。使用冰块降温时，也可以帮助患者去除多余的衣服散热。

（4）补充水分和电解质。可以饮用运动饮料或者淡盐水来补充出汗导致的失水和失盐，注意不要喝得过快。如果没有盐水或者运动饮料，只喝水也是可以的。

（5）保持镇定。等待救援期间应让患者深呼吸，转移注意力，来减轻焦虑，因为焦虑会使血液循环加速，体温也会轻度升高。

（6）平躺。中暑最严重的后果之一是昏厥，将患者放平可以起到保护作用，避免其晕厥时受伤。

3. 如何预防中暑

（1）在室内保持自然通风，外出运动时带上白开水或淡盐水。夏天尽量避免高温时段外出，不要长时间在阳光下暴晒或者在高温、高湿的环境中活动。要多喝水，不要等到口渴时才喝水。少量多次饮用淡盐水，可以起到预防中暑的作用。

（2）回家用温水洗澡。如果感觉身体发热发烫，可用一些藿香正气水、风油精等药品擦拭，以帮助蒸发散热。

（3）做好防晒措施。夏季外出，可穿着棉、麻、丝类的衣物，戴太阳镜、遮阳帽或撑太阳伞。

（4）保证充足睡眠。高温天气下，人活动时体力消耗较大，容易感到疲惫。充足的睡眠，可使大脑和身体各系统都得到放松。

（5）食用消暑茶汤。可饮用一些消暑清热化湿的凉茶，或冬瓜、莲子、薏米仁汤水等。此外，绿豆汤、菊花茶、酸梅汤等也是方便理想的消暑饮品。

实践活动

经过这节课的学习，相信大家已经基本掌握了中暑的症状以及应对方法。中暑是在夏天常见的疾病，快和同学分享一下你是怎么预防中暑的吧。

延展阅读

预防空调病

预防空调病要经常开窗换气，最好在开机 1～3 小时后关机，要多利用自然风降低室内温度。室温最好定在 25～27℃左右，室内外温差不要超过 7 摄氏度，否则出汗后入室，会加重体温调节中枢负担，引起神经调节紊乱。有空调的房间应注意保持清洁卫生，最好每半个月清洗一次空调过滤网。不要站在冷风直吹处，若长时间待在空调屋里，应适当增添衣服，避免着凉。坚持体育锻炼，增强自身抵抗力。

第二节 踩踏事故的预防与应对

教学目标

1. 通过本节教学，让学生认识踩踏事故的危险性。
2. 学会如何预防踩踏事故，掌握发生踩踏事故时自救与施救的方法。

教学设计

第一步：案例导入，播放相关图片。

第二步：学习新知。

1. 什么是踩踏事故？
2. 踩踏事故发生的特点。

第三步：如何防止踩踏事故的发生？师生共同讨论，进行归纳总结。

1. 遭遇拥挤的人群怎么办？
2. 出现混乱局面后怎么办？
3. 危急时刻如何保持心理镇定？
4. 事故已经发生了该怎么办？

第四步：教师指导学生开展"实践活动"的内容。

第五步：请学生说一说这节课的收获，教师总结。

案例材料

元旦前夕，某市的广场上，一些游客正在等待看跨年灯光秀，23时30分，警方从监控探头中发现广场的一个通道上发生人员滞留的情况，立即调集值班警力赶赴现场，但由于超大规模拥挤人流的阻隔，进入现场所用时间比正常时间多了5~8分钟。23时35分左右，广场和通道的相向人流在斜坡上发生对冲，有人在对冲中摔倒。处于高处的民众意识到了危险，挥舞手臂让其他人后退。楼梯上的人和赶到救援的警察开始呼喊，让台阶上的人群后退，但声音太小并没有起到多大作用。于是更多的人被层层涌来的人浪压倒，情势开始失控。23点40分，眼见下面的人处境危险，站在墙头的几个年轻人开始号召大家一起呼喊："后退！后退！"楼梯上端的人群察觉到了下面的危险，人流涌动的趋势开始减慢并停止。10分钟后人群有了后退的趋势，然而压在下面的人已经渐渐不支。当人群终于散开时，楼梯上已经有十几人无力地瘫倒在那里，救援人员立即对倒地的人进行呼唤和心肺复苏。23点55分，所有倒地没有受伤的人们都站了起来。现场的哭喊与尖叫声和呼叫救护车的声音混成一团，赶来的医务人员和附近的热心市民对每一个倒地的人进行呼唤和心肺复苏，全力进行抢救。

据统计，这此踩踏事件共造成36人死亡，49人受伤。

老师：新年来临前的喜悦被一串串触目惊心的数字冲得烟消云散。同学们，你们知道在什么场所或什么时间容易发生踩踏事故吗？

学生：大型集会活动时，学生放学时……

老师：在人员集中的地方很容易发生踩踏事故，如大型集体活动的时候，发生火灾、地震或者意外的时候，由于人们在很短的时间内，同时向某个方向移动、拥挤就容易发生踩踏事故，从而造成大量伤亡，那么我们该如何有效地预防踩踏事故的发生呢？这节课我们一起来探讨。

教学内容

1. 什么是踩踏事故

踩踏事故，是指在聚众集会中，特别是在整个队伍产生拥挤移动时，有人意外跌倒后，后面不明真相的人群依然在前行，对跌倒的人产生踩踏，从而产生惊慌，加剧了拥挤，增加了跌倒人数，成为恶性循环的群体伤害的意外事件。

2. 踩踏事故发生的原因

人多是发生踩踏事故的基本原因。踩踏事故常发生于学校、车站、机场、广场、球场等人员聚集的地方，多发于节日、大型活动、聚会等。当人群较为集中时，前面有人摔倒或只是蹲下来系鞋带，后面人群未留意，没有止步，也容易发生踩踏。人群受到惊吓，产生恐慌，如听到爆炸声、枪声，出现惊慌失措的失控局面，在慌乱的逃生中，易发生相互拥挤踩踏。人群因情绪过于兴奋、愤怒等而出现骚乱，也会发生踩踏。

3. 踩踏事故的预防与应对

（1）发觉拥挤的人群向着自己行走的方向涌来时，马上躲避到一旁，但是不要奔跑，以免摔倒。若身不由己陷入人群之中时，一定要先稳住双脚。切记远离玻璃窗，以免因玻璃破碎而被扎伤。

（2）遭遇拥挤的人流时，一定不要采用体位前倾或者低重心的姿势，即便鞋子被踩掉，也不要贸然弯腰提鞋或系鞋带。

（3）如有可能，抓住一样坚固牢靠的东西，例如灯柱子、栏杆等，待人群过去后，迅速而镇静地离开现场。

4. 出现混乱局面时的应对方法

（1）在拥挤的人群中，要时刻保持警惕，当发现有人情绪不对或人群开始骚动时，就要做好保护自己和他人的准备。此时行动要谨慎些，千万不能被绊倒，避免自己成为拥挤踩踏事件的诱发因素。

（2）当发现自己前面有人突然摔倒，马上停下脚步，同时大声呼救，告知后面的人不要向前拥挤。若自己被推倒，要设法靠近墙壁，然后面向墙壁，身体蜷成球状，双手在颈后紧扣，以保护身体最脆弱的部位。

5. 危急时刻要保持心理镇定

（1）在拥挤的人群中，一定要时刻保持警惕，不要总是被好奇心理所驱使。当面对惊慌失措的人群时，更要保持情绪稳定，不要被别人感染，惊慌只会使情况更糟。

（2）已被挤入人群中时，要切记和大多数人的前进方向保持一致，不要试图超过别人，更不能逆行，要听从指挥人员口令。同时发扬团队精神，因为组织纪律性在灾难面前非常重要。专家指出，心理镇静是个人逃生的前提，服从大局是集体逃生的关键。

6. 踩踏事故已经发生的处置办法

（1）如果遭遇拥挤踩踏事故，应及时报警、联系外援、寻求帮助，赶快拨打"110""119"或"120"等报警电话。

（2）在医务人员到达现场前，要抓紧时间用科学的方法开展自救和互救。发生严重踩踏事件时，最常见的伤害就是骨折、窒息。遇到这类伤者，要将伤者平放在木板上或较硬垫子上，解开伤者衣领、围巾等，保持伤者呼吸道畅通。

（3）当发现伤者呼吸、心跳停止时，要赶快做人工呼吸，辅之以胸外按压。

实践活动

依照本课讲的"不慎倒地后，面向墙壁，身体蜷成球状，双手在颈后紧扣，以保护身体最脆弱的部位"的自救方法练一练，同桌之间相互纠正对方的不正确动作。

延展阅读

儿　歌

进入楼梯靠右走，不慌不忙莫停留。

不推不挤不追逐，不跑不跳不打闹。

人多不做恶作剧，防止慌乱扰秩序。

拥挤两脚分开立，防止被人推倒地。

有人倒地不围观，相互提醒不乱喊。

第三节　远离校园暴力

教学目标

提高学生自我保护意识，让学生掌握一些自我防护的技能和方法，在面对校园暴力时能冷静处理并保护好自身安全。

教学设计

第一步：案例引入，播放相关图片或视频。

通过图片、视频了解校园暴力与校园欺凌。

第二步：讨论交流，认识校园暴力的危害。

1. 各地发生过多起学生校园暴力事件，说明了什么？

2. 作为一名小学生，面对这样的情况该如何做呢？

3. 校园暴力对我们有哪些危害？

第三步：学习如何预防校园暴力。

第四步：教师总结。

案例材料

案例1：某学校宿舍中，一位未成年人遭遇同龄人施暴，施暴女生对受害者采取脚踹、辱骂、烫烟头等方式，要求受害者脱衣拍照，称"也没让你脱内衣内裤，就脱个衣服"。围观男生起哄说："要不我们先回避吧，等她脱完了我们再来。"受害者在暴力胁迫下绝望无助地脱得仅剩内衣内裤，施暴者和围观者则拍照取乐。

案例2：某公共厕所内，一名女生被十几个人围堵，其中一个穿粉色衣服的女孩对受害者连扇多记耳光，还让其他女孩持续施暴，并声称"出了事，我扛着"。

案例3：某公园内，多个女孩群殴另一女孩。受害者坐在地上，被五名女生揪头发、扇耳光，甚至被踢下体，全程没有反抗。

老师：校园是我们学习的乐园，我们渴望在和谐安全的环境中愉快学习，健康成长。然而，这些骇人听闻的校园暴力事件，对我们的健康成长构成了巨大的威胁。所以，我们要学会正确面对校园暴力，拒绝校园暴力，营造和平安全的校园氛围。

教学内容

1. 什么是校园暴力

校园暴力是指在教室内外、学校周边、上下学途中、网络上，以及其他所有与校园环境有关的情境下发生的暴力行为。按照施害者和受害者类型，校园暴力可分为学生之间的暴力、师生之间的暴力、校外人员与校内师生之间的暴力。按照表现形式，校园暴力可以分为身体暴力（包括体罚）、情感或心理暴力（包括言语暴力）、性暴力（包括强奸和骚扰）以及欺凌（包括网络欺凌）。

2. 校园欺凌与校园暴力的关系

首先应明确，校园暴力的范围大于校园欺凌，校园欺凌是最常见的一种校园暴力。其次，校园欺凌具有持续性和反复性，而不包含偶发的侵害行为，校园暴力则不一定是持续、反复的行为。再次，校园欺凌的行为人不包括校外人员，校园暴力则可能发生在学生之间、师生之间、校内人员与校外人员之间。最后，校园欺凌的受害者是在校学生，校园暴力的受害者极可能是学生，也可能是教师。

究其本质，校园欺凌和校园暴力都属于反社会的攻击性行为，都会对受攻击者造成严重伤害。

3. 校园暴力的危害

（1）校园暴力可使学生的身心健康受到伤害。校园暴力不仅直接伤害了学生的身体，还会严重损害学生的心理健康，有些学生由此产生恐惧心理，难以集中精力学习，导致学习成绩下降，有的甚至不能正常完成学业。

（2）校园暴力可使家长的工作生活受到影响。由于担心校园暴力发生在自己孩子身上，许多家长亲自接送孩子上下学，从而影响他们的正常工作和生活，有的家长不得不求助于相关法制机构。

（3）校园暴力可使校园正常秩序受到破坏。校园暴力的存在和发生，使学生不得不挤出时间和精力采取相应的防范措施，既影响了正常的教学秩序，又给学校管理带来很大困难。

（4）造成学生违法犯罪。

4. 如何预防校园暴力

（1）青少年应注意自身言行举止，不要让自己成为他人的侵害目标。为了预防校园暴力的发生，青少年学生要提高自我保护意识和能力，身上不携带太多的财物。

（2）提高社会交往能力。交友要谨慎，少与行为不端的人联系；不要网上交友，更不要网恋或私自会见网友；外出办事不单独行动，与同学结伴而行，以免发生意外；选择正当的休闲活动，不涉足不良场所（如电动玩具店、网吧、舞厅）等。

（3）避免独自行走在偏远的巷道及人烟稀少处；经过公园、楼梯间等易遭受侵害的地点时应提高警觉；上下学路线宜多变化，以免被人伺机埋伏。如果遇到困扰时，应与老师、家长反应或要求可信任长辈的协助，必要时可交由警方处理。

（4）一旦遭遇校园暴力，应尽量保持镇静，不要惊慌，要有勇有谋地保护自己。受到暴力侵害时，立即采取灵活的应急措施，不刺激对方，以降低被侵害程度，要在能确保自身安全的前提下大声呼喊求救。无论如何，一定要记住施暴者的人数和体貌特征，以便事后及时报警或报告老师。最好是运用自己的智慧与对方进行周旋，达到既能保护自己又能巧妙制服坏人的最佳效果。

（5）如果受到伤害，一定要及时向老师、警察申诉报案，不要给不法分子留下"这个小孩好欺负"的印象。千万不能因为一时害怕而选择怯懦，如果一味纵容他们，不报警，只能助长施暴者的嚣张气焰，他们不仅会不停地来纠缠你，而且还会继续危害其他同学。

（6）养成谨言慎行的习惯。在学校日常生活中，不说刺激、伤害别人的话；在公共场合遇到可疑者时，要设法避开；服饰要得体，不要过分暴露；不贪图小便宜；与他人发生矛盾或冲突时，尽量用适当的语言和方法加以处理；等等。

（7）同学之间的嬉戏是一种亲昵的表现，但也要有一定的限度。只有本着尊重他人、安全第一的原则，不做过激的行为，不拿同学的短处开玩笑，才能平安愉快地过好校园生活。

实践活动

同桌之间说一说：作为小学生，我们该如何远离校园暴力？

延展阅读

如何应对同学借钱

如果遇到同学向你借钱，可视实际情况按照以下办法处理。

第一，如果同学忘带钱了，需要买学习用品，向你借钱，你可以借给他。但他如果忘记还或故意不还，你要坦白跟他说，让他还钱。不要不好意思，因为毕竟你现在还没有独立挣钱的能力。

第二，如果某个同学总向你借钱，而且借的数目比较大，你就要考虑他借钱的原因了。作为一个普通学生，是不需要很大开销的，如果他总向你借钱，可能是要做一些不好的事，如玩游戏、赌博、买烟等。这样的事情是有害的，你不必去"帮助"他，还应该向他要回以前借给他的钱。

第三，如果同学向你借东西，比如文具之类的学习用品，你可以帮助他。但如果他借照相机、手机、摄像机等较贵重的东西，最好不要借给他，因为你个人没有经济能力去购置这些东西。如果非借不可，最好请老师做个见证，并让对方写个借条。不要不好意思，因为贵重的东西一旦出现损坏或丢失，你可以凭此借条和见证人比较好地处理后续问题。

第四，如果有同学恐吓你，强行向你借很多钱或贵重物品，要及时告诉老师和家长。

第六章　护眼知识与近视防控

第一节　预防红眼病

教学目标

1. 认识红眼病是一种接触性传染极强的急性传染病。
2. 了解红眼病的传播途径，学会预防红眼病的方法。

教学设计

第一步：案例引入。

第二步：趣味表演，探究红眼病的症状和传播途径。

情景1：小文用手遮着眼睛，疼得睁不开眼。她说："早上一起床，我发现自己的睫毛都粘在了一起，眼睛也睁不开了。我的眼部周围肿肿的，而且眼睛通红通红的。"

小结：小文得的是红眼病。得了红眼病的病人，眼内有异物感、烧灼痛、怕光、结膜充血。由于有大量黏液性或脓性分泌物，早晨起床时，患者的上下睫毛会粘在一起，眼睛睁不开，严重时可出现眼部水肿，视力也会受影响。

情景2：小文想在学校继续上课，她推开门走进了教室。美术课上，同桌忘记了带水彩笔，她拿出自己的水彩笔递给同桌。下课之后，她和好朋友手拉手做游戏。

讨论：小文和小伙伴们有哪些接触？这会带来什么？

小结：红眼病患者的眼睛分泌物具有很强的传染性，正常人接触了被它污染的门把手、文具、水、毛巾、脸盆等都会被感染。所以，得了红眼病的小朋友要在家里休息，等完全康复了才能回来上课。

第三步：学习红眼病的预防。

案例材料

一天中午，小文在学校吃完午饭，感觉眼睛里面好像有沙子似的很不舒服，就叫同桌帮她看看。没想到，同桌才看了一眼，便禁不住大叫起来："呀，你的眼睛好红，像小白兔的眼睛一样！"同桌的叫声引起了班主任刘老师的注意。刘老师把小文叫到身边一看，也忍不住"呀"的一声叫了出来。刘老师对小文说："你可能得了红眼病，赶快收拾书包去传达室。我马上打电话通知你妈妈来接你去医院。"通知完小文的妈妈，刘老师对全班同学说："同学们，小文可能得了红眼病，如果去医院确诊了，就要回家隔离休息，其他同学不要去她家看望，也不要接触她的物品，防止被传染。如果还有同学眼睛出现了不舒服、发红的症状，就要立即叫家长带着去医院看病，并及时向我请假。"

老师：同学们，如果你看到班里有位同学的眼睛红通通的，你会想到这是一种传染病吗？

学生：不会。

老师：红眼病，医学上叫急性传染性结膜炎，是一种传染性很强的常见的急性眼病。今天让我们一起认识它。

教学内容

1. 什么是红眼病

红眼病是急性细菌性结膜炎的俗称，又称急性卡他性结膜炎，是结膜炎的一种，由细菌感染引起，因患病后结膜充血变红而得名。该病多见于春秋季节，传染性强，可散发感染，也可流行于学校、工厂等集体生活场所。红眼病常见的致病细菌有金黄色葡萄球菌、流感杆菌和肺炎球菌。

红眼病起病急，从感染细菌到发病有1～3天的潜伏期，大多数情况下病程少于3周，

其中发病的第 3 ~ 4 天症状最严重，以后逐渐减轻。多数患者两眼同时发病，或是一只眼先感染，通过手接触传播后另一只眼在 1 ~ 2 天内迅速"跟进"。该病最突出的表现为结膜充血、水肿，眼球似火般炽红，故又得名"暴发火眼"；其次，眼部分泌物增多，呈黏液性或脓性，睡眠中分泌物积存下来，可以使上下眼睫毛粘在一起，导致患者起床时睁眼困难，同时眼部有明显的刺激感。

红眼病确诊后要立即、彻底治疗，防止转为慢性疾病。虽然通常情况下急性细菌性结膜炎不会影响视力，但当病情严重时会引起眼睑、眼球结膜水肿，结膜下出血，甚至累及角膜，引起视力下降。

2. 红眼病的传播特征

红眼病主要通过接触传播，患者是传染源，传播途径包括与患者直接接触、接触污染毛巾等物品、医源性交叉感染和接触被病毒污染体表的昆虫等。小儿和成年人普遍易感，如接触病人用过的毛巾、文具、洗脸用具、电脑键盘等物品，或到病人去过的泳池、浴池等地方游泳、洗浴，都有可能感染此病。红眼病具有很强的传染性，群发性很强，一人得病后，如果防治不当，家人、同学等身边人便会一起中招。

3. 如何预防红眼病

（1）注意手部卫生，养成勤洗手的好习惯。饭前便后、外出回家后，要及时用肥皂洗手，并用流水冲洗干净。不要用脏手揉眼睛，注意勤剪指甲。

（2）在日常生活中养成良好的个人卫生习惯。不要和别人共用毛巾、脸盆和洗脸水，避免接触感染。

（3）合理膳食，注意营养均衡，提高自身免疫力。

（4）红眼病流行期间，不到泳池去游泳，以免交叉感染。一经发现自身感染红眼病，要避免去游泳池或公共浴室，以免传染给他人，并立即到医院就诊，而且治疗不要中断，待症状完全消失后仍要继续治疗 1 ~ 2 周，以防复发。

（5）当发现家庭或学校中出现首例红眼病患者时，一定要做好环境消毒工作，以避免传染，防止流行。可以用75%的酒精或消毒液对门把手、学习用品等进行消毒。

实践活动

在红眼病高发期，流传着"看一眼红眼病患者就会被感染疾病"的说法，这样的说法有科学依据吗？通过本课的学习，说说你的观点。

延展阅读

红眼病和沙眼病的区别

红眼病是由细菌或病毒感染引起的，主要通过接触传播，具有极强的传染性。红眼病属于自限性疾病，通常一周左右症状会好转，并逐渐恢复痊愈，通常不影响视力，也不会留下后遗症。

沙眼是由沙眼衣原体所致的慢性传染性结膜炎，如果不及时治疗，会转为慢性结膜炎，甚至出现结膜瘢痕、角膜炎等疾病，严重的甚至会导致失明。

沙眼和红眼病患者很多都是因为接触过别的患者用的物品而发病，所以日常生活中一定要注意清洁卫生，不和别人共用毛巾等物品，外出后要彻底清洁洗手，个人物品要定期消毒，出现眼部不适时不能用手揉眼睛，如果发现眼睛红肿，一定要及时就医，不可自行处理。大家一定要保护好眼睛，这样才能远离沙眼和红眼病。

第二节　常见的视力异常

教学目标

1. 了解常见的视力异常，明白定期做视力检测的重要性。
2. 通过学习，让学生重视对眼睛的保护，知道发现视力异常要及时就医。

教学设计

第一步：案例引入。

1. 出示眼睛的相关图片。
2. 指导学生认识眼睛的重要作用。

第二步：认识常见的视力异常。

讨论：除了大家常说的近视，你还知道哪些视力异常？

讲述近视、远视、弱视、复视等的症状。

第三步：如果发现自己视力异常，应该怎么办？

小结：生活、学习、工作都需要有一双明亮的眼睛，如果眼睛不好，视物不清，就会给生活带来不便。所以，我们要从小保护好自己的眼睛。如果发现视力异常，一定要及时告诉父母或老师。

第四步：了解定期检查视力的重要性。

第五步：知识拓展，阅读"色盲和色弱"相关材料。

案例材料

暑假里，小华迷上了看动画片，每天超过 6 个小时看平板或看电视。一段时间后，妈妈注意到小华看电视时总是歪着头，而且喜欢凑近了看。可无论妈妈怎么提醒，小华前一秒刚摆正姿势，下一秒又开始歪起了头，并且有时候她的眼睛看起来像"斗鸡眼"。开学前，妈妈带着小华一起去了医院眼科门诊。经仔细诊视后，小华被诊断为"共同性斜视及弱视"，需要戴眼镜并接受纠正弱视治疗，促进视觉发育。据该院眼科医生介绍，斜视、弱视是影响儿童视力的常见疾病。据调查，目前我国儿童少年斜视、弱视的患病

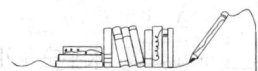

率分别为 3% 和 2% ~ 4%。斜视是指两眼看东西不对称，一眼注视目标，另一眼却偏离目标，两只眼的位置不对称。

老师：眼睛是心灵的窗户，眼睛对于大家来说都是特别宝贵的。青少年的视力处在一个未定型的发育期，可塑性很强，发育受外在因素影响很大，对外在不良因素刺激的抵抗能力很差，所以处于青少年期的我们要注意保护好自己的视力。

教学内容

随着社会经济的快速发展和人们生活方式的改变，近年来眼科疾病中与视觉及视功能有关的问题日益增多，需要进行视功能诊疗的人群逐年扩大。据统计，我国近视眼患病人数约 6 亿，特别是青少年近视已成为严重的社会公共卫生问题。

青少年时期是人生中用眼强度最高的时期，眼睛对于每个人来说都很重要，平时要懂得爱护眼睛，如果发现视力异常，一定要及时去正规的医院检查和治疗。

1. 常见的视力异常

（1）近视

近视是屈光不正的一种。当眼睛在调节放松状态下，平行光线进入眼内，聚焦在视网膜之前，导致视网膜上不能形成清晰像，称为近视眼。近视最为熟知的症状就是看近处基本正常，看远处视物模糊。随着近视度数增加，患者还会出现一些其他视觉症状。

（2）远视

远视指平行光束经过调节放松的眼球折射后成像于视网膜之后的一种屈光状态，当眼球的屈光力不足或其眼轴长度不足时就产生远视。这种眼的光学焦点在视网膜之后，因而在视网膜上所形成的像是模糊不清的。因此，远视眼患者看远看近均不清楚。90% 以上的学龄前儿童出现视力异常时是远视，其中绝大多数是生理性的，但也有20% ~ 25% 是病理性的，病理性远视是导致儿童视力低及眼发育不良的主要原因。

（3）弱视

弱视是一种大脑皮质性视觉障碍，在婴幼儿阶段，各种阻碍正常视觉刺激的因素均可导致这种障碍。大多数弱视是由于两眼之间的屈光不正（屈光参差）、眼失调（斜视）或这两种因素结合而导致的。大多数弱视都是单侧的，所以很多孩子和家长在视力检查之前都未能发现也未曾重视。

（4）斜视

斜视是指眼外肌协调运动失常导致双眼不能同时注视同一物体，属眼外肌疾病。斜视是一种常见的视觉障碍，最主要的临床表现为患者用一只眼注视物体时，另一只眼视轴偏离平行的异常眼位。斜视由先天或后天的因素导致，除了影响美观外，还会导致弱视、双眼单视功能异常等，青少年斜视可能还会导致出现自卑心理。

（5）复视

复视是只有一个物体却能看出两个影像，通常由多种因素导致，比如大脑皮层受到损害、中风、眼部神经疾病等，出现相关症状要赶快到医院进行治疗。

（6）干眼病

当眼睛持续瘙痒还伴有刺痛感时，可考虑患有干眼病。随着年龄的增长，人的眼睛分泌的眼泪会越来越少，所以很容易患上干眼病。出现这种情况，需要减少使用电子产品的次数，平时多眨眼来刺激泪液的分泌。正常人一分钟应该眨眼 15 ~ 20 次，可检验一下自己是否有正常的眨眼频率。

2. 定期检测视力的重要性

儿童青少年处在视力发育期，若存在视力下降或斜视、弱视等问题，没有得到及时的诊断、治疗，可能会影响一生。眼科专家提醒大家：要定期检查视力，及时了解眼睛的健康情况以及潜在的问题，以便及时做出预防、采取措施。

（1）定期检测有助于及时发现儿童屈光问题。在儿童青少年中，近视、远视或散光等问题最为常见。有些孩子不会表达看不清楚东西的感受，家长就很难发现其视力问题，而定期检查能够及时发现孩子的相关症状，从而做到早预防、及时进行干预与矫正，避免眼病的发生和发展。

（2）定期检测有助于早期发现儿童眼病。斜视、弱视等眼病也是儿童青少年成长过程中的常见眼病，若不及时发现、治疗，会对孩子眼部发育、视力水平造成不良影响，甚至对孩子未来的学业、职业选择造成不利的影响。

（3）定期检测有助于防患近视发展成高度近视。近视一旦形成就是不可逆的，如果控制不好，还可能发展为高度近视。高度近视已经悄然成为隐匿的"视力杀手"，会带来眼底病变的风险，严重时会造成不可逆性的视觉损害甚至致盲。

实践活动

你的视力和之前有什么变化吗？举例说一说。

延展阅读

色盲和色弱

色盲和色弱是两个不同的概念，色盲和色弱都具有遗传性。

色盲就是我们平常说的对某种颜色或者对多种颜色分辨不清，比如有的人是红绿色盲，就会分不清红色和绿色。红绿色盲是不能考驾驶证的，原因就是他们分不清红绿灯，如果他们开车就会有非常大的安全隐患。

色弱是认识颜色的能力比较差，比如有的人可以认得出鲜红色，却有可能认不出粉红色。色弱的人是可以考驾驶证的，他们可以辨别颜色，只是辨别的能力差一些。

第三节　正确配、戴眼镜

教学目标

1. 让学生了解保护眼睛的重要性，正确对待近视，知道发现视力异常要及时就医。
2. 让学生了解配眼镜的流程和戴眼镜的注意事项。

教学设计

第一步：复习导入。

上节课我们学习了常见的视力异常，如果发现自己的视力出现了问题，我们该怎么做呢?

学生自由回答。

过渡：如果我们得了近视，一定要到正规的医院配一副适合自己的眼镜。

第二步：教授新知。

1. 配眼镜的学问。

2. 正确戴眼镜。

小结：配眼镜有学问，配好后如何佩戴也有学问。戴眼镜能否降低近视度数，主要取决于我们日常的用眼习惯。戴眼镜切忌随便摘取，特别是用来矫正弱视的眼镜，更不能随意摘取。

第三步：教师总结。

案例材料

11 岁的男孩萧萧最近看黑板时总感觉很模糊，为了看清黑板上的字，萧萧就经常借同桌的眼镜戴，没想到一个月后，他的视力更差了。经医院眼科医生诊视后发现，萧萧已经近视达 300 多度。医生提醒他，眼镜是矫正视力、保护眼睛的重要工具之一，不能轻易借用。如果发现视力异常，一定要及时到医院就诊。

老师：如果患上了近视，就要及时配、戴符合本人近视情况的眼镜。戴眼镜并没有恢复视力的作用，只是暂时利用镜片来矫正视力，一旦不戴眼镜，人的视力还是原来的状态，但戴眼镜可以防止近视等屈光不正的发展，缓解眼部疲劳。所以，为了学习和生活，也为了矫正视力，延缓近视度数的加深，我们要及时戴上眼镜。这节课，我们就一起来学习如何配、戴眼镜。

教学内容

1. 正确配眼镜

在配眼镜之前，要先进行眼科检查，因为有些同学的视力下降并非由近视或散光引起，而可能是由一些眼部疾病所导致。配制眼镜必须经过验光、试戴等程序。必要时应按医生要求做散瞳验光，特别是未成年人和初次配镜者。因验光易受情绪、身体状况的影响，故应在数天内经过两次验光，以达到科学准确的验光结果。

（1）散瞳。散瞳的目的是解除眼睛疲劳，让紧张的肌肉放松，这样验出的屈光度才更准确。散瞳本身不会对患者造成不良影响，但散瞳后可能出现暂时性怕光及视近物模糊现象，恢复正常的时间视不同的散瞳药而不一，对患者的生活、视觉质量无影响。散瞳后应注意在强光下进行遮挡，减少紫外线的摄入。青少年患近视主要是因长时间、近距离、不当用眼所造成，尤其在看书、写字时若眼睛离书本很近，眼球的调节作用会加强，久而久之，就会引起眼睛胀痛、视力减退，即所谓的调节痉挛，如果在验光时不散大瞳孔，那睫状肌的调节作用就会使晶状体变凸，屈光力就会增加，从而导致近视度数加深，验光度数的误差就会很大。因此，青少年患了近视，在配镜的时候散瞳验光是很有必要的。

（2）医学验光。医学验光是检查光线入射眼球后的聚集情况，它以正视眼状态为标准，测出受检眼与正视眼间的聚散差异程度。它是根据患者的眼部检查、屈光状态、眼位、调节力、视功能、年龄、职业、用眼习惯等十几项诊断指标而给出的科学处方，直接关系所配眼镜的准确性和舒适性。

（3）试镜。试镜医生依据验光的结果给患者插片，观察视力矫正情况，结合患者的主观感觉，初步确定最适宜的镜片度数，但还不能给出配镜处方。因为在这个过程中患者的瞳孔是散大的，眼睛本身的调节力被消除，而通常患者是在有调节的情况下使用眼镜的，所以还需进行下一步复验。

（4）复验。复验要在散大的瞳孔完全恢复到正常、调节力恢复后进行。复验时，医生根据初次验光的结果，结合儿童的年龄、屈光性质、眼位情况以及孩子的主观感觉等因素综合分析，最后确定镜片度数。这是非常关键的一步，不仅要求医生能确定适合孩子配、戴的眼镜的准确度数，而且要使孩子戴上眼镜后无任何不适感。

（5）测量瞳距。瞳距是指两眼瞳孔间的距离。瞳距的准确是保障配镜质量的一个重要因素，每个人在配镜前都必须仔细地测量。

（6）开具眼镜处方。眼镜处方是配镜的依据，即视光医生在完成以上步骤之后得出的结果。它除了用于配眼镜之外，还可以为下次复查提供原始的病历依据，我们一定要保管好。

（7）选择合适的眼镜。目前矫正近视最简单、安全的方法是配、戴框架眼镜，它虽然无法彻底治疗近视，但是可以通过光学原理让近视的同学轻松地看清远处的物体。

儿童青少年矫正视力以最低矫正到 1.0 为最佳，根据验光得出的近视度数，配置框架眼镜。在选择眼镜框架时，应选择大小合适、样式合理的眼镜框架。如果镜架太大，

会使镜片光学中心与视线不一致，不利于矫正视力，以选择与脸盘大小成正比的镜架为宜，还需要注意镜架的质量，需坚固耐用、不易变形、美观大方。其次，选择镜片时，以轻、薄、透光度好、质量优良为宜。镜片材料分为多种，对于运动较多的学生来说，用光学树脂制作的镜片较为合适，该镜片质量轻、抗冲击力强、透光性好、不易碎。

2. 正确戴眼镜

随着医学的发展，现在通过双眼视功能检查来决定是否看近看远都戴眼镜。哪怕你现在只有100度的近视，如果通过双眼视功能检查，发现眼睛的调节有问题，那么无论看近还是看远都需要戴眼镜。

如果近视眼患者戴上合适的眼镜后，视力可达到正常水平，那么可以根据个人的近视度数深浅、学习和工作等需要、用眼情况和习惯来决定是否要戴眼镜，一般建议有长期用眼需求的学生在看不清、看得累时戴眼镜。轻度近视患者（屈光度在300及以下），建议看远时戴眼镜（如看电视、上课时），看近处时一般可以不戴眼镜；中度近视（屈光度在300至600之间）并伴有散光的患者，建议经常戴眼镜；高度近视（屈光度在600以上）患者，无论有无散光，都要经常戴眼镜。

眼科专家指出，戴合适的眼镜并不会导致近视度数的加深，近视眼度数的加深是由遗传及环境因素共同造成的，比如长时间使用电子产品、学习和工作负担重、近距离用眼时间长等。尤其是对于青少年来说，随着身体的发育，他们的眼球长度（即眼轴）也会逐渐变长，而这一时期又正是学习负担较重的时候，因此很多家长会发现孩子的近视度数发展较快，从而产生了戴眼镜会加快近视发展的错觉。

因此，配戴眼镜之后，我们还要定时复查视力，时刻关注视力变化情况，及时对眼镜进行适当调整。当出现眼镜腿较松、左右高低不平、鼻托部眼镜下滑、镜架变形等情况时，一定要找专业技师调整，而不能自己动手，以防镜片的光学中心点发生变化。

实践活动

定期在父母的陪同下到专业的机构给眼睛做检查，发现问题要及时进行治疗。

延展阅读

眼镜越戴越近视吗？

许多人认为，一旦戴上眼镜就会对它产生依赖，近视度数的增长速度会加快，因此不愿意戴眼镜。实际上，儿童青少年处于生长发育阶段，若是没有养成良好的用眼习惯，就会加快近视度数的增长，这与戴眼镜无关。戴眼镜是通过光学原理帮助患者矫正视力，使眼球更好、更轻松地看清楚远处的物体。如果患上近视不及时配、戴符合近视度数的眼镜，近视度数会增长得越来越快。

水平四

（初中阶段）

第一章　健康行为与生活方式

第一节　与健康相伴

教学目标

1. 通过本节教学，让学生了解健康和亚健康的定义。
2. 能根据健康和亚健康的标准，初步判断自己的健康状况。
3. 懂得控制自己的情绪和行为，能够在生活中养成健康的生活习惯，选择健康的生活方式。

教学设计

第一步：话题导入。

1. 健康是人一生的财富，那么什么是健康呢？
2. 没病没灾就是健康吗？肌肉发达、强健有力就是健康吗？

教师评价完学生的观点后，导入新课。

第二步：分组讨论，认识健康与亚健康。

1. 学生根据健康和亚健康的标准进行自我测评，分小组展示交流各组成员的健康状况及其依据。

2. 教师基于学生的交流情况，引导学生对健康和亚健康的标准进行分类，师生共同归纳出健康的定义。

第三步：组织学生结合健康和亚健康的定义谈谈自己在健康方面做得好与不好的地方，引导学生养成良好的健康习惯。

第四步：教师总结。

案例材料

如果健康是1，梦想、事业、财富、婚姻、名利等等都是后面的0，由1和0可以组成10、100等无数种不同大小的值。对于一个人而言，如果没有健康这个1，其他条件再多也只是0。没有健康就没有一切，所有的0都是健康1的外延和扩展。拥有健康就拥有希望，就拥有未来；失去健康，就失去了一切。

老师：随着社会的进步，我们对健康的关注越来越多，对健康知识的渴求也与日俱增。那么，什么是健康？怎样才能增进健康呢？让我们一起寻找答案吧。

189

教学内容

1. 健康

世界卫生组织对于健康的定义：健康是一种身体上、精神上和社会适应上的完全良好状态，而不仅仅是没有疾病和衰弱的状态。也就是说，一个人在身体健康、心理健康、社会适应良好、道德健康等四个方面都健全了，才是完全健康的人。

世界卫生组织给健康所定的标准：

> （1）处事乐观，友善待人，态度积极，乐于承担任务，不挑剔。
>
> （2）生活规律，善于休息，睡眠良好。
>
> （3）适应能力强，能适应各种环境的变化。
>
> （4）体重适当，身材匀称，身体各部位比例协调。
>
> （5）皮肤、肌肉富有弹性，走路轻松有力。
>
> （6）头发有光泽，无头屑。
>
> （7）眼睛明亮，反应敏锐。
>
> （8）牙齿洁白，牙龈正常，无龋齿，无疼痛。
>
> （9）对一般感冒和传染病有一定的抵抗力。
>
> （10）精力充沛，能从容不迫地应对日常生活和工作。

2. 亚健康

世界卫生组织对亚健康的定义：一种既没有疾病又不健康的状态，是介于健康与疾病之间的一种状态。亚健康状态是健康与疾病之间的临界状态，各种仪器及检验结果为阴性，但人体有各种各样的不适感觉。医学专家认为，21 世纪亚健康是人类健康的头号敌人。因此，正确对待和处理亚健康，已成为人类健康的首要任务。亚健康表现如下：

（1）晚上睡不着，睡着了又总是做梦，睡眠质量差。	（7）体重下降，晨起眼眶凹陷。	（13）对外界的噪声、嘈杂声非常敏感，更想宁静。
（2）身体发胖，行动迟缓。	（8）表现出更多的忧虑。	（14）整天觉得全身不舒服，腰酸背疼。
（3）记忆力下降，想去做的事，一会儿就忘了。	（9）头发出现经常脱落的现象。	（15）情绪不稳定，总觉得不顺心，总想发脾气。
（4）不想出门，只想一人独自待在房子里。	（10）做事情没热情，勉强应付了事。	（16）夏天怕热，总想在空调房里度过。
（5）进食减少，吃什么都不香，胃口很差。	（11）情绪低落，不愿理睬他人。	（17）冬天怕冷，出现冻手、冻脚的现象。
（6）生活失去规律，行动散漫，不注意个人整洁。	（12）经常感冒，又不能好转。	（18）总感到身上疲劳，

坐下来就想打瞌睡。	（23）经常便秘。	（27）双腿出现抽筋，四肢发凉。
（19）夜里出现盗汗现象，低烧不退。	（24）耳鸣、脑鸣的现象时有发生。	（28）胸闷心慌，心悸气短。
（20）头晕脑涨，无精打采。	（25）消化不良，口吐酸水，胃胀不适。	（29）反应迟钝，注意力不集中，说话无力。
（21）手脚麻木，血脉不通。	（26）眼花，有异物感，视力下降。	（30）皮肤干燥、无光泽，出现斑点。
（22）有口苦、口臭、口有异味等现象。		

3. 养成健康的习惯

从小学升到初中，我们进入了一个新的学习生活环境，面对更多的学习压力，身心健康的发展是我们完成学业和愉快生活的基本保障。因此，学习健康知识，增进健康技能，对于每一个中学生来说都是十分重要的。那么，我们应该怎么做才能增进健康呢？

（1）合理膳食。饮食方面，我们要做到营养全面均衡，三餐营养合理搭配，不要不吃早餐，不要偏食；减少动物脂肪、甜食和钠盐的摄入，增加蔬菜、水果等富含维生素和膳食纤维的食物。可根据活动量的大小，适当增减摄入食物的品种和数量。

（2）适量运动。生活中保持适量的运动。运动可以保持脑力和体力的协调，提高心肺功能，改善脂肪和糖代谢，预防肥胖，防止骨质疏松，提高免疫力，同时可保持身心愉快，精力充沛。

（3）远离烟酒。吸烟是不健康的行为，戒烟可使心脑血管病的死亡率下降25% ~ 40%，这也是公共卫生观念的体现。大量饮酒会损害心血管系统、神经系统和肝脏，还会引发许多道德伦理问题。所以，为了健康，我们要远离烟酒。

（4）保持心理健康。当我们面对挑战、冲突、挫折和压力时，必须不断进行自我心理调节。生活中要培养读书的好习惯，不断向他人学习，控制自己的情绪。客观认识自己的能力，承认个人能力是有限的，把握好机遇，既积极进取，又知足常乐。对他人要学会宽容和理解，积极和朋友相处，善于与他人合作。多培养自己的兴趣爱好，有节奏地生活、学习，劳逸结合，学会自我放松。当压力太大难以承受时，可以寻求老师、家长或心理医生的援助。寻求援助是健康的标志，而不是软弱。

（5）改变健康观。过去，人们总是认为无病就是健康。如今，人们的健康观发生了巨大的变化，越来越多的人不仅关心自己身体的健康，更注重维护心理的健康。因此，我们要定期体检，出现心理问题要咨询心理医生，使身心都能够健康发展。

实践活动

请同学们根据自身的实际需要，为自己制订一份个性化的健康计划，并对照自己的现状，找一找需要加强和改进的地方。

延展阅读

运动让身体更健康

体育运动能促进少年儿童的生长发育。调查证明，同性别、同年龄的儿童，经常参加体育锻炼的比不锻炼的约高 4～8 厘米。体育运动还能增强体内各内脏器官的功能。经常运动的人，肺的容量比不运动的要大一倍以上；心肌发达，心脏的收缩能力加强；胃肠功能强，饭量大，消化好。

运动能增强体质，提高机体的抵抗力和对自然环境的适应能力，从而预防疾病的发生。在体育锻炼的过程中，自然界的各种因素也对人体产生作用，如阳光的照射、空气和温度的变化以及水的刺激等，都会使人体提高对外界环境的适应能力。所以，经常参加体育锻炼的人，不仅身体壮实而且活泼聪明，反应敏捷，接受新事物也快，平时极少生病。体育运动还能使人体态健美。运动贵在坚持，只有持之以恒才能收到理想的效果。

第二节　饮食营养与身体健康

教学目标

通过学习，让学生了解与饮食相关的营养知识，纠正不良的饮食习惯，做到一日三餐有规律，学会营养搭配。知道合理饮食对健康的重要作用，在生活中养成均衡饮食的好习惯。

教学设计

第一步：案例导入。

观看案例，使学生了解过度减肥的危害，初步认识过度减肥的严重后果，为学生在健康饮食方面敲响警钟。

第二步：学习新知。

1. 通过课件展示过度肥胖、瘦弱、侏儒症等与营养问题相关的图片，更加直观形象地帮助学生建立思想认知。

2. 以"民以食为天"为关键词，首先强调一日三餐的摄取是非常重要的，并详细讲解一日三餐的营养搭配原则和饮食规律；其次突出青春期饮食与体重管理，认识盲目节食会对青春期生长发育造成危害，了解体重过重会对我们的心血管系统、生殖系统、内分泌系统、神经系统等造成负面影响。

第三步：分享交流。

在初步掌握饮食营养知识的基础上，组织学生分组讨论，自主探究健康饮食的组成要素并展示探究成果。教师在评析学生自主探究过程及结果的基础上，正确引导并作出总结。

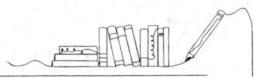

第四步：拓展延伸到青春期心理问题，帮助学生以小见大，建立正确的人生观和价值观。

第五步：教师总结。

案例材料

某医院收治了一个 13 岁的女孩，她身高有 158 厘米，体重却只有 70 斤，她住院的最主要原因是过度减肥。在未减肥前，她是 98 斤，按道理讲，她不仅不胖，而且刚好是健康标准的体型，但因为羡慕别人所吹捧的"细长腿"，她开始节食。因为她是住校生，所以父母全然不知她平时的饮食状况，直到她过度节食的一系列后果出现……她最早期的症状是体力下降，觉得自己每天都疲乏无力，上课时思维迟钝，早上睡不醒。后来就是消瘦，她发现自己不长个子了，月经也不正常了。当老师、同学发现她的变化后，赶紧劝阻她并通知了她的父母，但此时的她已经处于看到食物连一口都吃不下去的状态了。父母把她带到医院后，医生说，过度减肥的行为不但引起她肠胃功能紊乱，甚至连内脏器官都变瘦了，肠道壁也变薄了，并且出现了神经性抑制反应。她不是不想吃，而是没办法吃下去。而厌食导致的营养不良又会加重上述这些症状，这个恶性循环很难被打破。后来，这名患者离开了人世，死因是过度饥饿导致多脏器衰竭。

老师：案例中女孩的减肥行为可取吗？

学生自由回答。

老师：爱美之心人皆有之，健康应该放在第一位。我们的身体每天都要摄取不同种类的食物，以满足身体的需要，今天我们就来学习饮食与健康的关系。

教学内容

1. 健康的一日三餐

俗话说"民以食为天"，健康的饮食能提供人体生长、生存所必需的基础营养，养成科学的饮食习惯，有益于我们的健康。特别是对于处在生长发育阶段的中学生来说，拥有健康的身体，才能愉快地生活和学习。

然而，健康科学的生活方式并没有被大家所重视。现在，垃圾食品冲击着整个食品市场，特别是校园门口各类小店中的垃圾食品，更是数不胜数。那些食品从形状、色彩、口味都特别受中小学生的青睐，同学们往往经不起这些食品的诱惑，不好好吃一日三餐，却想尽办法去买那些垃圾食品。

中国人的饮食习惯是一日吃三餐，一日三餐的营养摄取对我们来说非常重要。我们要合理安排一日三餐的时间和食量，进餐要定时定量，更重要的是要做好食物种类的搭配，使食物多样化，使营养丰富全面，既保证数量，又保证质量，这样才能做到膳食平衡。

我们要坚持一日三餐原则，饮食不仅要有规律，而且三餐的分量尽量要平均。首先要保证主食量的供给，选择主食时注意粗细搭配，除了大米、小麦粉以外还应配以适量的粗杂粮和薯类；第二要保证优质蛋白质的摄入，饮食中多添加蛋类、奶类、鱼虾类、肉类、豆制品等；第三是保证维生素和矿物质的供给，多吃新鲜的蔬菜和水果，少吃高糖、高盐、高油的食物；第四是限制零食摄入量，多喝白开水，少喝饮料。

2. 饮食与体重管理

有些青少年为了追求体形完美而有意节食，这种情况多见于青春期的女生。有的女生过分关注体形，为了身材苗条而节食，久而久之食欲日趋降低，看见食物就恶心，最终导致神经性厌食症；由于进食明显减少，体重下降，身体虚弱，月经迟迟不来，已来月经者则会出现停经、闭经等现象，还可能出现一些精神症状和行为失常，如不及时治疗将会导致严重后果。

相反，有的同学食欲很好而不加控制，过多地摄入食物，即过多地摄入了身体不需要的热量，就有可能引起体重过重。体重过重的女生到青春期时，容易出现月经不正常的问题，而且体重过重还会对我们的心血管系统、生殖系统、内分泌系统、神经系统等造成负面影响。保持良好体形，要健康饮食，做到以下四点：

（1）避免吃高油、高糖食物。甜食和油炸类食物吃得过多容易变胖，还会导致学习效率下降。

（2）三餐均衡，保证早餐。三餐定时定量，早餐一定要吃好。

（3）多吃高纤维食物。多摄入富含纤维素的蔬菜、水果、全谷类食物，可以增加饱腹感，控制热量。

（4）不可过度节食。过度限制饮食，会引起生长发育受限。

实践活动

为家人制作一份健康的饮食计划吧。

延展阅读

吃粗粮的好处

粗粮是指除大米、白面以外没有经过细加工的粮食类作物。吃粗粮的好处：粗粮保留更多的营养，富含 B 族维生素；粗粮还有高纤维，可以促进胃肠蠕动；粗粮能使血糖保持平稳，且持续时间较长；粗粮可以清除体内垃圾，缩短粪便在肠道内保留的时间；粗粮具有减肥功效，因为粗粮富含的膳食纤维易产生饱腹感。尽管吃粗粮有很多好处，但如果刻意追求只吃粗粮不吃细粮，对健康也是不利的。我们要做到粗细粮搭配吃，这样才能保证营养的全面摄入。

第三节　食物中毒的救护与预防

教学目标

1. 了解身边的饮食安全隐患，养成良好的饮食习惯。
2. 了解常见食物中毒的症状，提高自我救护意识。
3. 初步了解食物中毒后如何急救，学会预防食物中毒。

教学设计

第一步：视频导入，激发学习兴趣。

1. 播放有关食物中毒的相关视频。
2. 案例中的学生出现了什么状况？

第二步：讨论交流，了解食物中毒的定义和分类。

1. 日常生活中你听说过哪些食物中毒？
2. 你有没有吃坏肚子的经历？

学生各抒己见，教师总结并讲述食物中毒的定义和分类。

第三步：播放食物中毒后的动画视频，了解食物中毒的症状。

第四步：学会简单的救治方法。

第五步：学习预防食物中毒。

第六步：课堂实践。

以小组为单位，根据本节课所学的知识，结合平时的生活实践，为班级制作一份食物中毒与预防的宣传海报，并在班级中展示。

案例材料

某地发生一起食物中毒事件，导致 9 人死亡。事件发生在家庭聚餐期间，该家庭成员及亲属共 12 人参加了聚餐，家里长辈 9 人全部食用了自制的"酸汤子"，相关食材已经在冰箱冷冻一年，3 个年轻人因不喜欢这种口味没有食用。聚餐结束后，9 位食用了"酸汤子"的长辈陆续出现身体不适，被送往医院救治。该事件被初步定性为酵米面食物中毒，即由椰毒假单胞菌污染产生米酵菌酸引起的食物中毒。

老师：当一群人在吃了相同的东西以后，突然出现恶心、呕吐、肚子疼、拉肚子等症状，你是否意识到这可能是食物中毒的表现？

学生：吃了不洁净的东西也会恶心、呕吐……

老师：同学们平时一定要注意饮食卫生。食物中毒在生活中是很常见的，出现食物中毒后应立即进行急救，进行催吐、导泻、解毒，同时还要留下食物小样进行检查化验，帮助医生快速制定治疗方案。同时，同学们吃东西之前一定要注意食物是否变质。

教学内容

1. 食物中毒的定义

食物中毒是由于通过摄取"有毒"食物（指被致病菌、生物性或化学性毒物污染以及含天然毒素的动植物食物）而引起的以急性感染或中毒为主要临床特征的疾病，其潜伏期较短，短时间内可发现大量症状相似的病人，并以急性过程为主。病人在近期内食用过同样的食物，发病范围局限在食用该种有毒食物的人群。

2. 食物中毒的分类

常见的食物中毒有细菌性食物中毒、有毒动植物中毒、化学性食物中毒。此外，受到污染的水环境中含有大量的重金属，如汞、镉、铅、砷等，它们通过食物链进入鱼虾体内。越是处在食物链高端的生物种类所含有的重金属越多而且容易积累，如进入虾体内的重金属主要积聚在头部，人如果大量食用受到污染的水产品，也会造成重金属中毒。

按病原分类的方法，常见的食物中毒有以下几种：

（1）细菌性食物中毒。包括沙门氏菌中毒、变形杆菌中毒、副溶血性弧菌中毒、葡萄球菌肠毒素中毒等。

（2）有毒动物中毒。如河豚鱼、含毒贝类中毒。

（3）有毒植物中毒。如毒蕈、木薯中毒。

（4）化学性食物中毒。如某些金属或类金属化合物中毒、亚硝盐酸中毒。

（5）真菌毒素和霉变食品中毒。如赤霉病麦中毒、霉变甘蔗中毒。

3. 食物中毒的症状与救护

（1）食物中毒的症状

食物中毒都和某种饮食有直接或间接的关系，所以，一般是食用相同食物的一批人同时发病，但中毒者会因吃的量不同和体质差异而表现出不同的中毒症状。食物中毒的症状通常表现为恶心、呕吐、腹痛、腹胀、腹泻等，有时还伴有发热、脸色苍白、出汗、眩晕等症状，严重的还会出现昏迷、休克、脱水、肾功能衰竭等。

（2）食物中毒的救护

发生中毒后，要立即停止食用造成中毒的食品，但不能随意丢弃可疑食品；要及时向老师、家长汇报中毒情况，拨打"120"急救电话，将中毒者送往医院。

食物中毒后身体的反应也是因人而异的，有些人可能只是肠胃难受，有些人则会上吐下泻。其实，食物中毒后能吐出来是最好的，如果没有呕吐的情况一定要进行催吐，减少身体对毒素的吸收，同时也要注意补充水分，防止身体脱水。

确定自己是食物中毒且精神状态良好，可以在医生的指导下服用泻药来排泄，尽量将身体内的毒素排泄干净。

要注意食物的正确储存问题，以防止食物变质。食物中毒是生活中比较常见的一种

现象，特别是在夏季，由于气温高，食物容易变质。有时人们服用相克的食物，也会引发食物中毒。食物中毒对人体的伤害是非常大的，所以我们应该掌握一些食物中毒的急救措施，这样能避免威胁到生命安全。急救时一般可用催吐和导泻的方式，进食时间短于两小时的一般使用催吐的方式，如果进食时间较长，食物已经进入肠道的话，则选用导泻的方式。

4. 食物中毒的预防

现在，人们对食品安全问题越来越关注。据世界卫生组织估计，全球由致病微生物和其他有毒有害因素引起的食物中毒等食源性疾病患者每年数以亿计。因此，生活中我们要养成良好的卫生习惯，避免食物中毒的发生。

（1）远离街头食品。街头食品存在严重的卫生隐患，对人们的身体健康有着极大的威胁。这是因为，自然环境中到处都有微生物存在，而且致病性微生物对自然环境的抵抗力很强，如结核杆菌能存活 3 个月，志贺氏菌、沙门氏菌能在水和粪便中存活 15 ~ 60 天。当人们在露天制售食品时，汽车、人流、风将周围环境中的尘土、杂物等带起，致病性微生物也随之落于食品上，病菌有了营养及适宜的温度就可以大量生长繁殖，食入这些含有大量致病菌的食品就可能致病。

（2）不要食用发霉变质的食物。食物霉变是因为有霉菌在生长繁殖，它会产生一种叫作真菌毒素的有毒物质，人一旦吃了这种毒素，就会产生中毒症状，损害自身器官，甚至造成死亡。因此，发现霉变食物，都要扔掉不吃。

（3）食物要彻底煮熟才能食用。有些食物如果没有熟透，也会引起食物中毒。如四季豆，在煮或者炒时，如果没有熟透，吃了就会头疼、恶心，并且有发冷的症状。再如长芽的土豆等，吃了也会出现中毒的症状。

（4）不采摘食用野菜、野果。不要随便去采摘不认识的野果和野菜，更不要随便食用，以免引起食物中毒。

（5）注意个人卫生。饭前便后要用流水洗手，不与他人共用毛巾和碗筷。瓜果洗净并去除外皮后才能食用，不购食来路不明和超过保质期的食品，不购食无卫生许可证和营业执照的小店或路边摊点上的食品，不吃已确认变质或怀疑可能变质的食品，不吃明知添加了防腐剂或色素而又不能肯定其添加量是否符合食品卫生安全标准的食品。

实践活动

学习本课之后，你在以后选择和保存食物时是不是要更加留心了呢？与同学交流一下。

延展阅读

四季豆中毒的主要原因

四季豆(又称刀豆、芸豆、扁豆)如果烧得不够熟，就有可能引起食用者中毒，出现呕吐、腹泻和出血性肠炎等症状。四季豆中毒，属于食物天然毒素中毒，一年四季均可发生，以秋季下霜前后较为常见。

四季豆中含有皂素和凝集素化学物质。皂素对消化道黏膜有强烈的刺激性，可引起局部充血肿胀及出血性炎症；皂素还能破坏红细胞，引起溶血症状。四季豆中含有的另一种有毒物质为植物血球凝集素，主要存在于豆粒中，具有凝血作用。

四季豆所含毒素经高温后可被破坏，故烹调时宜先将四季豆放在开水中焯数分钟，捞出后再烹调食用。炒煮时要烧熟煮透，直至四季豆的青绿色消失，吃时应无生豆腥味和苦硬感。若食用凉拌四季豆，要先切成丝，放在开水中焯10分钟以上，然后再捞出放调料食用。

第四节　只要青春不要痘

教学目标

1. 让学生正确对待青春痘的出现，了解青春痘的形成原因。
2. 学会预防青春痘及正确处理青春痘的方法。

教学设计

第一步：案例导入。

第二步：教师讲授青春痘的知识。

1. 播放有关青春痘的图片。

2. 了解青春痘的形成原因。

3. 了解青春痘的类型。

第三步：分组交流青春期的烦恼。

教师根据学生的分享，引导学生正确对待青春痘的出现以及青春期身体和心理发生的变化。

第四步：学习青春痘的预防。

第五步：教师总结。

案例材料

菁菁原本是个快乐的女孩，可最近因为脸上长了一些小痘痘，她心里有些不开心。学校要开运动会，准备从她们班选几名花束队员，她很想去，可老师却没有选她，于是她就以为自己落选是因为脸上长了痘痘，自那以后，她总是低着头走路，人也变得自卑起来。后来，她了解了一些青春期的知识，心情又逐渐阳光起来。

老师：中学时期，同学们的生长发育速度快，内分泌出现不平衡的状态，皮肤的油脂分泌旺盛,部分同学的脸上、身体上就会长出一些痘痘。你曾有过脸上长痘痘的烦恼吗?

今天，我们一起来聊聊和痘痘抗争的故事吧。

教学内容

1. 认识青春痘

青春痘在医学上被称为痤疮，是一种常见的慢性毛囊与皮脂腺炎症，好发于青少年。青少年进入青春期后，性激素分泌增多，皮脂分泌过多，积聚在毛囊内，同时雄性激素造成皮脂腺导管的过度角化，角质层不能定期脱落而引起毛囊孔阻塞，容易遭受细菌感染，形成痤疮。

痤疮常有两种表现：一种叫粉刺，是单纯由于油脂分泌增多致毛孔堵塞而形成的小丘疹，不发红；另一种叫毛囊性丘疹，是毛孔堵塞时间比较长后，细菌在毛孔内滋生而形成的炎症，会发红，甚至出现脓点。大多数痤疮的产生和皮肤的油脂分泌、内分泌密切相关。脸上或者身体上长了痤疮的同学不要用手去挤，因为手上有很多细菌，容易引起感染。

另外，青少年偏爱一些高脂肪、高碳水化合物及油炸、辛辣等刺激性食品，加上作息不规律、睡眠不足、化妆品的不当使用以及抑郁烦躁等不良情绪，都会加重痤疮。

2. 痤疮形成的具体表现

丘疹：如米粒或绿豆大小，呈淡红或暗红色，可出现在面部、颈部、胸部及背部。

脓疱：位于丘疹的顶端。

结节：是在脓疱的基础上形成的高于皮肤表面的红色结节。

囊肿：是在结节的基础上形成的。

瘢痕：可分为萎缩性瘢痕和肥大性瘢痕两种。

3. 预防青春痘

青春痘是身体发育到一定阶段出现的正常现象，千万不要紧张和害怕。治疗青春痘的基本原则是减少毛囊堵塞，防止皮肤感染。程度轻的可采用调整饮食、睡眠以及清洁皮肤的方法；程度较重的需要尽早就医，避免或减少出现瘢痕。一般而言，只要我们处理得当，多数青春痘可以自行恢复，也不会留下疤痕。

（1）做好皮肤清洁。拥有油性皮肤的人平时应多注意皮肤的清洁，尤其是额头、双颊、下巴、鼻部等青春痘好发部位，少用冷水洗脸，以防毛孔收缩，防止皮脂堵塞毛孔加重青春痘。同时，也应注意背部、胸前等容易被忽视部位的清洁。还有，要保持头发卫生，防止头发上的细菌沾染到面部。

（2）注意饮食。不吃或少吃油炸类食品，刺激性食物也应该控制食用，如酒、蒜、辣椒、胡椒等。多吃一些有利于减少皮脂分泌的水果、蔬菜，如苹果、黄瓜、番茄、冬瓜、苦瓜等，但荔枝、橘子等高糖类水果应该少吃。总之，为预防青春痘，饮食应以清淡为主。

（3）慎用化妆品。如无必要，应尽量少用化妆品。如果一定要使用，应根据自己的皮肤特点，选择适合自己的护肤品。

（4）养成良好的作息习惯。保证充足的睡眠，注意坚持运动，增强体质。保证每天大小便正常，及时将体内毒素排出体外。

实践活动

男孩长青春痘是因为雄性激素的分泌，为什么女孩子也长青春痘呢？而且有些女孩的青春痘会在月经来临的前几天加重，这又是为什么呢？请同学们利用业余时间查阅相关资料，了解其中的秘密。

延展阅读

控制痤疮应该使用温和的清洁用品

很多人认为痤疮是皮肤不清洁引起的，这种错误观点造成很多人用肥皂或很强效的洁面产品洗脸，这样反而加重了皮肤刺激和过度干燥，分泌更多油脂，造成更多的青春痘。因此，控制痤疮应该使用温和的清洁用品和护肤品。

第五节　日常用药安全

教学目标

1. 让学生了解药品的分类及特性。

2. 让学生学会看药品的使用说明，知道用药的方式方法，认识安全用药的重要性，树立自身的用药安全意识和自我保护意识。

教学设计

第一步：案例导入，揭示课题。

第二步：出示图片，认识药品。

第三步：出示图片，认识药品说明书。

第四步：分组讨论，如何安全用药。

学生发言，教师总结。

第五步：教师总结。

案例材料

大学生小赵入学后不久便出现咳嗽、盗汗等症状，被诊断为结核性胸膜炎。随后，小赵自己到当地药店购买了一种名叫乙胺丁醇的药物，药物使用说明中明确说每天只能

吃3粒，他却按10倍剂量每天服用30粒，等到第三天时，小赵发现自己的视力出现障碍，但并未在意。在连续服用两个多月后，小赵出现声音嘶哑、严重失眠、高烧等严重中毒症状，以致未能等到期末，他就被校方派人送回老家。后来，小赵的病情日趋严重，被家人送到医院进行抢救。

老师：天有不测风云，人有旦夕祸福，我们在生活中备一些常用药物，的确是未雨绸缪的高明之举，但若是乱吃药，掌握不好常用药物的用量和用法，那真的会像小赵一样弄巧成拙，给身体带来极大的伤害。这节课我们一起学习日常用药的安全。

教学内容

1. 认识药品

药品有中药和西药、处方药和非处方药、内服药和外用药之分。

（1）中药和西药。中药是指在中药理论指导下使用的药物，多由植物、动物和一些矿物经过炮制或其他工艺加工而成的活性物质群构成。西药是在现代医药理论指导下使用的药物，包括化学合成药物、生物制品、血液制品等。

（2）处方药和非处方药。处方药是指凭执业医师或其他有处方权的医疗专业人士开写处方，才可调配购买和使用的药品。非处方药是指不需要凭医师的处方，病人可自行判断、购买和使用的药品，简称"OTC"（Over The Counter）。对于常见的或时令性轻微病症，病人容易自行判断，若按规定的方法使用非处方药是安全有效的。为了保证人民健康，非处方药的说明书会明确规定药物的使用时间、疗程，并强调指出"如症状未缓解或消失应向医师咨询"。

（3）内服药和外用药。内服药是通过口服被人体吸收来治疗的药物。外用药是通过涂抹或滴于患处治疗疾病的药物。外用药多有刺激性、腐蚀性或毒性较大，不能内服。

2. 如何安全用药

（1）认真阅读说明书。药品说明书涵盖了该药品的药物组成、适应证、服用方法、用药注意事项、有效期、药物相互作用、不良反应等信息，仔细阅读说明书是保证安全、合理用药的前提。在正确的时间段内服药，有利于药物有效成分的吸收和作用。我们还应注意服用剂量、服用频率及未成年人服药时剂量应减多少等问题。此外，我们还要注意药物可能带来的副作用。

（2）按时按量服药。药物之所以能持续性地治疗疾病，与其在血液中维持一定的浓度有关，若想保持治病需要的血药浓度，就必须按时按量服药。此外，药物在用药剂量上都规定了有效范围和安全范围，剂量不足则用药无效，剂量过高则很可能造成药物中毒。药物说明书或者处方上所写的用药剂量和时间，都是经过无数的临床病例总结而来的，是科学合理的。所以，人们服药时一定要参照药品说明书或处方，不要任意减量和增量，不要错过时间段服药或忘记服药。如果一定需要改变用药剂量或时间，必须在医生或执业药师指导下进行。

（3）不乱吃药。因父母自作主张给孩子用药而造成严重后果的例子时有发生。此外，有些人认为同时服用几种药物病会好得更快，事实上这是十分危险的，因为同时服用两种或两种以上药物时，药物之间很可能存在相互作用，或者几种药物有共同的成分，从而引起毒性反应，甚至导致严重的药源性损害。

（4）不滥用抗生素。抗生素是用于治疗各种细菌感染的药物，但并不是所有病症都需要使用抗生素。在日常生活中，很多人把抗生素当作"万能药"，认为有"炎症"就要用"消炎药"，其实这是滥用抗生素的表现。滥用抗生素会造成身体的耐药性，甚至发生毒性反应。

（5）不能用保健品代替药物。保健品确实会对身体有帮助，但是根据目前的科学研究，没有证据证明它能够代替药品。药品的研究是严格的，经过科学的验证，对人体有益且能够预防疾病的发生，而保健品没有这方面的严格证据。所以不能用保健品代替药物，尤其是患有严重的疾病，比如脑梗塞，心肌梗塞或者手术以后需要长期服药的病人，千万不能拿保健品来代替药物。

实践活动

有些人迷信民间流传的所谓的"祖传秘方"，患病后不去正规医院看病，而是寻找"祖传秘方"。你怎么看待这种现象？

延展阅读

不滥用抗生素

抗生素又名抗菌素，一般是处方药，需要凭医生处方购买和服用。抗生素能帮助身体消灭病菌，滥用则会导致耐药菌的产生。所谓耐药菌，是指没有被一种抗生素消灭的细菌，对这种抗生素产生了抗体。超时使用、不对症使用或未严格规范使用抗生素都属于滥用抗生素。正常人体内有许多共生的菌群，抗生素特别是广谱抗生素的不合理服用，会打破身体内的平衡。生活中，很多患者将抗生素视为"万能药"，但凡感冒发烧，不管是什么类型，全都用抗生素类药物自行治疗，这是极不科学的。

第六节　保持个人形象以及家庭卫生

教学目标

1. 使学生知道什么是良好的个人形象，并要求自己养成良好的行为规范。
2. 认识家庭卫生环境对健康的重要性。

教学设计

第一步：案例导入。

通过案例，让学生讨论什么是"美"。

第二步：出示图片，让学生观察并讨论"中学生应如何保持个人形象"。

中学生应保持的个人形象：

1. 穿校服和运动鞋。

2. 不烫发，不披长发。

3. 不化妆，不戴首饰。

4. 提高自身审美水平。

第三步：良好的家庭卫生环境有利于健康。

第四步：教师总结。

案例材料

丽丽是学校里出了名的"另类女孩"，她理着板寸染着黄发，耳朵上带着几枚硕大的钛钢耳钉，穿着破洞牛仔裤，显得有些"怪异"。每次从同学面前走过去，丽丽都能听到有人在她背后指指点点，并且很少有同学主动和她来往。而丽丽并不在意，她认为自己模仿的是外国最火的一位明星的装扮，那些看不惯她的人只是不懂得时尚，因此依然我行我素，甚至穿得越来越夸张，心思完全不在学习上，成绩更是一落千丈。

老师：每个人在生活的各个时期和地点，都有不同的身份，穿着打扮符合身份是仪容仪表最低限度的要求，作为一名中学生，我们应该怎么穿着呢？

学生自由回答。

教学内容

1. 中学生应保持的个人形象

爱美之心，人皆有之。中学生正值豆蔻年华，有谁不爱美呢？但是中学生的思想还不够成熟，对事物的看法还不够完整，因而对美的理解存在偏差，如一部分中学生把向偶像明星学习当作时尚，单纯地模仿，男生留长发、穿奇装异服，女生披长发、戴首饰。这些不仅不美，而且不符合中学生的身份。

那么，中学生怎样打扮最合适呢？《中小学生守则》《中学生日常行为规范》对此有明确规定，可归纳为以下几点：

（1）穿校服和运动鞋。学校是学生接受教育的场所，不同于社会上的其他公共场所，中学生在校必须遵守学校的制度，自觉接受并服从学校的规定，按照《中小学生守则》《中学生日常行为规范》的规定来约束自己。校服是身份的象征，穿上校服可以使中学生在身份认同上区别于社会上的其他人。这种身份认同对中学生自身有一定的约束力，比如自觉排队、过马路走斑马线、尊老爱幼、不乱扔垃圾、不大声喧哗等，潜移默化地规范中学生的行为。

（2）女生不烫发、不披长发，男生不留长发或故作凌乱状的发型。女同学可以把长发扎起来，或剪短发，既清爽活泼，又不用花太多时间在上面。如果烫发或披发，不但不方便活动，而且会影响视力。男生留长发或故作凌乱状的发型，会引起别人的误解。

（3）不化妆，不戴首饰。青春期的中学生不打扮也是美的，模仿大人就如东施效颦，是在扬丑遮美。记住美术大师罗丹的一句名言："自然总是美的。"

（4）提高自身审美水平。爱美之心，人皆有之，中学生喜欢追求个性化着装，表现自己与众不同的审美。但是，中学生的审美观念还不成熟，所以，要多与家长沟通，学会发现美和认识美，区分时尚与流行，辨别美与丑，提高自身的审美能力，防范不良社会风潮的影响，让自己主动改变与年龄、身份不符的着装风格，遵守学生日常行为规范，穿着朴素大方、干净整洁，不盲目标新立异，不追求奇装异服。

2. 良好的家庭卫生环境有利健康

随着经济的发展、科技的进步，人们在室内停留的时间越来越长，每天大约有80%的时间在室内度过，家庭卫生不仅影响我们的健康，更影响我们的生命质量，同时它也是防病保健的根本措施，体现着一个家庭的文明程度。既然家庭卫生质量如此重要，那么，我们该如何创造良好的家庭环境卫生呢？

（1）保持良好的居室环境。经常通风换气能减少空气中的病菌，还可以提高空气中的氧含量，保证人体正常的氧气需要。居室内最好安装换气设施，厕所要安装排风扇；烹调食物时，厨房必须开启油烟机，以减少厨房空气污染；禁止在室内吸烟；居室要勤打扫，并且打扫时用湿拖把或抹布擦地，以防止灰尘对空气的污染。

（2）养成良好的卫生习惯。要勤洗晒床上用品，保持干净。使用灶具、食具后要清理干净，生熟食具要分开。保持屋内无食品残留，垃圾不在家过夜。毛巾等由于经常与皮脂接触，又比较潮湿，最容易滋生病菌，所以要经常清洗、消毒，然后在充足的阳光下晾晒。用过的拖把要用清水洗净，然后放在阳光下暴晒一段时间，保持干燥。注意卫生间的日常清洁消毒工作，消毒液要按照要求使用，注意浓度适中，太稀达不到消毒的目的，太浓其气味在家中很难散去，会造成另一种污染。

（3）进行适当的室内绿化。绿色植物不仅能给房间带来一片生机盎然的景象，还可以制造氧气、净化空气、减少噪声、吸收致癌物质，有些植物还可以分泌出一种杀菌素，减少疾病的传播。

实践活动

学了本课之后，你还会盲目进行穿着打扮吗？

延展阅读

保护环境卫生

保护环境卫生既是保护人们身体健康的需要，也是创建优美环境的需要。环境卫生状况直接体现着一个国家和民族的精神风貌，因此，讲究卫生、保护环境并不是生活中的小

事。讲究卫生要求既要保持个人卫生又要维护公共卫生，尤其是要自觉维护学校、剧院、公园等公共场所的清洁卫生。要做到不在公共场所随地吐痰、不乱扔果皮纸屑等。在公共场所内参加活动，要做到不乱刻乱画、不损毁物品，努力维护整洁的公共卫生环境。

第二章　生长发育与青春期保健

第一节　青春期与性的认知

教学目标

1. 帮助学生正确看待性，不再"谈性色变"。

2. 帮助学生建立正确的价值观，学会自尊自爱，正确与异性交往，避免过早发生性行为。

教学设计

第一步：导入。

话题导入：先请同学们回想一下，现阶段的你和小学时的你相比，身体和心理方面有什么变化？

1. 学生举手回答，教师进行梳理，提出"青春期"这一概念，并点出关于"性"的生理和心理表现。

2. 告诉学生对这一话题不要感觉不好意思，希望大家能积极踊跃发言，让老师来帮助大家正确面对和处理这一问题。

第二步：青春期性生理及性心理的表现。

1. 对性知识发生浓厚兴趣。

2. 喜欢接近异性。

3. 具有性欲望和性冲动。

第三步：分组探讨如何减轻和避免发生性冲动。

学生以小组为单位进行讨论并回答问题，教师进行梳理总结。

第四步：课堂实践。

结合本节课学习的知识，说一说你会如何帮助案例中的主人公小明摆脱自身面临的问题。

中小学健康教育与近视防控指导用书

案例材料

小明是一名初中生，进入青春期的他最近出现了对异性的幻想，而且还暗恋起班里的一名女生。他开始沉迷于一些言情类的影视书籍来满足自身的幻想和性冲动，因此学习成绩一落千丈，父母也是睁一只眼闭一只眼，生怕言语上刺激到他，使他更加叛逆。

老师：父母羞于在孩子面前谈性，会导致青春期的孩子错过了人生第一任老师——父母的教育。我们知道，在未成年人成长过程中，性教育不是万能的，但没有了性教育是万万不能的。所以，对青春期的学生进行性教育是非常有意义的。今天，老师带领同学们一起学习青春期性知识，希望同学们学习之后，能正确对待心理的变化，健康成长。

教学内容

1. 青春期性生理及性心理的表现

进入青春期，学生们的生理和心理都发生了许多变化，独立意识、性意识和性情感开始萌发，主要表现为：

（1）对性知识发生浓厚兴趣。进入青春期，男性出现第一次遗精，女性来了月经，但青春期的男生女生却不知道自己为什么会有这样的变化，于是会产生许多疑问：别的同学和我一样吗？是告诉家人还是隐瞒起来？腹部为什么会疼痛？他们渴望了解这些性知识，但又唯恐被别人发现或讥嘲。无奈之下，他们的目光可能就会转向那些低级趣味的不良书刊、不良影像资料上，甚至盲目模仿，严重地影响了自己的身心健康。

（2）喜欢接近异性。青春期的学生由于性意识的发展，往往非常留心异性同学（特别是自己喜欢的异性学生）的一举一动，喜欢谈论异性同学，同时又都很重视异性对自己的评价。比如：课间休息时，有意或无意地做些事情，以期望引起异性的注意；服饰趋于成人化，女生佩戴饰物，男生发型奇特；男女同学之间的聚会越来越多，彼此渴望单独相处；同学之间的交往过于亲密等。青春期的同学应该理智对待这种情感，正确与异性相处，共同学习，共同进步。

（3）具有性欲望和性冲动。性行为意识的产生是建立在机体性腺发育的基础上，而青春期正处于机体生长发育的转折点。进入这一时期后，性腺机能发育成熟，男女两性的差异日益明显，同时，性激素分泌的增加，第二性征的出现，促进了青少年性心理效应和随时可能发生的性行为反应。青春期的学生爱看言情小说，做有关性内容的梦，出现性幻想，偶然有手淫现象，这都是青春期正常的生理发育现象。

2. 避免过早发生性行为

男孩女孩们到了青春期，性意识便开始萌发，渴望和异性交往，这些都是情理之中的事。与异性适当交往对身心发展很有帮助，但一定要理智对待，注意把握好度。处在青春期的青少年应该自尊、自爱，学会自我保护，呵护好花季的自己。避免过早发生性行为，可以从以下几个方面着手。

（1）转移注意力。青春期的学生应把自己的兴趣点放在学习和生活上，丰富自身的课余文化生活，把更多的精力投入关心班级、关心他人的活动上。

（2）养成良好的生活习惯。生活上要讲究卫生，勤洗澡，勤换内裤，不穿紧身裤。

（3）有意识地自我约束。约束自己的行为，不看带有性刺激色彩的书刊、影视、网页等，从而减少性欲的诱因。当有性意念时，要自觉转移注意力，比如跑步、打球等。

（4）寻求心理帮助。个别有自慰行为的同学会深受心理上的困扰，并且严重影响其日常的学习和生活，这样的同学有必要寻求心理专家对自身进行系统的心理干预，帮助自己尽快走出心理魔障。

（5）避免过早陷入情感世界。提倡男女生之间正常交往，广泛交往，纯洁友谊，避免过早陷入感情世界。要把精力放在学习和发展文体兴趣方面，拒绝行为不端的伙伴关系，避免与异性单独相处。

（6）要了解自己青春期的特点，掌握性的科学知识。男同学可以多和爸爸交流，女同学可以多和妈妈交流，提高拒绝的能力和自控力。

实践活动

周末到书店或图书馆借阅有关青春期的书籍，探索青春期都有哪些变化。

延展阅读

未成年人不宜进入的场所

中学生处在人生的花季，对社会上许多事物充满好奇，判断是非的能力较差，自我控制能力较弱，对不良诱惑的危害认识不足，容易受到不良诱惑的侵蚀，陷入人生的迷途，甚至走上违法犯罪道路。不适宜未成年人进入的场所主要有以下几种：

1. 营业性歌舞厅、酒吧、夜总会、通宵电影院；
2. 带有赌博性质的娱乐室、游戏场所；
3. 营业性台球厅、电子游戏厅、网吧等；
4. 被审定为"少儿不宜"的影片、录像、录音等播放场所。

网络和游戏迎合了青少年渴望交流和好奇的心理，但由于网吧和游戏厅缺乏有效引导和严格管理，部分网络和游戏中夹杂着暴力和色情因素，会对不具备辨别能力的中学生造成负面影响，轻者滋生校园暴力事件，重者诱发青少年违法犯罪。营业性舞厅、带有赌博性质的棋牌室等娱乐场所，让一些中学生感觉新鲜、刺激，具有很大的诱惑力，但这些场所往往暗藏色情、赌博、毒品交易等违法活动，涉世不深的中学生自制力较差，一旦进入这些场所就可能改变人生轨迹，陷入违法犯罪的深渊。一些录像放映厅出于利益的驱使，播放少儿不宜的影像制品，传播淫秽视频，玷污未成年人的心灵，处于性萌动期的中学生极有可能被诱惑，发生性犯罪行为。酒吧销售烟酒，吸烟喝酒不仅会损害未成年人的身体健康，也容易滋生奢靡文化，影响未成年人的心理健康。

中
小
学
健
康
教
育
与
近
视
防
控
指
导
用
书

第二节　女生如何选择合适的内衣

教学目标

1. 让学生知道青春期女孩要根据自己的年龄特点和发育情况正确挑选内衣。

2. 引导学生正确面对青春期身体的变化，养成良好的行为习惯，在发育过程中做好乳房保健。

教学设计

第一步：案例引入。

1. 青春期的女生身体有哪些变化？

2. 正确看待女性第二特征。

第二步：健康指导。

1. 课件介绍女孩束胸的危害。

处于青春期发育阶段的少女千万不要穿紧身的内衣和戴过紧的文胸来束胸，这对少女的正常发育和身心健康有很多的害处。下面介绍一下束胸的危害。

（1）束胸时，心脏、肺脏和大血管受到压迫，影响内脏器官的正常发育。

（2）束胸影响呼吸功能。在正常的情况下，胸部和腹部的呼吸动作是协调配合进行的，这样才能保证人体正常的气体交换。而束胸必然会影响到胸部呼吸，使胸部不能充分扩张，肺组织不能充分舒展，吸入空气量减少，从而影响全身的氧气供应。

（3）束胸压迫乳房，使血液循环不畅，会使乳房下部血液瘀滞而引起疼痛、乳房肿胀，甚至造成乳头内陷、乳房发育不良等后果，如此一来不仅影响健美，也会造成将来哺乳困难。

2. 学会为自己选择内衣。

3. 乳房的保健。

第三步：教师总结。

案例材料

12岁的小婷刚上初中就发现自己的身体发生了明显的变化，胸部渐渐隆起，臀围也比以前大，她感到有些害羞。为了不让其他同学觉察到自己的身体变化，小婷开始含胸驼背地走路，还用布带将胸部束得紧紧的，并且瞒着妈妈上街买了紧身内衣。过了一段时间，小婷感觉不舒服，于是妈妈带小婷去了医院。经过检查，医生对小婷母女说，小婷身体出现的这些变化是身体发育的正常现象，处于青春发育期的少女身上的脂肪比

小时候会有所增加，胸部也会渐渐隆起。有的少女看到自己胸部逐渐变大了，感觉有些不好意思，于是穿紧身内衣或用布带束紧胸部，这样做不仅难受，还会给身体生长发育带来危害。

老师：女生进入青春期后，在内分泌激素的作用下胸部开始发育，成为女性的第二性征之一。但我观察到很多女生和小婷一样，把它藏起来，走路时含胸驼背，我很担心你们养成习惯后很难纠正。其实，那是我们女性特有的美，我们要保护它，欣赏它。

教学内容

1. 内衣的选择

进入青春期的女生，女性特征日渐明显，胸部不断发育长大。这时候的她们不知道穿什么样的文胸有利于胸部的健康发育，又不好意思去问大人，要知道，不同发育阶段的女生对内衣或文胸的要求也有不同，为确保每个发育阶段的女生都能穿上最合适的内衣文胸，可以分三个阶段来选择内衣。

（1）第一阶段，年龄为 9 到 12 岁之间。

这个阶段的女生，因乳头、乳房刚开始有些隆起，只是触摸时感觉有点小硬结（乳核），一般会错误地认为还不用穿文胸。事实上，这个时候不穿内衣文胸是有危害的，因刚发育的乳房会有胀胀痒痒的感觉，不小心碰撞到就会带来不必要的疼痛；另外，穿内衣文胸可以有效避免露点的尴尬，而不穿内衣文胸并采取含胸的姿势来避免露点尴尬，久而久之就会影响到骨骼的正常发育，导致驼背。

建议女生在这个阶段尽量选择贴身、柔软、透气的棉质背心或抹背式文胸，可以大大减少外衣摩擦乳房，还可以有效吸收滞留在乳房上的汗液，令乳房时刻保持干爽的健康状态，很好地解决了夏季外衣薄带来的尴尬。

（2）第二阶段，年龄为 12 岁到 15 岁之间。

这个阶段的女生，乳头、乳房隆起比较明显了，这时不能乱穿内衣文胸，那样是有危害的。

建议这个阶段尽量选择适当松紧、杯型合适的棉质文胸，当然还需要有一定承托力，这样可以最大限度呵护乳房的健康成长。在款式方面，建议选择背心式、背心围或 A 杯的少女文胸为好。

（3）第三阶段，年龄为 15 岁到 18 岁之间。

这个阶段，女生的乳房日趋成熟，已经成半球形态。在这个特殊阶段，不要选择那些不适合发育中少女穿的成人文胸，而应选择无钢圈、软钢圈或者下围承托性好的文胸，要选择贴身、舒适、透气的棉质或高档的化纤面料，要根据胸围选择合适的尺码。

2. 乳房的保健

女性乳房是集哺乳功能及特有的女性美为一体的器官。青春期的乳房发育是青少年正常的生理现象。做好乳房保健，拥有健康丰满的乳房才是美丽的。

（1）注意体态美：平时要挺胸、收腹、紧臀，不要含胸驼背。睡觉时宜采取仰卧或侧卧位，不宜俯卧。

（2）营养全面、均衡：青春期不宜过分节食或偏食。适量地摄入脂肪，有利于促进乳房发育，保持乳房丰满圆润。

（3）加强胸部运动：可适当多做些扩胸运动、俯卧撑及胸部健美操等，加强胸部肌肉的锻炼。

（4）保护乳房免受伤害：在乳房发育的过程中，有时会出现轻微的胀痛或瘙痒，不可用手挤捏或抓挠。在劳动或运动过程中，要保护好乳房，避免因撞击或挤压受伤。

（5）合理佩戴胸罩：选择胸罩时，注意大小、松紧要合适，最好选择棉布胸罩，以减少对乳房的刺激。此外，还要了解正确佩戴胸罩的方法。理想的胸罩应该是在人体活动时刚好能托起乳房，能尽量限制乳房的活动而不影响呼吸，取下后皮肤上不应留有压迫的痕迹。睡觉时，要把胸罩取下，以免影响呼吸和血液循环。

实践活动

学习本课后，和妈妈一起去商场为自己挑选一件合适的内衣吧。

延展阅读

脂肪赋予女性特有的曲线美

青春期初期，女生由于身体快速发育，身体组织器官逐渐成熟，只有摄取充足的营养，才可以满足身体发育的需要。生长发育需要各种营养素，脂肪就是必要的营养素之一。女生每日摄取适量的脂肪，对保持形体不可或缺。青春期后期，女生体内脂肪逐渐增多，约占全身体重的27%，分布在皮下和内部的脂肪，不仅可以保持体温的恒定，缓冲外来的机械性压力，保护机体和内部各脏器的健康，而且使体形丰满匀称，尤其是积聚在乳房、臀部等处的脂肪，使体态凹凸分明，显示出女性特有的曲线美。

第三节　女生生理期的卫生与保健

教学目标

使学生了解月经的生理过程及伴随症状，掌握生理期的保健方法，促进学生身心健康发展，为一生打下良好的健康基础。

教学设计

第一步：案例导入，引入课题。

1. 话题导入：同学们，你们知道什么是月经吗？哪些同学来了月经？你们知道月经来了应如何处理吗？下面我们一起看一个案例。

2. 出示课题。

教师出示课件，讲解女性内生殖器官主要包括阴道、子宫、输卵管、卵巢四部分及月经的生理过程。经期时，由于子宫内膜脱落出血，全身或局部的抵抗力下降，所以要特别注意经期卫生。

第二步：讲解经前、经期的一些症状。

第三步：健康指导——生理期的卫生保健知识。

第四步：教师总结。

案例材料

七年级的晓晓发现自己的身体出现了从未有过的变化：除了身高、体重迅猛增长外，胸部也开始明显地隆起。最让晓晓感到恐慌的是，上周内裤里居然出现了少量红色的血液，即我们通常所说的月经初潮。面临月经初潮，她的内心充满了紧张、害怕、羞涩、好奇等复杂的情绪。晓晓向妈妈讲述了自己的困扰后，妈妈告诉她这些都是正常的生理变化，并将月经来潮的道理和相关的生殖、生命常识——向晓晓讲解清楚。妈妈还为她准备了清洗外阴用的干净毛巾和小盆，告诉她月经期间更要保证营养充足，多喝水，多吃水果、蔬菜，尽量少吃或不吃生冷食品，不可剧烈运动，更不可游泳，以免病菌侵入生殖器官造成感染。在妈妈的耐心讲解下，晓晓坦然接受了自己生理上的急剧变化，渐渐走出困扰，恢复了曾经灿烂如花的笑容。

老师：今天，老师带领大家一起来学习女生生理期的卫生与保健。

教学内容

1. 什么是月经

月经是指女性随卵巢的周期性变化，有规律的周期性子宫内膜脱落及出血的生理现象，是生殖功能成熟的标志之一。月经大约每隔28天（25～35天）出现一次，持续的时间一般为2～7天，大多数为3～6天。月经初潮的年龄通常是11～13岁（早的可在10岁，晚的可到18岁），月经初潮标志着女性青春期的到来，是每个女性到一定年龄具有的正常生理现象。

正常的月经出血量为30～50毫升，一般不超过100毫升。月经开始时只有很少的黏膜分泌物，渐渐地变成浓稠的血液，量也加大。一般情况，前两天出血量大，然后逐渐减少、消失。月经血呈暗红色，其中除含血液外，还有子宫内膜碎片、宫颈黏液及阴道脱落的上皮细胞。月经血的主要特征是血液不凝固，但在正常情况下偶尔也有一些小的血凝块，特别是在出血量较多时。

2. 月经前期的症状

由于月经前期体内雌激素、孕激素水平突然下降，可能引起身体其他系统的变化。这些变化通常于月经来潮前 7 ~ 14 天出现，经前 2 ~ 3 天加重，行经以后症状消失或明显减轻，医学上将症状明显者称为"经前期紧张综合征"。具体表现如下：

（1）以精神症状为主，常见神经过敏、烦躁、易怒或忧郁、全身乏力、容易疲劳、失眠、头痛、思想不易集中等。

（2）以躯体症状为主，常见手、足、颜面浮肿，腹泻或便秘，下腹部坠胀或疼痛，乳房胀痛等。

大多数人月经前没有这些症状，有些人会出现一种或几种症状，一般都比较轻微，要充分认识"经前期紧张综合征"，慢慢调整自己，无须治疗就能克服。如果少数症状严重的，可到正规医院诊治。

3. 月经期伴发的症状

一般月经期无特殊症状，常见伴发症状如下：

盆腔淤血，下腹及腰骶部有下坠感；膀胱刺激症状，个别可有尿频；自主神经功能紊乱症状，如头痛、失眠、忧郁、易激动；胃肠功能紊乱，如食欲不振、恶心、呕吐、便秘或腹泻；鼻黏膜出血、皮肤痤疮等，但一般并不严重，不影响学习与生活。

4. 生理期的卫生保健

在经期，女性的全身及生殖器官局部的防御机能均会发生暂时性的减退，因此，女性要在月经期间做好卫生保健。

（1）保持阴部卫生。月经期间，生殖器官的局部防御机能减退，同时经血又是细菌生长繁殖的良好培养基，所以细菌很容易感染生殖器官。因此，月经期要每天清洗外阴，保持外阴的清洁与干燥。

（2）保持经期用具的卫生，卫生巾要经常更换。

（3）加强饮食卫生。少吃辛辣、生冷的食物，多吃蔬菜、水果和易于消化的食物，以此保持大便通畅，减少盆腔充血。多饮开水，增加排尿次数，以冲洗尿道，预防炎症发生。

（4）加强保暖。经期抵抗力下降，盆腔充血，如经期受凉，会刺激盆腔血管收缩而减少月经血量，导致痛经或月经失调，有时会出现停经。

（5）适度活动。适当的活动有利于盆腔内的血液循环，减少盆腔充血，所以一般的活动都可以正常进行，但要避免过度。

（6）保持心情愉快。避免因情绪的变化而引起的月经不调。

实践活动

一位 14 岁女孩的月经血呈暗紫色，有小的血凝块，并伴有下腹及腰骶部下坠感。这是否正常？她需要做好哪些卫生保健呢？请同学们一起讨论。

延展阅读

关于痛经

痛经的症状大多开始于月经来潮前数小时,每月周期性发生下腹部胀痛、冷痛、灼痛、刺痛、隐痛、坠痛、绞痛、痉挛性疼痛、撕裂性疼痛,疼痛会延至骶腰背部,甚至涉及大腿及足部,历时数个小时到 2～3 天不等。痛经不仅十分痛苦,还会影响情绪,使人烦躁易怒。

痛经分两种情况:一种是经过仔细检查仍找不到病因的痛经,称为原发性痛经,少女的痛经绝大多数属于这一类;另一类是继发性痛经,它是由于生殖器官的病变引起的。凡是有痛经症状的女生,都应去医院妇科检查,找出原因。如果是由于生殖器官病变引起的继发性痛经,经过认真治疗,治愈后自然就不痛了。对于原发性痛经,要针对不同情况注意以下几点:

1. 正确认识月经,消除思想顾虑。月经是一种正常的生理现象,来月经是生殖系统开始成熟的信号,因此不必顾虑,更不要紧张和恐惧,应该保持心情舒畅、精神愉快,做些自己喜欢的事情。

2. 平日注意锻炼身体,提高身体素质。体质虚弱的女生,平时要积极锻炼身体,如清晨慢跑、打太极拳等,课间坚持做操或跑步等,以增强机体抵抗和对疼痛的耐受力,这对减轻或消除痛经大有好处。

3. 生活上注意调理,保持规律。平时生活要有规律,保证充足的睡眠时间,有利于身体健康和改善脑神经的疲劳状态。

4. 注意下身保暖。在经期要保持下身不受凉,否则会加重疼痛。疼痛时可将热水袋放在下腹部进行热敷,这样可以加速血液循环,减轻盆腔充血。喝些热的红糖鲜姜水,可以祛寒,有利于减轻疼痛。

5. 注意饮食。多食富含纤维的食物,因为便秘能引起痛经。经前忌食生冷和刺激性食品,如生葱、生蒜、辣椒、酒、冷饮等。

6. 采用胸膝卧位的方法缓解痛经。在经前 3 天内每天用胸膝卧躺 20 分钟或者常常有意识改变睡姿都可缓解痛经。

第三章 心理健康

第一节 做情绪的主人

教学目标

1. 了解情绪,知道情绪与健康的关系。
2. 青少年时期情绪易于波动且不稳定,明白情绪需个人主动调控的道理。

3. 知道并掌握情绪调控的一些有效方法，形成自我调节、自我控制的能力，能够理智地调控自己的情绪。

教学设计

第一步：导入。

1. 当你生气的时候通常会做什么？

2. 当遇到开心、兴奋的事情时你会跟谁一起分享？

学生分组讨论，教师总结。

第二步：认识情绪。

愤怒、恐惧、悲哀、喜悦是四种基本的情绪形式。

第三步：正确认识自己的情绪状态。

第四步：健康指导——学会调节和控制自己的情绪。

第五步：教师总结。

案例材料

小虎性格不好，动不动就发脾气。一天，父亲给了他一袋钉子，并告诉他，以后每发一次脾气，就在后院的围栏上钉一个钉子。第一天，小虎钉了 27 个钉子。慢慢地，他每天钉下的钉子越来越少，因为他发现控制自己的脾气要比钉钉子容易。终于有一天，小虎一次脾气都没有发。他告诉了父亲，父亲很高兴，对小虎说，以后你如果一天都没发脾气，就拔出一个钉子。一天天过去了，终于有一天，小虎告诉父亲钉子全拔出来了。父亲握着他的手，来到后院说："你做得很好，我的好孩子，但看看那些围栏上的洞，这些围栏永远不能恢复到从前的样子了。你生气的时候说的话就像这些钉子一样会给人留下伤疤。如果你拿刀子捅别人一刀，不管你说多少次'对不起'，那个伤口也将永远存在。话语的伤痛就像真实的伤痛一样令人无法承受。"

老师：进入青春期，我们的情绪总是更容易受到外界事物影响，当考试取得好成绩时，会感到喜悦；失去珍贵的东西时，会感到惋惜；愿望一再受到妨碍而不能达成，则会失望甚至愤怒；进入一个陌生的环境，会感到局促不安甚至产生恐惧等。

教学内容

1. 认识情绪

情绪是指人对客观事物的态度体验，产生于人的内心需要是否得到满足。当需要得到满足时，就产生积极情绪；当需要得不到满足时，便产生消极情绪。愤怒、恐惧、悲哀、喜悦是四种基本的情绪形式。

情绪与健康息息相关。良好的情绪是人体健康的重要支柱。心情愉快时，胃液、唾

液等消化液的分泌有所增强，能提高人的食欲，这就是所谓的"心甘水亦甜"。情绪不佳则会影响人的健康，愤怒时，每分钟呼吸可达 40～50 次；突然惊惧时，呼吸会发生临时中断，心跳加快，血压升高；焦虑、抑郁或悲伤时，许多消化腺受到抑制，胃肠蠕动功能下降，引起食欲减退。长时间情绪不良，既可使原有疾病加重，又可导致一些疾病发生，如高血压、胃溃疡、月经不正常等，这就是所谓的"积郁成疾"。

人的情绪还影响着人体的免疫力。自信和乐观的情绪能使免疫细胞活跃起来，使机体释放出更多的免疫物质——干扰素。相反，烦恼和悲观的情绪会使免疫细胞活力下降，疾病就会乘虚而入。

良好的情绪是防病抗病、健康长寿的重要保证，健康的体魄是产生良好情绪的重要条件之一。我们所处的环境是复杂多变的，我们的工作、学习、生活也不是一帆风顺的，总会受到这样或那样的挫折，出现的情绪也会反复无常，为了保持良好的健康状况，就要学会自我调节，控制不健康的情绪。

2. 理智地认识自己目前的情绪状态

只有理智地认识自己情绪的状态，才能正确地找到解决问题的方法。认识自己的情绪必须具有正确的态度，具体来说，我们可以从以下五个方面来客观地面对自己的情绪，并有效地管理它们。

（1）愿意观察自己的情绪：不要拒绝这样的行动，认为那是浪费时间的事。我们要相信，了解自己的情绪是重要的领导能力之一。

（2）愿意诚实面对自己的情绪：每个人都可以有情绪，接受这样的事实才了解内心真正的感觉，更恰当地去处理正在发生的情况。

（3）问自己四个问题：我现在是什么情绪状态？假如是不良的情绪，原因是什么？这种情绪有什么消极后果？应该如何控制？

（4）给自己和别人应有的情绪空间：容许自己和旁人都有停下来观察自己情绪的时间和空间，才不至于在冲动下做出不适当的决定。

（5）替自己找一个安静定心的法门：每个人都有不一样的途径使自己静心，每个人都需要找到一个最合适自己的安心方式。

3. 青少年应该如何调节和控制自己的情绪

（1）正确认识和评价自我。在正确认识和评价自我的基础上，我们要学会接纳自己、把握自己，努力适应社会环境。遇到不如意的人或事时，我们应该懂得，现实毕竟是现实，并不因为你不接受它，它就会不存在，我们首先应该承认它、接受它，然后想办法对付它、解决它。

（2）培养乐观的生活态度。无论遇到什么困难和挫折，都要以乐观、积极的态度去面对，相信办法总比困难多，要始终对前途充满信心和希望。

（3）拓展兴趣爱好，丰富课外活动。当不良情绪产生时，可以通过广泛的兴趣，有意识地转移注意力，不至于沉溺其中不能自拔。丰富的课外活动如读书、写字、唱歌、绘画、体育等，既能培养多方面的兴趣爱好，增加生活情趣，又能让我们始终保持积极而良好的情绪状态。

（4）要适当宣泄不良情绪。控制不良情绪并非无限制地压抑自己的情绪，而是要使情绪得到合理宣泄。比如，向父母或知心好友倾诉，就有助于我们消除心中的烦恼、压抑。再比如，听音乐、打球、跑步或大声歌唱等，也可以帮助我们释放不良情绪，达到心平气和。

（5）学会从光明的一面观察事物。有人做过这样一个实验，往纸上洒满红墨水，给不同的人看，有人从美好的、光明的一面将红墨水看成一朵花，有人从恐怖的一面将它看成血。平日我们看问题，应该学会从光明的一面观察事物，培养健康的情绪体验。

总之，我们要努力做情绪的主人，而不是做情绪的奴隶。我们要掌控好自己的情绪，真正做到"我的情绪我做主"。

实践活动

每个人都会有适合自己的情绪发泄方式，想一想自己最近有什么不开心的情况或者情感困扰，针对这件事情选择一种适合自己的情绪发泄方法，制成表格，与同学们分享。

延展阅读

用理智控制法调节自己的情绪

当我们陷入不良情绪时，要学会用理智控制自己；当我们出现情绪爆发时，要及时意识到自己情绪的变化；当我们怒气冲上心头时，要让自己迅速冷静下来，使情绪保持稳定。具体方法有：

1. 自我解嘲。如果哪天早上起床后发现自己满脸"痘痘"，很难看，千万别怪父母没把自己生好，别怪昨晚舍友让自己吃太多辛辣的食物，其实自己能长出青春痘，证明自己很年轻，这是青春的证明。

2. 自我暗示。即自己主动、自觉地通过言语、手势等间接含蓄的方式向自己发出一定的信息，使自己按自己示意的方向去做。例如，演讲时很紧张，这时可以告诫自己放松不紧张；与他人发生冲突时，刚要发怒，想到自己对父母或他人许下的许诺，然后告诫自己息怒。

3. 自我激励。人在困难和逆境面前，如果能够有效地进行自我激励，就能从不良情绪中振作起来，并取得很好的效果。例如，用名言、警句或外界的人、事物来激励、约束自己。

4. 心理换位。站起来回答问题时，出现口误，引得全班同学哄然大笑时，千万不要觉得丢面子，让坏心情影响了自己。要知道，电视台的主持人也会出现口误，何况是我们！换个角度想想，如果是其他同学出现这种情况，我们在笑完这个同学后，还会不会刻意地把这件事记住并且记一辈子呢？通过互换角色，来体会别人的情绪与思想，从而解除自己心中的坏情绪。

第二节　正确处理师生关系

教学目标

1. 了解师生关系中存在的矛盾及其原因。
2. 让学生能够从内心接纳不同风格的老师，学会正确处理师生关系。
3. 理解老师的辛苦，培养学生尊敬老师、热爱老师的道德情感。

教学设计

第一步：案例导入。

第二步：议一议。

1. 你和老师的情谊如何？
2. 分析师生矛盾产生的原因。

学生讨论后发表看法，教师总结师生矛盾产生的原因。

第三步：说一说。

1. 你心中的老师是怎样的？
2. 你认为老师做得好的方面是什么？
3. 你认为老师的不足是什么？

让学生说出对老师的看法，便于老师改进工作，促进师生情谊。

第四步：做一做。

1. 教师在黑板上写四种尊师重教的做法。
2. 让学生发言补充与老师相处还应该怎么做。

第五步：课堂实践——直观体验如何与老师相处。

假如今天你是一名老师，你将如何做？为什么这样做？

第六步：教师总结。

案例材料

小琛同学说：我不喜欢我们班的化学老师、英语老师和班主任。原因是化学老师穿着老土，声音不好听；英语老师的口语还不如我的小学老师；我曾因肚子痛上厕所没赶上上早操，班主任不问原因就批评了我一通，虽然她态度还算和蔼，但我还是觉得委屈。因此，我上这些老师的课时不想听讲，为了打发时间只好看小说、玩手机或者睡觉，被老师发现后又被批评，我很无奈。我也知道对老师带有情绪会影响自己的学习，我也很想改善与老师的关系，但我不知道应该怎样做。

老师：你曾经出现过案例中类似的情况吗？你是怎样解决的？

学生自由回答。

教学内容

师生关系是教育教学过程中最重要、最基本，同时也是最经常、最活跃的人际关系，良好的师生关系对于学生道德的养成、学业的提高、智能的培养以及身心的健康发展具有极大的裨益。

古人云："一日为师，终身为父。"师生之间的关系应该是亲如父子、母子，学生热爱、尊敬老师，老师尊重、关爱学生。但是在教育教学实践中，由于各种各样的原因，教师和学生之间出现了不理解、不和谐的情况，严重的还会带来师生冲突，影响师生关系的和谐发展。让我们一起来分析师生矛盾的原因，进而建立友好和谐的师生关系。

1. 产生师生矛盾的原因

（1）师生关系存在一定的对立性。从传统意义上讲，在师生关系中，教师是管理者，学生是被管理者，这两个角色本质上存在一定的对立。当管理者与被管理者都遵循领导与服从的关系时，师生关系是和谐的，一旦某一方违背了这个关系，矛盾就产生了。

（2）同学对老师要求过高。我们对老师有什么要求？我们心目中的好老师是什么样的？或许我们要求老师有烈火的热情，有运动员般的身躯，有家人般的亲情；或许我们要求老师上知天文地理，能在课间休息时漫无边际地和我们聊天；或许我们要求老师吹拉弹唱、舞蹈游戏样样精通；或许我们要求老师课堂上关注每一个学生，因材施教；或许我们还会要求老师年轻漂亮、声音悦耳动听、知识渊博等等。当现实中的老师与我们理想中的老师形象不相符，我们可能就会抱怨老师，挑剔老师的不足，丢失对老师的包容之心，对老师产生失望感，甚至不愿听从他们的教诲，时间久了我们就容易与老师产生矛盾摩擦。

（3）我们与老师对事物的评价尺度不同。我们与老师年龄不同、阅历不同、立场不同，对事物的是非、善恶、美丑、好坏等的评价标准可能不一样，一旦师生双方对同一事物的观点不一致，产生分歧甚至对立时，矛盾冲突就产生了。例如，一些同学喜欢把头发染成红色、棕色等，他们认为此举是在追求时尚和美，而老师则不赞同，认为学生应该以朴素、整洁、大方为宜。学校生活中，因为学生的发型、发色、穿着等而引起师生矛盾冲突的事例屡见不鲜。

（4）师生之间产生误会。在校园生活中，我们与老师产生的许多矛盾，有很多是源于误解，师生之间的误解本像一层隔膜，轻轻一戳就破，但如果不加理会，误解就会加深，隔膜就会变成偏见之墙。偏见会激发你无穷的"想象力"，促使你不断地去搜索证据，甚至捏造事实来强化自己错误的观点。如果老师对学生形成根深蒂固的误解，很容易对学生的行为做出错误判断；反之，如果学生对老师形成消极印象，也会对老师的行为做出错误解释。一旦师生间形成了双向的误解，关系就难以调和。

（5）老师也会犯错。人非圣贤，孰能无过？不管多么优秀的老师，总有其不足的一面。有的老师由于缺乏教学经验，让你兴趣索然，这时同学们不必埋怨老师，不能因此

耽误了自己的学业，干扰了自己的前途。我们要学会包容老师，允许老师不完美。

2. 学会与老师相处

每个学期，我们与老师相处的时间比跟父母相处的时间还多，我们应该怎样与老师相处呢？

（1）尊敬老师，尊重老师的劳动。老师是我们人生的指路明灯，引导我们走向正确、成功的道路，我们要学会尊敬老师。遇到老师时，要使用礼貌用语向老师问好，这不但能加深你在老师心目中的印象，而且体现了你个人的高尚品德；尊重老师的劳动，上课要认真听讲，课后要做好笔记，而且还要时常复习学过的知识，积极完成老师布置的作业。

（2）勤学好问，虚心求教。老师的年龄比我们长、阅历比我们丰富、知识积累比我们多，每个老师都一定有值得我们学习的地方。勤学好问、肯动脑的学生会给老师留下深刻的印象，向老师请教问题往往是师生间交往的第一步，我们与任课老师直接交往的机会并不多，常向老师请教会加深师生彼此的了解和感情。

（3）犯了错误要勇于承认，及时改正。在现实生活中，每个人都会犯错误，这并不可怕，可怕的是不知道自己犯了错误，更没有及时改正自己的错误。所以，当我们犯错时，要敢于承认错误，更应该勇敢地改正错误。老师不会因为我们犯错而不喜欢我们，反而会因为我们的勇敢、诚实而尊重和帮助我们。切忌因为老师教育批评我们而与老师斗气，这样不仅会让我们失去进步的机会，而且会让我们与老师之间产生隔阂。

（4）正确对待老师的过失，委婉地向老师提意见。不管多么优秀的老师也难免会有犯错的一刻，有可能在课堂上把某个知识点讲错，有可能讲授的某种观点不合时宜，也有可能批评学生时并不了解内情，遇到这些情况时，同学们应该学会理解、包容老师，正确地对待老师的过失。

（5）理解老师，支持老师。老师其实很辛苦，社会要求他们"学为人师，行为示范"，家长要求他们把自己的子女教育好，学校要求他们实施教育改革、竞争发展，家庭要求他们养家糊口、抚养小孩、侍奉老人，在这些压力之下，老师们已经非常疲惫了，但仍然无怨无悔地为了我们辛勤地工作着，我们应该发自内心地对老师说："老师，您辛苦了！"

（6）多与老师沟通交流。与老师增进感情的最好方法是和老师探讨各种问题，无论是学习上的、生活上的还是社会上的，还可以主动帮老师做一些班级管理工作。这样能增加师生接触的机会，增进师生之间的相互了解，慢慢地，师生间的感情就会加深了，师生情也就产生了。只有信任老师，才会"亲其师，信其道"，我们将会受益匪浅。

实践活动

分组讨论：你曾遇到过怎样的师生矛盾？你是如何解决的？

延展阅读

正确对待老师的过失

1. 开门见山。当发现老师在课堂上讲解有误时，我们可以当场提出，但态度一定要诚恳，不要存有嘲笑老师的心理。老师喜欢肯动脑的学生，你能及时发现老师出的错，说明你在专心听讲，正常情况下老师都会欣然接受。如果老师一时没能发现自己错了，我们可以课后再与老师交流，切记不能在课堂上与老师面红耳赤地争吵，影响老师讲课。

2. 迂回。当老师误会我们时，迂回是一种较稳妥的应对方法。例如，老师误以为我们抄了同学的作业，如果我们极力为自己辩解，可能会使正在气头上的老师认为我们有顶嘴之嫌，反而错上加错。针对这种情况，我们不妨采取迂回法，等到老师气消时，再对老师说："老师，我知道您是为我好，我也知道抄作业是不对的，但这作业真是我自己写的，不信您可以出题考我。"婉转的表达方式更能让老师易于接受，并反思自己的言行，因此在公众场合，不妨使用迂回法。

3. 默认。我们要学会理解老师、宽容老师，如果被老师误会了也用不着跟老师一味地争辩，否则就算老师发现误会了我们，也会让她觉得我们过于吹毛求疵、小题大做。有些误会可能只是一时的，过于斤斤计较反而会影响老师与我们的感情，因此，适当地使用默认法，可以维护和谐的师生关系。

4. 寻求帮助。当我们与老师的误会很深，无法心平气和地沟通时，可以向第三人寻求帮助，如同学、班委、班主任、家长等，让他们为我们搭建一座沟通的桥梁，圆满处理此事。

第四章 疾病预防

第一节 流行性乙型脑炎的预防

教学目标

1. 了解什么是流行性乙型脑炎，认识流行性乙型脑炎的症状与危害。
2. 通过学习，了解预防流行性乙型脑炎的方法，在日常生活中学会预防疾病的发生。

教学设计

第一步：案例导入。
第二步：讲授新知。

1. 患流行性乙型脑炎的病人，有哪些主要症状？

2. 流行性乙型脑炎是如何传播的？

3. 流行性乙型脑炎对我们有哪些危害？

4. 除了流行性乙型脑炎，我们还认识哪些脑炎？它们的主要症状是什么？

5. 针对于脑炎，我们在日常生活中应怎样去预防？

学生 1：身体不舒服时，及时就医，按时进行身体检查。

学生 2：尽量不去人员流动较多的地方，如商场、游乐园、医院等。

学生 3：室内要经常通风换气，保持好室内的环境和卫生，避免因环境造成传染。

学生 4：注意合理饮食，养成良好的生活习惯。

学生 5：及时接种乙脑疫苗。

学生 6：防蚊灭蚊。

第三步：教师总结。

通过今天的学习，相信大家都已经了解了流行性乙型脑炎的相关知识，希望大家时时刻刻把健康放心中，做一名健康向上的学生。

案例材料

形形突然发高烧、头痛，她以为自己得了普通感冒，便没有在意。不料三天后，她出现昏迷、四肢抽搐等状况，妈妈及时把她被送到了医院。医生经初步诊断后，说她患了脑炎。

老师：脑炎是指脑组织受到了外界各种病原体侵袭而产生的炎症。这些病原体包括病毒、细菌、寄生虫等，其中病毒最为常见。如流行性乙型脑炎病毒，就是典型的病毒性脑炎。

教学内容

1. 流行性乙型脑炎的症状与传播途径

流行性乙型脑炎，简称乙脑，是由乙脑病毒引起的一种急性传染性疾病。它是病毒性脑炎中病情较重且愈后较差的一种，病死率较高，后遗症多。幸运的是，人感染乙脑病毒后患脑炎的比例仅为 1:1000 ~ 1: 2000。乙脑患者起初可能出现发热、头痛、食欲减退、嗜睡、呕吐等症状，与感冒很相似，很快就发展成高热、抽搐、昏迷，即使治愈也可能会出现肢体不能活动、智力下降、言语不清、吞咽困难、失语、失明等后遗症。

乙脑是人畜共患的自然疫源性疾病，人或动物（家畜如猪、牛、羊、马等，禽类如鸭、鹅等）受感染后出现病毒血症是本病的传染源。乙型脑炎病毒可以感染人和许多动物，被感染的人和动物又可造成人类乙型脑炎的流行。猪和蚊子是乙型脑炎的主要传染源。当人体被毒蚊叮咬后，人体血液感染病毒，如果人体抵抗力强而病毒弱，病毒即被消灭，人不会发病，反之，人则会发病。每年的 7 ~ 9 月是我国乙型脑炎流行的高峰。多数人会通过轻型或隐性感染获得免疫力，病后免疫力强而持久。因此，乙型脑炎病毒容易侵犯儿童，10 岁以下的儿童、婴幼儿发病率最高，约占发病总人数的 80% 以上。

2. 流行性乙型脑炎的危害

流行性乙型脑炎会导致人体中枢神经系统被病毒感染，使大脑出现广泛性的炎症。患者发病后会出现严重的高热，有些患者可能会发生癫痫，部分患者会出现昏迷甚至死亡。流行性乙型脑炎经过积极的治疗后，有部分患者还会遗留严重的后遗症，如严重的智力下降、痴呆、生活不能自理甚至是终身残疾等。

3. 脑炎的预防

预防脑炎特别是流行性脑炎，要留意自身周围的环境，因为脑炎具有传染性，所以尽量不去人员流动较多的地方，如商场、游乐园、医院等；在室内时要经常通风换气，保持好室内卫生，避免因环境造成传染。

蚊子之所以会传播病毒，是因为它会同时吸人和动物（尤其是猪）的血。所以，预防乙脑需要防止蚊虫叮咬。灭蚊是预防乙脑及控制其流行的一项根本措施，冬春季要以灭越冬蚊为主，春季以清除滋生地与消灭早代幼虫为主，夏秋季以灭成蚊为主。

接种疫苗是预防脑炎最好的方法，我国把乙脑疫苗接种定为计划免疫，绝大部分的同学从小就接种了乙脑疫苗，所以不用太担心被蚊子叮咬而患上乙脑。

预防脑炎要注意合理饮食，保持个人卫生，养成良好的生活习惯，避免过度劳累，不要经常熬夜，造成身体免疫力降低，从而引发疾病。如果患了流感、水痘、腮腺炎等疾病，除了及时去医院就诊，一定还要注意休息。充足的睡眠可以增强体质，才不会使疾病向更严重的方向发展。

实践活动

利用课余时间搜集灭蚊的方法，抄写下来和父母或同学一起学习。

延展阅读

认识其他脑炎的症状

1. 流行性脑脊髓膜炎，简称流脑，在冬春季节多发，由脑膜炎双球菌引起，通过空气飞沫传播。流脑发生初期，患者会出现类似感冒的咳嗽、打喷嚏、咽喉疼痛等症状。但是，随着病情的发展，患者会出现高热、恶心、呕吐、全身疼痛、嗜睡、昏迷、抽搐等症状，70% 的患者还会有皮下瘀斑。

2. 麻疹脑炎。麻疹脑炎是麻疹的并发症。麻疹脑炎伴随麻疹而来，一般表现为发热、皮疹等，患者还会出现嗜睡、烦躁、呕吐、惊厥、昏迷等症状。随着我国计划免疫的推广和普及，以及医疗水平的提高，麻疹脑炎发病率并不高。

3. 流脑与麻疹脑炎。注射流脑疫苗和麻疹疫苗也是我国计划免疫的范畴，所以现在流脑和麻疹也很少发生了。日常生活中，在咳嗽、打喷嚏时，一定要注意遮住口鼻，

因为这既是文明素质的表现，也可以防止疾病的传播。在传染病高发季节，不要去人口密集的地方。即使日常在家，也要注意多开窗通风，保持室内空气清新，注意个人卫生。

第二节　预防肺结核病

教学目的

1. 使学生认识到肺结核是由于肺结核杆菌侵入人体肺部而引起的一种传染性疾病。
2. 使学生了解结核病的传染途径及预防方法。

教学设计

第一步：案例引入，激发学生思考。

1. 接种卡介苗可以预防肺结核。
2. 肺结核是一种传染性疾病。

第二步：讲授新课。

1. 提出问题，学生自主回答。

（1）结核病是怎样传播的？

（2）患肺结核的病人，主要有哪些症状呢？

（3）我们平时如何预防结核病？

2. 教师讲解结核病的预防知识，引导学生树立健康意识。

第三步：教师总结。

案例材料

卡介苗是在20世纪初由两位法国细菌学家经过长达13年的艰辛努力研究出来的，他们用特殊的培养方法，把一株原来毒力和致病力都很强的牛型结核杆菌改变成为无毒性并且无致病力的菌株，然后把改变后的菌株注入人的体内，结果不但没有引起结核病，反而使人产生了抗结核菌的免疫力。随着科学的发展和科学家的不断钻研，今天广泛应用的卡介苗就形成了。这两位细菌学家一位叫卡尔美，一位叫介林，为了纪念他们，人们就将这种疫苗用他们二人的名字来命名——卡介苗。我们身上的"小花"就是出生时注射卡介苗之后留下的"卡疤"。

老师：同学们，你们胳膊上有"卡疤"吗？"卡疤"是我们为了预防结核病接种疫苗的疤痕。结核病是危害人类健康历史久远的慢性传染病，至今依然还在威胁着我们。今天我们一起来认识结核病。

教学内容

1. 认识结核病

结核病是由结核分枝杆菌引起的慢性感染性疾病。人体全身多个器官均可以被结核分枝杆菌感染，如肝、肾、脑、胃、肠、膀胱、皮肤、淋巴结等。结核病以肺部为主，因此"肺结核"最为人们所熟悉。结核病是一种很古老的疾病，至今已有几千年的历史，考古学家从新石器时代人类的骨化石和埃及4500年前的木乃伊上就发现了脊柱结核。"肺痨"是中国古代中医给肺结核起的名字。

2. 结核病的传播

结核杆菌通过三个途径传播。

（1）呼吸道传播：当结核病人咳嗽、打喷嚏或大声讲话时，会释放很多含有结核分枝杆菌的飞沫，易感者吸入这些飞沫即可被感染。另外，结核病人随地吐痰使病菌飘在空气中也是一个重要的传播途径。

（2）消化道传播：结核病人用过的餐具、吃剩的食物都有可能传染结核分枝杆菌。帮结核病人倒痰罐后不认真洗手、感染结核病的妇女用嘴咀嚼食物喂婴幼儿等，都可能导致结核病的传播。此外，饮用未经消毒的牛奶或乳制品可能会感染牛型结核分枝杆菌，但现在来看，这条传播途径基本不存在了，因为如今的牛结核病控制工作严格了，牛奶消毒技术也已经改善了。

（3）母婴传播：患有结核病的女性在怀孕期间，体内的结核分枝杆菌可通过脐带进入胎儿体内，胎儿也可因咽下或吸入含有结核分枝杆菌的羊水而感染，从而患上先天性结核病。当然，这条传播途径现在也很少见了。

3. 肺结核病的常见症状

肺结核病早期病变小且没有明显症状，即使有症状，也会由于没有明显特点而常常容易造成误诊。如有咳嗽、咳痰、咯血、低热、盗汗、胸痛、呼吸困难，或者咳嗽咳痰超过3周、发热或胸痛超过3周、应先到结核病防治所或传染病专科医院检查。除做胸部X线检查外，一定要做痰结核菌检查，如检出结核菌就说明找到病原体，即可以确诊。早期正确的诊断是治愈肺结核病的首要条件。

4. 结核病的预防

结核病其实并不可怕，它是可以预防和治疗的。要及时注射疫苗。卡介苗的接种对象主要为新生儿，接种后免疫效果十分显著，但卡介苗的免疫效用只能维持5～10年，所以可在儿童7或12岁时加强注射。不挑食偏食，做到均衡膳食。要养成良好的个人卫生习惯，勤洗手、勤剪指甲、室内常通风、不随地吐痰、打喷嚏时遮住口鼻等。结核病是由结核杆菌经呼吸道传播的疾病，主要通过病人咳嗽、打喷嚏和大声说话时喷出的飞沫来传播，所以为了避免传染，去人群密集的地方时要戴好口罩。还要多锻炼，提高自身免疫力。

实践活动

如果发现身边有人咳嗽、咳痰、呼吸困难，像得了结核病，你该如何应对？请同学们说一说。

延展阅读

世界防治结核病日

1882 年 3 月 24 日是世界著名的德国微生物学家罗伯特·科霍在柏林宣布发现结核菌的日子。当时结核病正在欧洲和美洲猖獗流行，罗伯特·科霍发现了结核菌，为以后结核病研究和控制工作提供了重要的科学基础，为早日消除结核病带来了希望。

1995 年底，世界卫生组织为了更进一步地推动全球结核病预防控制的宣传活动，并纪念罗伯特·科霍，将每年 3 月 24 日作为世界防治结核病日。

1996 年 2 月 8 日，中国卫生部发文，要积极响应世界卫生组织的建议，积极开展"3.24 世界防治结核病日"的宣传活动。

第三节　肝炎的预防

教学目标

1. 了解肝炎的概念、肝炎的传播途径及预防措施。

2. 通过学习本课，明白日常生活接触一般不会传染乙肝病毒，不歧视乙肝病人及感染者，正确对待肝炎患者。

教学设计

第一步：新课导入。

1. 同学们，你们知道我国目前乙肝的流行现状吗？

2. 你身边有没有肝炎患者或感染者？

（课件展示相关数据）

第二步：学习新知。

1. 什么是肝炎？

让学生知道肝炎是由肝炎病毒引起的一种传染性疾病，并能说明肝炎的种类。

2. 肝炎的症状和传播途径。

通过图片，形象直观地了解肝炎的症状；知道不同种类的肝炎有着不同的传播方式。

3. 播放课件，重点讲解肝炎的预防措施。

为体现学生的主体地位，建议先组织学生分组讨论，对肝炎病毒的传播途径进行自主探究学习；然后引导学生谈一谈他们探究所得的结论；最后，层层递进地向学生介绍日常生活中应注意的方方面面。

第三步：实践运用。

1. 请同学们谈一谈：如果在现实生活中，你的身边有乙肝患者，你会如何去看待呢？

2. 教师进行评价，并解答学生的疑惑。

第四步：课堂总结。

1. 通过这节课的学习，你学到了什么？

2. 今天的学习，对你的生活有哪些帮助？

（通过提问，反复强化所学知识。）

教师总结学生的发言，引导学生在了解肝炎病理和预防措施的基础上，树立不歧视乙肝病人及感染者和正确对待肝炎患者的态度。

案例材料

46 岁的黎先生是一位乙肝病毒携带者，十几年前被查出患有乙肝后，他并未太过在意，生活如常。他白天忙于工作，晚上时不时外出捕鱼，熬夜成瘾，又爱好抽烟喝酒，久而久之便加重了肝脏的负担。直到感到腹部不适、乏力、消瘦，且不适感迟迟未能消减，他才前往医院进行详细诊断，没想到被确诊肝癌。

老师：我们平时所说的肝炎指的是病毒性肝炎，我国病毒性肝炎的发病率占世界首位，全世界约有 3 亿乙型肝炎病毒携带者，而我国约占 1.3 亿。这节课我们一起来学习肝炎的预防。

教学内容

1. 什么是肝炎

肝炎就是肝脏有炎性损害。肝炎有很多种，我们日常所说的"肝炎"指的是病毒性肝炎，是由肝炎病毒引起的一种传染性疾病。公认的病毒性肝炎共有 5 种，分别是甲型肝炎、乙型肝炎、丙型肝炎、丁型肝炎和戊型肝炎，其中乙型肝炎是流行最广泛、危害较严重的一种传染肝炎。

2. 肝炎的症状和传播途径

病毒性肝炎的主要症状是身体疲乏、食欲减退、恶心、腹胀、肝脾肿大及肝功能异常，大便变稀而色浅，有时眼白也发黄，严重的皮肤也呈蜡黄。乙肝、丙肝病毒携带者可能会无任何肝炎症状。甲型、戊型肝炎主要是通过饮食传播，乙型、丙型、丁型肝炎主要是通过密切接触、血液和性传播。

3. 肝炎的预防措施

病毒性肝炎虽然有传染性，但只要我们了解了肝炎病毒的传播途径，掌握有效的预

防方法，就可以尽量减少病毒性肝炎的发生。那么，我们在日常生活中应该注意哪些方面呢？

（1）做好个人卫生，养成饭前便后和接触病人后用肥皂和流水认真洗手的好习惯，不与他人共用餐具、洗脸用具、刷牙用具和水杯等。

（2）尽量不去卫生条件较差的小摊小店吃饭，在餐厅就餐时要使用公筷公勺。

（3）不生吃水产品，生吃瓜果蔬菜要清洗干净，不喝生水。

（4）增强体质，加强锻炼，养成良好的生活规律。洁身自爱，学会保护自己，禁止发生不安全性行为，预防感染肝炎病毒。

（5）预防乙肝的最好办法是给尚未感染乙肝病毒的正常人注射全程的乙肝疫苗，从而产生保护性抗体。

4．不歧视乙肝病人及感染者

虽然我国已明确取消入学、就业体检中的"乙肝五项"检查，禁止将携带乙肝病毒作为限制入学、就业的条件，但人们由于相关知识的匮乏，对乙肝的传染性仍过分恐惧，对乙肝病毒携带者和乙肝病人的偏见仍难以消除。

在现实生活中，许多乙肝患者在承受疾病之痛的同时，还受到各种社会歧视和不平等的待遇，他们一方面害怕周围的人知道自己患病，另一方面又担心会传染给其他人，背负着很大的精神压力。

其实，日常生活接触，如在同一教室、握手、拥抱、同住一室、共同就餐、共用厕所等无血液暴露的接触，一般不会传染乙肝病毒，所以大可不必因为乙肝病毒而疏远你的同学和朋友。

实践活动

请同学们做一份以"关爱乙肝病人"为主题的黑板报吧。

延展阅读

"全国爱肝日"的由来

全国爱肝日是在我国肝炎、肝硬化、肝腹水、肝癌等肝病发病率逐年上升，人民健康面临严重威胁的情况下，为动员群众广泛开展预防肝病科普知识，保障人民身体健康而设立的。

全国爱肝日定在每年的3月18日，自2001年起每年选一个主题，全国各地会在每年这一天以多种形式开展爱肝科普公益活动。2022年3月18日是第21个"全国爱肝日"，其宣传主题是"全民参与、主动筛查、规范诊疗、治愈肝炎"。

第五章 安全应急与避险

第一节 挽救生命的利器——心肺复苏术

教学目标

1. 通过学习，让学生了解关键时刻采取心肺复苏术可以挽救他人生命。
2. 通过演练，学会心肺复苏术实施的具体步骤和方法。

教学设计

第一步：视频导入，揭示课题。

1. 播放病人因心脏骤停而失去意识，路人通过心脏复苏进行及时抢救而使其脱离危险的相关视频。

2. 心脏骤停会带来哪些严重后果？

3. 意外发生后，路人是怎样抢救患者的？

学生发表意见，根据意见展开讨论。

第二步：学习新知。

1. 了解心肺复苏术的概念、适应症以及重要性。

2. 了解心肺复苏的意义。

3. 观看视频，学习心肺复苏术的具体操作步骤。

第三步：创设情境，实践活动。

小组派代表上台演练，体会心肺复苏术的具体操作步骤，感受通过自己的行为延续了患者生命时的心情。

第四步：教师总结。

今天我们不仅了解了什么是心肺复苏术，还通过实践感受了心肺复苏术的操作步骤，更深深体会了帮助他人的幸福，希望在我们今后的生活中处处充满关爱。

案例材料

40岁的李先生刚出地铁站便突然晕倒在地上，口吐白沫。一位现场的热心小伙看到后立即拨打了"120"急救电话。因为不懂急救知识，现场没有人敢动李先生。就在大家束手无策之时，一位红衣女子拨开人群，来到李先生跟前，跪在地上，触摸了他的颈动脉后，便开始为他进行心肺复苏。看到红衣女子忙不过来，有几位阿姨和男青年也蹲下，

帮助红衣女子按住李先生的人中、虎口。十多分钟后，"120"急救车赶到了现场。红衣女子看到李先生被送去了医院，便离开了现场。经过及时抢救，李先生转危为安。

老师：同学们，如果遇到突发状况，如有人心脏骤停时，应该怎样做呢？

学生：我们可以通过心肺复苏帮助别人脱离险境。

教学内容

1. 心肺复苏术

心肺复苏技术，简称 CPR，是指当心跳停顿及呼吸终止时，合并使用胸外按压和人工呼吸来达到急救目的一种技术。心肺复苏术在关键时刻能够挽救生命，因此学会这项急救技能是非常有必要的。心肺复苏的目的是开放气道、重建呼吸和循环，人们只有充分了解心肺复苏的知识并接受过此方面的训练后才可以为他人实施心肺复苏。

2. 心肺复苏的意义

如果有人发生了心脏骤停的情况，进行心肺复苏是十分有必要的，复苏开始越早，存活率越高。大量资料证明，在心跳呼吸骤停 4 分钟内进行心肺复苏者可能有一半人被救活，4 ～ 6 分钟开始心肺复苏者可能有 10% 被救活，超过 6 分钟开始心肺复苏者可能有 4% 被救活，10 分钟以上才开始心肺复苏者几乎无存活可能，所以抢救此类病人要及时、迅速。

3. 心肺复苏步骤

现场心肺复苏术主要分为三个步骤：打开气道、人工呼吸和胸外心脏按压。

步骤一：意识判断和打开气道。

首先对患者的意识进行判断，有以下几种方法：喊话并拍其肩膀；呼救（请现场或附近的人协助抢救，打"120"急救电话或通知就近的医疗单位）；当患者呈俯卧状态时，应先将患者双手上举，再将其外侧（远离抢救者侧）下肢膝盖弯曲后架在内侧（靠近抢救者侧）肢体上，然后一手护着患者的颈部，另一只手置于患者的胸部，小心、平稳、慢慢地将患者转为仰卧位，并将其双上肢放在躯干两旁（另一个方法是先将患者内侧下肢交叉在外侧肢体上，再将外侧上肢抬肩伸直靠于头侧，一手绕过患者内侧的上肢托肩，另一手置于患者髋关节处，将其整个地翻为仰卧位，并将其双上肢放在躯干两旁）。

然后，帮助患者打开气道。患者心跳呼吸停止、意识丧失后，全身肌肉松弛，口腔内的舌肌也松弛，舌根后坠而堵塞呼吸道，造成呼吸阻塞。在实施人工呼吸前，必须打开患者气道，保持气道通畅。这时，可用仰头抬颌法，即操作者站或跪在患者一侧，一手置于患者前额上稍用力后压，另一手的食指置于患者下颌下沿处将颌部向上向前抬起，使患者的口腔、咽喉轴呈直线，再通过看（胸廓有无起伏）、听（有无气流呼出的声音）、感觉（面部感觉有无气流呼出）三种方法检查出患者是否有自主呼吸，如果没有要立即实施人工呼吸。

步骤二：人工呼吸。

人工呼吸，即口对口吹气，这是向患者提供空气的有效方法。操作者将一只手置于患者前额，在不移动的情况下，用拇指和食指捏紧患者的鼻孔，以免吹入的气体外溢，深吸一口气，尽力张嘴并紧贴患者的嘴，形成不透气的密封状态，以中等力量，在 1 ~ 1.5 秒的时间内向患者口中吹入约为 800 毫升的空气，吹至患者胸廓上升。吹气后，操作者即抬头侧离一边，同时松开捏鼻的手，以利于患者呼气。这样以每分钟 12 次的频率反复进行，直到患者有自主呼吸为止。

步骤三：人工循环。

人工循环是通过胸外心脏按压形成胸腔内外压差，维持患者血液循环动力，并将人工呼吸后带有氧气的血液供给患者脑部及心脏以维持生命。方法如下：

（1）判断患者有无脉搏。操作者跪于患者一侧，一手置于患者前额使头部保持后仰位，另一手以食指和中指尖置于喉结上，然后滑向颈肌（胸锁乳突肌）旁的凹陷处，触摸颈动脉。如果没有搏动，表示心脏已经停止跳动，应立即进行胸外心脏按压。

（2）胸外心脏按压。

第一步：确定正确的胸外心脏按压位置。先找到肋弓下缘，用一只手的食指和中指沿肋骨下缘向上摸至两侧肋缘于胸骨连接处的切迹，以食指和中指放于该切迹上，将另一只手的掌根部放于横指旁，再将第一只手叠放在另一只手的手背上，两手手指交叉扣起，手指离开胸壁。

第二步：施行按压。操作者前倾上身，双肩位于患者胸部上方正中位置，双臂与患者的胸骨垂直，利用上半身的体重和肩臂力量，垂直向下按压胸骨，使胸骨下陷 4 ~ 5 厘米。按压和放松的力量和时间必须均匀、有规律，不能猛压、猛松，放松时掌根不要离开按压处。按压的频率为每分钟 80 ~ 100 次，按压与人工呼吸的次数比率为单人复苏 15：2、双人复苏 5：1。

实践活动

请两组同学一起上台，演一演遇到有人心脏骤停时如何开展急救。

延展阅读

什么是心脏骤停

心脏骤停是指心脏突然停止跳动，大动脉搏动与心音消失，重要器官（如大脑）严重缺血、缺氧，导致生命暂停。若呼唤病人无回应，压迫其眶上、眶下无反应，即可确定病人已处于昏迷状态。再注意观察病人胸腹部有无起伏呼吸运动，如触颈动脉和股动脉无搏动、心前区听不到心跳，即可判定病人已出现心脏骤停，应立即进行抢救。

第二节 预防性侵害

教学目标

1. 引导学生认识什么是性侵害，了解性侵害的主要形式，知道防范和应对性侵害的主要措施和方法。

2. 引导学生了解性侵害发生的时间和主要场所，培养学生的观察分析能力和应变处置能力。

3. 使学生正确地对待生活中的性侵害，培养学生珍惜生命、关爱健康的生活态度。

教学设计

第一步：课堂导入。

通过案例引入课堂内容。教师可以通过与学生互动的方式，以案例中小萍的切身经历为切入点，循序渐进地帮助学生认知网恋可能造成的严重后果。当然，在当今社会中、、大部分人已经建立起了自我防范意识，但身处花季、封闭于校园里的男生女生仍存有较强的好奇心和懵懂心理，教师应在对案例进行深刻剖析的基础上，围绕主线，培养学生明辨是非和自我防范的意识，防止给不法分子留下可乘之机。

第二步：教学内容。

本节课的重点是引导学生认识和了解性侵害的相关知识，并且掌握防范和应对性侵害的主要措施和方法。对于这种敏感话题，教师可在切入正题之前应营造好教学氛围，在正式授课前充分了解学生情况，做好课前与学生的沟通与交流，掌控好学生的情绪，提高教学过程中的应变能力。

本节课的难点是帮助学生获得预防性侵害的能力。教师不但要让学生能够认识和发现事物发生的原因和规律，还应帮助他们获得解决问题的能力，建立正确的人生观和价值观。所以，在本环节的教学中，教师可安排学生进行小组讨论，加强对性侵害的认知能力，掌握预防性侵害的方法和措施；还要通过课堂评价，对学生发表的观点给予正面引导，对不当的言论作出正确的评判。

第三步：课堂实践练习。

作为一名学生，发现自己正被可疑分子尾随时，你会如何处理？

学生自由发表观点，教师给出正确引导。

第四步：教师总结。

案例材料

女生小萍在网上与一陌生异性十分聊得来，她经常为网友的嘘寒问暖所感动。一天，小萍接受邀请去见网友，按照网友的电话提示，她先后转车到好几个地方，才被网友用摩托车接到住处。晚上，网友要与小萍同睡一张床，并要求与小萍发生性关系。小萍十分惊恐，奋力反抗，结果还是被网友强暴了。回家后的小萍完全变了，不仅常常在房间里发呆，发疯似的乱摔乱砸东西，还出现了短暂的大小便失禁。此后，该网友还多次打电话骚扰她。直到两个多月后，父亲得知了小萍被强奸的事实，才报了案。

老师：在网络生活中，一些坏人戴着虚伪的面纱，使尽手段，骗取异性的信任和好感，待时机成熟后约会见面，进行性侵害。这种侵害隐蔽度高，危害性大，应引起我们的高度警惕。同时，有些人轻信他人，疏于防范，也给犯罪分子以可乘之机。性侵害的方式多种多样，作为初中生，还应多了解一些性侵害的表现形式，增强防范意识，提高防范能力。

教学内容

1. 什么是性侵害

性侵害是指在违反他人意愿的情况下，就对他人做出与性有关的行为。

由于两性的社会地位和角色不同，相对而言，性侵害的对象以女性居多。当前，对学生进行性侵害的事件时有发生，它严重危害着学生的身心健康，影响学生的学习和生活，也是破坏社会稳定的重要因素。

2. 性侵害的主要形式

性侵害通常是以威胁、利诱等手段，侵害他人身体，甚至侵害他人的隐私处。其表现主要有暴力型性侵害、胁迫型性侵害、社交型性侵害、诱惑型性侵害和滋扰型性侵害等。

（1）暴力型性侵害。这是指犯罪分子使用暴力和野蛮的手段，如携带凶器威胁、劫持他人，或以暴力威胁加之言语恐吓，对他人实施侵害。其特点如下：其一，手段残暴。当犯罪者进行性侵害时，必然受到被害者的本能抵抗，所以，很多性犯罪者往往要施行暴力且手段野蛮凶残，以达到自己的犯罪目的。其二，行为无耻。为达到侵害他人的目的，犯罪者往往会不择手段地摧残受害者。其三，群体性。犯罪分子常采用群体性纠缠方式对他人进行性侵害，这是因为人多势众，容易制服被害人，还会使原来单个不敢作案的罪犯变得胆大妄为，这种形式危害极大。其四，容易诱发其他犯罪。性犯罪会诱发其他犯罪，如聚众斗殴等恶性事件。

（2）胁迫型性侵害。这是指利用自己的权势、地位或职务之便，对有求于自己的受害人加以利诱或威胁，强迫受害人与其发生非暴力型的性行为。其特点如下：其一，利用职务之便或乘人之危，迫使受害人就范。其二，设置圈套，引诱受害人上钩。其三，利用受害人的过错或隐私要挟受害人。

（3）社交型性侵害。这是指在自己的生活圈子里发生的性侵害，与受害人约会的大多是熟人，如同学、同乡等。受害人身心受到伤害以后，往往出于各种考虑而不敢加以揭发。

（4）诱惑型性侵害。这是指利用受害人追求享乐、贪图钱财的心理，诱惑受害人而使其受到性侵害。

（5）滋扰性性侵害。这是指利用靠近异性的机会，或有意识地接触、摸捏、挤碰异性身体的敏感地方，如胸部、大腿、阴部等处，或进行暴露生殖器等态式性滋扰，或向异性寻衅滋事、说污言秽语，进行挑逗、调戏、侮辱等。公共场所、办公室是滋扰型性侵害的多发地。

3. 积极预防性侵害

上学、放学或外出游玩，最好结伴同行；不要单独一个人到河边、山坡、树林、小巷子等过于偏僻的地方读书、写生或玩耍等；晚上不要独自一人去外面玩耍，更不要单独在偏僻小巷行走；不要去营业性歌舞厅、茶座、咖啡厅、录像厅、通宵电影院等存在很多不安全因素的地方；不要单独和异性相处过久，即使是熟识的异性也不例外；衣着简单、得体、落落大方，不要穿过于"露""透"的衣服，不要佩戴首饰，不化妆；举止沉稳，行为朴实，严格要求自己；如果遇到熟识的异性向自己提出非分要求，应保持镇定和理智，态度坚定地予以拒绝，并尽快离开这个尴尬之地；拒绝与陌生成年异性单独会面；未经家长同意，拒绝接受任何成年异性的礼物；不要搭乘陌生成年异性的车辆；独自在家时，拒绝让陌生人进屋。

4. 避免即将发生的性侵犯的方法

（1）当知道坏人是针对自己而来，自己又无法制服他时，应主动避开，让坏人扑空，自行或寻求帮助脱离危险，转移到安全的地带。

（2）义正词严，当场制止。要有正确的性观念，对不当的身体接触要勇敢说"不"。

（3）处于险境，紧急求援。要时刻保持警惕，遇危险时要冷静镇定、见机行事，首先要想到保全生命。当自己无法摆脱坏人的挑衅、纠缠、侮辱和围困时，立即通过呼喊、打电话、递条子等适当办法发出信号，以求民警、老师、家长及群众前来解救。

（4）虚张声势，巧妙周旋。可故意张扬有自己的亲友或同学已经出现或就在附近；或者说自己正值生理期或有病在身，以巧妙的办法迷惑对方，拖延时间，以便自救或获救。

实践活动

我们应该如何避免成为坏人侵犯的目标？

延展阅读

遭受性侵害后怎么办

性侵害是严重的违法犯罪行为，属于严重侵害他人的权利，法律对它的惩罚打击力度是非常大的。任何一个遭受性侵害的人，都要用法律来维护自己的合法权利，挺身而出和犯罪分子作斗争，绝不能手软。

首先，要保存证据。遭受性侵犯后不要洗澡，保存好犯罪分子的毛发、精斑、体液等；要记住犯罪分子是几个人，他们大致的年龄和身高，尤其要记清楚直接侵害人的特征，记住反抗时的一些抓痕；保存好现场遗留物并记住、保存好现场。

接着，拨打"110"电话报案。一旦遭遇性侵犯，要打消顾虑，及时向有关部门报案，不能因为害怕名誉受损，就将苦果咽下去，这样不但会使犯罪分子逍遥法外，还可能造成更多的人受害，也将自己拘于噩梦之中。

最后，配合调查。根据公安机关工作人员的要求，详细说明遭受侵犯的过程，及时提供物证，协助指认现场和犯罪分子，为破案提供线索，配合公安机关工作人员尽早破案。

第六章 护眼知识与近视防控

第一节 近视的控制

教学目标

1. 通过本课的学习，让学生了解保护眼睛的重要性，掌握防预近视的知识。
2. 知道配戴眼镜是控制近视最安全可靠的方法，提高科学用眼的自觉性，形成良好的用眼习惯。

教学设计

第一步：案例导入。

第二步：了解近视眼的表现。

1. 请班里近视的同学说一说自身的用眼感受。

2. 学生发言，教师总结。

第三步：探究控制近视的常见方法。

1. 增加户外活动。

2. 配镜矫治。

3. 药物治疗。

4. 手术治疗。

第四步：了解定期检查视力的重要性。

第五步：教师总结。

案例材料

小东上小学时已经戴上了近视眼镜，随着初中学习节奏的加快，初二的时候，小东

告诉妈妈自己即使戴着眼镜看远处也很吃力。妈妈带他来到眼科医院做视力检查，检查的结果显示他近视的度数比之前增长了很多。如果不控制近视度数的增长，很有可能发展成高度近视。视光师说，如果不想戴更厚的镜片，平时就要严格注意用眼习惯，控制近视度数的增长。

老师：近视会给我们的生活带来诸多不便。今天我们就来学习如何保护好眼睛，控制近视度数的增长。

教学内容

1. 近视眼的表现

一般近视主要是远视力减退，近视力尚好。中度以下近视的远视力可矫正到正常，高度近视的远视力则很难矫正到正常。高度近视容易出现眼疲劳、眼胀痛、头痛、恶心等症状，时间久了可导致外斜视，必须尽早防治。

若视力下降，应及时就医，排除其他眼病。如被初步诊断为近视眼，一般无须药物治疗。如发生进行性视力下降，应在眼科医生指导下进行矫治，控制近视的发展。

2. 控制近视的常见方法

（1）增加户外活动。青少年患上近视的最常见诱因是长时间、高强度的近距离用眼。除此之外，近年来许多流行病学资料均显示，近视的发生发展和户外活动减少密切相关。研究表明，增加户外活动时间不仅可以预防近视的发生，更能延缓近视发展。户外环境光照充足，这种情况下人的瞳孔缩小，屈光景深增加，提高了视网膜成像质量；户外环境中，眼睛的调节需求较少，也不存在调节滞后，而调节滞后被认为和近视发生有较密切关系；户外环境下，所有物体离眼睛较远，能在视网膜上形成更多的近视性离焦，而近视性离焦被认为可抑制近视发展；在强光下，视网膜上多巴胺等神经递质增加，而多巴胺在动物实验环境中具有抑制眼轴增长的作用，由此可控制近视的产生和发展；户外强光的紫外线成分和维生素 D 水平的增加与控制近视发展具有相关性。因此，这些研究认为户外活动的强光照条件可预防近视发生、延缓近视发展，应宣传并鼓励儿童及青少年多进行户外活动。

（2）配镜矫治。配戴眼镜是矫正视力安全可靠的方法。配镜的原则是以所矫正至最好视力的最低度镜片为适宜。配镜时应注意：配镜度数不宜过深，一般将视力矫正到5.0即可。也可配戴双焦距眼镜，看近时用平光镜，看远时用上面的适度近视镜片。戴上近视眼镜后，近视度数一般不会加深，因为近视度数是否发展和眼镜关系不大。如果配上合适的眼镜，经常佩戴，又注意用眼卫生，就会保持良好的调节功能，使近视度数稳定在一定的水平。反之，如果不注意用眼卫生，近视眼镜又配得不合适，时间长了，会导致视力疲劳，近视度数也会加深。

（3）手术治疗。近视手术大致可以分为两类，即激光手术和晶体植入两大类。做近视手术的首要条件就是年龄必须满18周岁，且近视度数稳定超过2年。

3. 定期检查视力

定期给眼睛做检查并将结果存档，不仅能及时发现近视倾向，还能掌握近视度数的发展，降低高度近视发生的风险，让我们更加直观地了解我们的视力变化情况。此外，完整的视力档案不仅能让医生和家长尽早发现我们的视力异常，还能及时有效地进行治疗与干预。

我们可以在家中贴一张"标准对数视力表"，或采用视远发现法、两眼对比法、症状发现法等方法定期自查视力，这样可以对自己的视力做出预判，有助于及时发现自己的视力异常，采取正确有效的处理措施。使用"标准对数视力表"自查视力时，应在舒适的自然光或光线充足的环境下进行；视力表的高度、距离也要符合标准，比如 5 米的视力表的测试距离为 5 米，我们要站在直线 5 米的距离，双眼平视的位置应该与视力表的 1.0 相平行，这是安装视力表比较标准的高度。

实践活动

请同学们，为自己建立一份视力档案吧。

延展阅读

干眼病的防治

干眼病实际上就是泪液减少引起的，长时间看电脑、玩手机、读书、长时间佩戴隐形眼镜及空气干燥都会造成泪液减少、蒸发过快或泪液质量下降，从而导致干眼病。干眼病的最主要症状就是眼睛干涩，同时还会有沙粒感、异物感、烧灼感，用眼时间一长就会觉得眼睛酸痛、怕光、发痒，闭上眼睛会感觉舒服一些。

防治干眼病最好的办法就是控制用眼的时间。看书写字时，每隔 45 ~ 60 分钟要休息 10 ~ 15 分钟。休息时应隔窗远眺或进行户外活动，也可以做眼保健操，使眼球调节肌得以充分放松。另外，在平时可以多眨眼睛，不要瞪着眼睛太过专注；多吃富含维生素 A 等有益于眼睛的食物（胡萝卜、动物内脏等）；安全佩戴隐形眼镜，尽量选择实用又方便的框架眼镜。需要提醒注意的是，如果你在使用了上述措施后仍没有改善，要尽快请眼科医生诊断治疗。

第二节　合理使用电子产品

教学目标

1. 通过学习，了解沉迷网络给眼睛带来的危害，懂得合理安排上网时间，健康上网。
2. 掌握预防近视的方法，养成健康的用眼习惯，保护好自己的视力。

教学设计

第一步：案例导入。

沉迷于电子产品会给我们带来哪些不利的影响？请同学们说一说。

学生回答（影响视力、影响学习、不良网络信息会影响我们的心理健康等）。

老师：刚才有同学提到了长时间上网会影响我们的视力，那这节课我们就来重点谈一谈这个话题。

第二步：了解沉迷网络对眼睛的危害。

第三步：学习合理使用电子产品。

第四步：学习近视的预防。

关于预防近视，你有哪些好的建议和做法？

小组形式进行讨论，小组代表回答，教师归纳总结：

1. 注意阅读、书写时的用眼卫生。

2. 护眼台灯的选择。

3. 坚持体育锻炼。

4. 认真做眼保健操。

5. 定期检查视力。

案例材料

患有高度近视的小卫平时经营一家网店，前段时间他给自己放了个假，想好好放松一下，就宅在家里拿着手机玩游戏，除了三餐吃个外卖，其他时间一直在玩。10个小时很快就过去了，小卫突然发觉眼前出现闪光，而且总觉得眼内有"飞蚊"的黑影，怎么也摆脱不掉。小卫赶紧让朋友带他去医院眼科中心就诊，医生一看，小卫的视网膜脱落了。"还好来得及时。"医生说，小卫的情况还能够通过手术挽救，如果没有重视，来得迟，就算做了手术，也很难保住视力。

老师：随着现代文明的发展，电子产品越来越多，同学们的户外活动越来越少，近视的发生率也越来越高。尽管尚未发现近视发生的确切原因，但可以肯定地说，电子产品是导致近视的一个非常重要的原因。

教学内容

1. 过度使用电子产品危害眼睛

上网可以让人享受到现代科技给生活和学习带来的方便和快捷，但有的人却沉迷于网上聊天或网络游戏，患上网瘾综合症，对本人、家庭和社会都造成了伤害。由于上网时间过长，甚至通宵达旦地玩网络游戏，人的大脑会持续处于高度兴奋状态，会诱发胃肠疾病、心血管疾病、紧张性头痛等，更会造成视力下降、眼痛、怕光、适应能力降低等眼部损伤。

2. 合理地使用电子产品

人的视力在 18 岁以后才趋于稳定。我们已经知道过度使用电子产品是诱发近视的重要原因之一，那么我们应如何在日常学习和生活中科学合理地使用电子产品呢？

（1）拒绝电子游戏。现在越来越多的同学沉迷于电子游戏，长时间、近距离地盯着电子屏幕，使眼睛的睫状肌处于紧张状态，得不到充分休息，极易导致近视。所以我们一定不能沉迷于电子游戏，要改变休闲和娱乐的方式，好好保护眼睛。

（2）控制使用电脑的时间。使用电脑学习时，一定要注意科学合理。首先，眼睛不能凑近电脑屏幕，至少要保持 50 厘米的距离；其次，严格控制时间，使用电脑很容易引起眼睛疲劳，所以连续使用 30 ~ 40 分钟就要休息一会儿，让眼睛远眺 10 分钟或到室外活动；最后，在使用电脑的过程中，要经常眨眨眼睛或闭目休息，消除眼睛疲劳。

（3）控制看电视的时间。可以适当看电视，但同样要严格控制时间，每连续看 30 分钟，就要停下来休息或远眺 10 分钟；双眼要与电视机屏幕中央齐平，距离是电视机屏幕对角线长度的 6 ~ 8 倍；要保持正确坐姿，要端坐于电视机前方，不能躺卧、趴着或盘腿坐，这些不正确的看电视姿势都极易引起眼睛疲劳；电视机要放置于光线柔和的地方，使电视屏幕的亮度适宜。

3. 近视的预防

（1）注意阅读、书写时的用眼卫生。阅读、书写时，眼睛凑得越近，所需要的调节力就越大，因此，为了减少眼睛的调节紧张状态，一般情况下，眼与书本的距离要保持在 30 ~ 35 厘米。看电视、上网时，眼睛和屏幕也要保持一定的距离。同时，要经常休息，一般主张连续阅读、写字或看电视 40 分钟左右就应该休息片刻，或向远处眺望一会儿，最好到户外做些体育运动，这样可以消除眼部疲劳。要合理安排学习与休息时间，保证有足够的休息、睡眠和课外活动时间，以使眼睛得到充分的休息。另外，躺着看书不易保持适当的眼与书的距离，也不易保证适当的照明条件，这样眼和全身都很容易疲劳。另外，也要注意不在光线过强或过弱的地方看书。

（2）护眼台灯的选择。晚间学习时，除了顶灯，光源多半来自台灯。在光线不充足的情况下，想要保护视力、预防近视，选择一盏合格的护眼台灯是非常重要的。

（3）坚持体育锻炼。体育运动不仅可以增强青少年体质，而且对保护视力、预防近视也有非常好的作用。在坚持体育锻炼的同时，还要保证合理、充足的营养摄入，避免偏食、挑食。

（4）认真做眼保健操。眼保健操的功能是通过自我按摩眼部周围的穴位，使眼窝内的血液循环畅通，改善神经营养，消除眼疲劳。眼保健操必须经常做，一般应每天上、下午各做一次，且要做到动作准确。

（5）定期检查视力。定期检查视力是保护视力、预防近视的重要措施。通过视力检查，可以发现自身的视力变化情况。当发现视力下降时，可及时采取措施控制近视眼的发生和发展。患上近视，可在医生的指导下，配戴合适的眼镜加以矫正。

实践活动

如果发现班里有同学沉迷网络游戏，你会怎么帮他？

延展阅读

青少年网络文明公约

要善于网上学习，不浏览不良信息；
要诚实友好交流，不侮辱欺诈他人；
要增强自护意识，不随意约会网友；
要维护网络安全，不破坏网络秩序；
要有益身心健康，不沉溺虚拟时空。

第三节　多吃有益于眼睛的食物

教学目标

　　让学生了解有益于眼睛的食物种类，学会保护眼睛，做到科学饮食，不挑食、不偏食，多吃有益于眼睛的食物。

教学设计

　　第一步：案例导入。

　　第二步：了解对眼睛有益的食物。

　　1. 学生先列举对眼睛有益的食物。

　　2. 教师用课件展示对眼睛有益的食物。

　　第三步：了解学生饮食习惯。

　　1. 请眼部有问题的学生谈自己平时的饮食习惯，看其是否做到平衡膳食、有无偏食挑食问题。

　　2. 请眼睛健康的学生谈自己平时的饮食习惯，做到防患于未然，预防眼部问题。

　　3. 教师引导学生多吃有益于眼睛的食物，平衡膳食，促进眼部健康。

　　第四步：拓展延伸。

　　让学生说一说：除了多吃有益于眼睛的食物，还有哪些方法能促进眼部健康？

　　学生畅所欲言，教师做总结。

　　第五步：学习延展阅读材料。

239

中小学健康教育与近视防控指导用书

案例材料

由于近视度数已经高达 1500°，小李的生活受到了严重的影响，因此她希望通过近视矫正手术进行治疗。在医生诊断过程中，小李表示自己小时候便已经近视，平日很注意用眼卫生，也知道如何正确保护眼睛，但是她眼睛的近视度数仍然不断上涨。医生询问了相关病史，得知她从小喜欢吃甜食，就连来医院做手术，包里也装满了喜爱的巧克力。在了解小李的情况后，医生认为其近视加深的原因与大量吃甜食有一定关系。

老师：甜食含糖多，糖在人体代谢过程中需要维生素 B_1 协同，过量食用甜食会消耗掉大量的维生素 B_1。然而，维生素 B_1 又是眼部维持神经机能的重要活性物质，若缺乏维生素 B_1 就会导致眼睛易疲劳、调节功能不良，从而促使近视形成。过量食用甜食，在其消化、吸收和代谢过程中也会产生大量的酸性物质，与人体内碱性物质的钙中和，导致人体缺钙。缺钙会使眼球壁的弹性降低，眼轴伸长，从而形成近视。此外，过量甜食也会使血糖升高，容易引起血液渗透压的变化，导致晶状体变凸，从而发生近视。

教学内容

青少年一定要保护好眼睛，从每日的膳食营养结构上入手，合理搭配、丰富膳食，不偏食、不挑食，多吃一些有益于眼睛的食物。

1. 维生素 A

维生素 A 又叫视黄醇，是构成视觉细胞最重要的感光物质，它与人的眼睛息息相关，是眼睛必不可少的营养物质。如果身体缺乏维生素 A，眼睛容易干涩疲劳，从而引起角膜炎、干眼症等。红萝卜、西红柿、南瓜、芦笋等黄绿色蔬菜，杧果、木瓜等水果，蛋黄、牛奶、鱼肝油等食物中，含有丰富的维生素 A。

2. 维生素 B 群

维生素 B 群是视神经的营养物质，可以预防及治疗视神经病变，还可以保护角膜。如果身体缺乏维生素 B 群，眼睛容易出现充血、流泪、视力减退、水晶体浑浊等症状，久而久之，可能会出现弱视、视神经病变等疾病。动物肝脏、米糠、酵母、麦胚芽等食物中富含维生素 B 群。

3. 维生素 C

维生素 C 能增强眼睛组织对紫外线的抵抗力，因而具有抗氧化、抗衰老的作用，所以补充维生素 C 可以降低白内障发生的概率，减缓眼内组织的老化。如果身体缺乏维生素 C，眼睛微血管组织容易出现微血管韧性不足，一旦受压可能会破裂出血，从而导致视网膜出血、眼窝出血等症状。柑橘、柠檬、奇异果、番石榴等深绿、黄绿色水果中富含维生素 C。

4. 维生素 E

维生素 E 被人们称为"血管清道夫"，具有很强的抗氧化作用，所以可以预防或减

缓因组织老化而引起的眼疾。坚果、小麦胚芽、植物油等食物中含有维生素 E。

5. 叶黄素

叶黄素又称类胡萝卜素，是构成视网膜黄斑区域的主要色素，人眼缺乏叶黄素会导致视物模糊、视力下降。甘蓝、菠菜、辣椒等绿色食物中富含叶黄素。

6. β-胡萝卜素

β-胡萝卜素是一种天然的抗氧化剂，与维生素 A 关系密切，被人体吸收后，大部分转为维生素 A。玉米、西红柿、胡萝卜、南瓜、韭菜、杧果等黄色和深绿色的食物中含丰富的 β-胡萝卜素。

7. 花青素

蓝莓、紫甘蓝、茄子、桑葚、紫薯、紫葡萄等紫色的食物中富含以花青素为主的抗氧化物，可以延缓眼球生理性衰老，为视神经补充营养。

8. 蛋白质

蛋白质是视力正常发育的基础，眼睛的正常功能运转，眼部组织的修复与更新，都离不开蛋白质。如果一个长期处于蛋白质缺乏的状态，就会出现眼功能衰退、视力下降的症状，并诱发各种眼疾，甚至有失明的风险。例如，视网膜上的视紫质是由蛋白质组成的，蛋白质缺乏会导致视紫质合成不足进而引发视力障碍。富含蛋白质的优秀食物有奶类、蛋类、瘦肉、鱼、虾、豆类等。

实践活动

根据今天所学知识，为自己和家人制作一份益于眼睛的营养菜谱吧。

延展阅读

极目操的步骤

极目操是一种通过视线远近交替、眼球旋转来训练眼内肌、眼外肌，提高眼的调节力、灵敏度和双眼协调能力的眼保健操，具有保护视力、防治近视的功效。

极目操共四节，分别为远眺近看、集合运动、眼球运动和搓手熨目，每天在学习 30 分钟至 1 小时后练习，持之以恒，才能达到预期效果。

第一节：远眺近看。首先，站至窗口处，找到远处 5 米以外的一个目标，盯住看 5 秒，然后将手指摆在眼前 40 厘米处，盯住看 5 秒，如此反复，共做 30 组。

第二节：集合运动。先将笔尖或指尖放置于眼前 40 厘米处，以匀速向眼前移动至眼前 10 厘米处，如此反复，共做 30 组。

第三节：眼球运动。首先眼睛由左上、右上、右下、左下如此顺时针转动 2 个八拍，再从右上、左上、左下、右下逆时针转动 2 个八拍，如此反复，共做 15 组。

第四节：搓手熨目。将双手搓至温热，敷双眼 5 秒，如此反复，共做 15 组。

水平五

（高中阶段）

第一章　健康行为与生活方式

第一节　食品的选购技巧

教学目标

1. 了解什么是绿色食品和垃圾食品，明确新时代垃圾食品的种类及危害。
2. 掌握食品选购的基本要领，能正确选购食品，树立科学的饮食习惯。

教学设计

第一步：视频导入，激发兴趣。

1. 播放近几年关于食品安全的新闻视频。
2. 什么是绿色食品？什么是垃圾食品？请同学们各抒己见。

第二步：认识绿色食品和垃圾食品。

第三步：了解垃圾食品的种类及危害

1. 小组讨论：你知道的垃圾食品有哪些？它们的危害是什么？
2. 出示垃圾食品的种类及危害。

第四步：学习如何选择食品。

1. 同学们平时是如何选择食品的呢？
2. 挑选食品的方法是什么？小组讨论、交流。
3. 出示食品选择的注意事项并教给学生食品选购技巧。

第五步：学习体会。

通过本课的学习，让学生谈一谈自身体会。

案例材料

某进口面包店涉嫌长期大量使用过期发霉面粉且卫生条件恶劣。海关总署开展打击冻品走私专项行动，共查获42万吨"僵尸肉"，这些肉制品已经冷冻了30多年。某地出现人造蜂蜜，假蜂蜜中含有增稠剂、甜味剂、防腐剂、香精和色素等化学物质。某加工厂用牛血、猪血和化工原料加工假鸭血，其中的化工原料一般为建筑或化工用品。某市卫生防疫站在农贸市场内查获一批"毒瓜子"，这些"毒瓜子"在生产过程中掺了矿物油。

老师：随着人民生活水平的不断提高，市场上的商品日益丰富，精加工和半成品的食品越来越多，这要求我们必须要多了解食品选购的知识，学会正确选购食品对我们的饮食健康至关重要。

教学内容

1. 绿色食品与垃圾食品的定义

绿色食品是我国对无污染、安全、优质食品的总称，是指产自优良生态环境、按照绿色食品标准生产、实行全程质量控制，按照《绿色食品标志管理办法》规定的程序获得绿色食品标志使用权的安全、优质食用农产品及相关产品。

为了和一般的普通食品区别开，绿色食品有统一的标志。绿色食品标志有特定图形，它由三部分构成，即上方的太阳、下方的叶片和中间的蓓蕾，象征自然生态；标志图形为正圆形，意为保护、安全；颜色为绿色，象征着生命、农业、环保。

垃圾食品是指仅仅提供一些热量、别无其他营养素的食物，或是提供超过人体需要、变成多余成分的食品，包括冷冻甜品、饼干类食品、火腿、罐头等。

2. 垃圾食品的危害

（1）油炸类食品：损害心脏健康；加重肠胃负担；诱发癌症。

（2）腌制类食品：导致高血压，使肾负担过重；导致鼻咽癌；影响黏膜系统（对肠胃有害），导致溃疡和发炎。

（3）加工类肉食品（肉干、肉松、香肠等）：含三大致癌物质之一的亚硝酸盐；含大量防腐剂，加重肝脏负担。

（4）饼干类食品（不含低温烘烤和全麦饼干）：含食用香精和色素过多，给肝脏造成负担；维生素严重破坏；热量过多，营养成分低。

（5）汽水、可乐类食品：含磷酸、碳酸，会带走体内大量的钙；含糖量过高，喝后有饱胀感，影响正餐。

（6）方便类食品（主要指方便面和膨化食品）：盐分过高，含防腐剂、香精，损害肝脏；只有热量，没有营养。

（7）罐头食品（包括鱼、肉、水果类）：维生素等人体所需营养成分破坏并流失；热量过多，营养成分低。

（8）话梅蜜饯类食品：含三大致癌物质之一的亚硝酸盐；盐分过高，含防腐剂、香精等添加剂，损害肝脏。

（9）冷冻甜品类食品（冰淇淋、冰棒和蛋糕）：含奶油，极易引起肥胖；含糖量过高，影响正餐。

（10）烧烤类食品：含大量"三苯四丙吡"，它是三大致癌物质之首；蛋白质碳化，加重肾脏、肝脏负担。

3. 食品的选购技巧

（1）正确选择食品的购买场所。最好到具有经营资格、信誉好的商场或连锁店去购买。

（2）注意食品包装标识是否齐全。按照国家规定，食品外包装上必须标明商品名称、配料表、净含量、厂名、厂址、电话、生产日期、保质期、产品标准号等内容。

（3）注意查看包装的封口状况，看是否有打开过的痕迹。

（4）注意选购已获得国家认证的并标注有绿色食品、"QS（食品安全认证）"等标志的食品。国家针对绿色食品实行绿色食品使用标志，从 2004 年 4 月 1 日起，对米、面、食用油、酱油、醋五类食品实行市场准入，要求此五类食品必须通过"QS"认证，并在外包装上加贴"QS"标志及准入证号，才能上市销售。

实践活动

请同学们根据今天所学知识，到超市做一次食品选购，并记录食品选购的过程。

延展阅读

食品选择"七字法"

一防"艳"：颜色过分艳丽的食品，很可能添加了色素。

二防"白"：食品呈不自然的白色，十有八九是用了漂白剂等化学制剂。

三防"长"：保质期过长的食品，里面可能加入了大量的防腐剂。

四防"反"：反时节生长的食物中激素含量高，吃多了容易引发生理性早熟，或导致其他疾病。

五防"小"：小作坊式加工企业的产品抽样合格率最低。

六防"低"：价格太低的食品大多有"猫腻"。

七防"散"：集贸市场销售的散装豆制品、熟食等可能来自地下加工厂。

第二节　平衡膳食

教学目标

通过本节教学，让学生了解合理营养与健康的关系，掌握和应用平衡膳食的八条准则，树立健康的饮食观念。

教学设计

第一步：案例导入。

1. 案例中的阿文为什么会得糖尿病？

2. 当你渴的时候，你是选择喝饮料还是白开水？

民以食为天，这句话说明了"吃"的重要性。"吃"对于我们并不陌生，到底怎样能吃出健康、怎样才是科学的饮食呢？今天我们一起来了解平衡膳食的相关知识。

第二步：学习新知。

1. 什么是平衡膳食？

2. 出示中国居民平衡膳食宝塔图。

3. 学习平衡膳食八条准则。

第三步：教师总结。

案例材料

阿文是一名网店客服人员，29岁的他，却已患糖尿病好几年了。据阿文介绍，因为平时工作忙，又懒于泡茶，每次口渴了，他都是随手拿起碳酸饮料，仰起脖子就往嘴里灌，等他发现得了糖尿病时为时已晚。

老师："民以食为天"。有关一日三餐我们最关心的问题是"吃什么"与"吃多少"。这个问题处理不好，身体就会出现问题。"吃什么"就是食物的种类问题，"吃多少"是摄入食物数量的问题，人们摄入的食物种类及其数量相对平衡，就是平衡膳食。希望同学们一定要养成健康的饮食习惯。

教学内容

1. 什么是平衡膳食

平衡膳食又称合理膳食或健康膳食，在营养学上指全面达到营养素供给量的膳食。摄食者通过平衡膳食得到的热能和营养素都能达到生理需要量的要求，同时，摄入的各种营养素间具有适当的比例，能达到生理上的平衡。获得平衡膳食是制订膳食营养素供给量标准的基本原则，也是研究人类营养学以达到提高全民健康水平的最终目标。平衡膳食模式是根据营养科学原理和我国居民膳食营养素参考摄入量及科学研究成果而设计的，指一段时间内，膳食组成中的食物种类和比例可以最大限度地满足不同年龄、不同能量水平的健康人群的营养和健康需求。

2. 中国居民平衡膳食宝塔

中国居民平衡膳食宝塔是根据中国居民膳食指南，结合中国居民的膳食结构特点设计而来的。它把平衡膳食的原则转化为各类食物的重量，以宝塔形式直观地表现出来，便于群众理解和在日常生活中应用。平衡膳食宝塔共分五层，包含我们每天应吃的主要食物种类。宝塔各层位置和面积不同，在一定程度上反映了各类食物在膳食中的地位和应占的比重。五大类食物包括谷薯类、蔬菜水果类、动物性食物、奶制品及大豆坚果类，以及烹调用的油盐。

3. 平衡膳食八条准则。

平衡膳食必须由多种食物组成，才能满足人体对各种营养的需求，以达到合理营养、促进身体健康的目的。中国居民膳食指南修订专家委员会在分析我国应用问题和挑战、系统综述和荟萃分析科学证据基础上，在《中国居民膳食指南(2022)》中提炼出了八条平衡膳食准则，具有重要的参考价值：

（1）食物多样，合理搭配。坚持谷类为主的平衡膳食模式，每天的膳食应包括谷薯类、蔬菜、水果，畜禽鱼蛋奶和豆类食物。每天摄入食物 12 种以上，每周 25 种以上，合理搭配。每天摄入谷类食物 200 ～ 300 克，其中包含全谷物和杂豆类 50 ～ 150 克，薯类 50 ～ 100 克。

（2）吃动平衡，健康体重。各年龄段人群都应天天进行身体活动，保持健康体重。食不过量，保持能量平衡。坚持日常身体活动，每周至少进行 5 天中等强度身体活动，累计 150 分钟以上，主动身体活动最好每天走 6000 步。鼓励适当进行高强度有氧运动，加强抗阻运动，每周 2 ～ 3 天。减少久坐时间，每小时起来动一动。

（3）多吃蔬果、奶类、全谷、大豆。蔬菜水果、全谷物和奶制品是平衡膳食的重要组成部分。餐餐有蔬菜，保证每天摄入不少于 300 克的新鲜蔬菜，深色蔬菜应占 1/2。天天吃水果，保证每天摄入 200 ～ 350 克的新鲜水果，不能用果汁代替鲜果。吃各种各样的奶制品，摄入量相当于每天 300 毫升以上的液态奶。经常吃全谷物、大豆制品，适量吃坚果。

（4）适量吃鱼、禽、蛋、瘦肉。鱼、禽、蛋类和瘦肉摄入要适量，平均每天 120 ～ 200 克。每周最好吃鱼 2 次或 300 ～ 500 克，蛋类 300 ～ 350 克，畜禽肉 300 ～ 500 克。少吃深加工肉制品。鸡蛋营养丰富，吃鸡蛋时不弃蛋黄。优先选择鱼，少吃肥肉、烟熏和腌制肉制品。

（5）少盐少油，控糖限酒。培养清淡饮食习惯，少吃高盐和油炸食品。成年人每天摄入食盐不超过 5 克，烹调油 25 ～ 30 克。控制添加糖的摄入量，每天不超过 50 克，最好控制在 25 克以下。每天摄入的反式脂肪酸不超过 2 克。不喝或少喝含糖饮料。儿童青少年、孕妇、乳母以及慢性病患者不应饮酒。

（6）规律进餐，足量饮水。合理安排一日三餐，定时定量，不漏餐，每天吃早餐。规律进餐，饮食适度，不暴饮暴食，不偏食挑食，不过度节食。足量饮水，少量多次。在温和气候条件下，低身体活动水平成年男性每天喝水 1700 毫升，成年女性每天喝水 1500 毫升。推荐喝白水或茶水，少喝或不喝含糖饮料，不用饮料代替白水。

（7）会烹会选，会看标签。在生命的各个阶段都应做好健康膳食规划。认识食物，选择新鲜的、营养素密度高的食物。学会阅读食品标签，合理选择预包装食品。学习烹饪、传承传统饮食，享受食物天然美味。在外就餐，不忘适量与平衡。

（8）公筷分餐，杜绝浪费。选择新鲜卫生的食物，不食用野生动物。食物制备时生熟要分开，熟食二次加热时要热透。讲究卫生，从分餐公筷做起。珍惜食物，按需备餐，提倡分餐不浪费。做可持续食物系统发展的践行者。

实践活动

为自己设计一份合理的"膳食食谱"吧。

延展阅读

复习、考试期间的膳食

复习与考试是学生时代经常的事，要在这期间安排好膳食，可以做到以下几点：

1．吃好早餐。葡萄糖是大脑唯一能够直接利用的能量，不吃早餐会影响学习效率。

2．摄入充足的食物。学习紧张，会使人降低食欲，所以应变换口味，保证能量的摄入。

3．保证优质蛋白质的摄入。多食用禽、肉、奶等优质蛋白和鱼虾类，提高大脑功能，提高记忆力。

4．每天食用新鲜的蔬菜和水果。这些食物富含维 C 和膳食纤维，有利于脑组织对氧的利用和促进肠胃消化。

5．注意色香味的搭配，增强食欲。

6．卫生问题不可忽视。不食用街头小吃及生冷食物，养成饭前便后洗手的习惯。

7．营造轻松愉快的就餐环境。进餐时，谈论一些轻松愉快的话题，有利于消化液的分泌和食物消化。

8．不可迷信和依赖"健脑品""益智品"等。对于智力的开发，营养只是诸多因素之一。各类天然的食品已经包含人体所需的各种营养素，只要不挑食、不偏食，就能满足身体营养的需要。

第三节　充足睡眠有益健康

教学目标

1．通过学习，让学生了解睡眠不足的危害。
2．了解睡眠充足的好处，知道怎样才能睡得好。

教学设计

第一步：案例导入。
第二步：分析睡眠不足的危害。
请几位同学谈谈自己或家人是否存在睡眠不足问题。
第三步：理解充足睡眠有益健康。
第四步：请同学们集思广益，探究出提高睡眠质量的方法。
第五步：学习运用，养成良好的睡眠习惯。

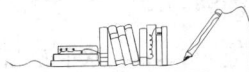

案例材料

　　小宇和小晴是同桌。每天上课的时候，小宇总是思维活跃，注意力时刻紧跟老师；而小晴却总是犯困、没精神，一节课下来，她什么都没学会。到做作业的时候，小晴都得向小宇请教。小宇很纳闷，明明是上课讲过的原题，只需换个数字就能算出答案，为什么小晴不会呢？他问道："小晴，这个是上课的原题，你怎么不会呢？"小晴说："我感觉自己没学懂，每天回去都'开夜车'，第二天又早起背课文，到上课的时候就感觉特别困，思维一点都跟不上老师。我也很苦恼，但这像是个恶性循环，我怎么都打不破啊……"了解情况后，小宇把自己的经验告诉她："学习不在于时间长短，而在于效率高低。你每天睡眠不足，白天上课当然没精神啊。长期睡眠不足还会导致免疫力下降，人就容易生病！不管怎么样，睡眠一定要充足，每天定好一个睡觉时间准时休息，这样你的学习效率肯定会慢慢提高的！"

　　老师：同学们，你们每天休息好吗？

教学内容

　　睡眠占了人生的三分之一时间，睡眠的好坏是生活质量一半的基础。睡眠是一个人最重要的生理需要，保障充足的睡眠以及作息规律，是保证一个人精神状态良好、精力充沛的必要条件，一个人能够维持充足的精神，工作及生活也就轻松愉快起来了。睡眠能帮助恢复体力和脑力，并能舒缓压力、增强记忆力，从而保持身体健康。

　　1. 睡眠不足危害多

　　（1）睡眠不足会影响我们的学习效率，使记忆力减退、反应迟钝、思考能力下降。

　　（2）睡眠不足会扰乱我们正常的生物钟，降低免疫力，导致患病几率增加。

　　（3）睡眠不足会使内分泌紊乱，影响生长激素的分泌，不利于生长发育。

　　（4）睡眠不足还会影响外貌，影响皮肤代谢，造成眼睛周围的血液循环不良，从而出现所谓的"黑眼圈""熊猫眼"。

　　2. 充足睡眠有益健康

　　充足的睡眠有助于改善注意力和记忆力。想要改善注意力，睡个好觉是非常重要的。当人睡眠不足时，即使是最简单的事情也很难记住。在睡眠期间，大脑处于休息和恢复的状态，这个过程对于改善和储存记忆力是非常重要的。

　　睡眠不仅对身体健康有很大好处，而且对心理健康也有巨大的影响。如果睡眠不足，身体就会开始产生更多的压力荷尔蒙，这会让人感到压力，也容易感到烦躁和焦虑。充足的睡眠可以让人更放松，让紧张的神经得到舒缓，让控制情绪变得很容易，也会让人更快乐。

　　充足的睡眠可以让身体得到休息和恢复，从而有利于心脏健康，减少中风或心脏病的机会。另外，尽管睡眠不能直接帮助减肥，但对于控制体重是有帮助的，如果睡眠不足，会增加饥饿感，也会更渴望高热量的食物，这可能导致进食过多，对于减肥反而是不利的。

睡眠不足会导致疲劳，也会影响身体机能。充足的睡眠有助于改善体力，减轻运动时的疲劳感，恢复精力和体力，这反过来又有助于提高运动能力。

3. 提高睡眠的质量

（1）早睡早起，早睡醒来不恋床。

（2）卧室内光线要暗，温度、湿度要合适，保持室内安静和空气流通。

（3）睡前尽量不要与人说话，不喝刺激性饮料，不要看刺激性强的影视节目及文学作品，避免情绪激动。

（4）睡前应该用温水洗浴，尤其要用温水洗脚。

（5）穿着宽松柔软的衣物，选择厚薄适宜的被褥，采取正确的睡姿，一般采用右侧卧位，睡觉时不要蒙头。

（6）适量的运动锻炼有助于睡眠。

（7）失眠时可采用自我放松的方法加以调整，不要强迫自己，更不要焦虑急躁，否则会适得其反。严重失眠时要及时看医生，不能擅自服用安眠药。

实践活动

除了掌握健康的睡眠方法，还可以通过食用一些助眠的食物提高睡眠质量，你知道哪些食物可以助眠吗？

延展阅读

四季睡眠

春季晚睡早起：春季万物开始生长，天地之气开始萌发，故在此季应"夜卧早起"。具体来说，一般保持在晚上10点半左右入睡即可，早晨要早起，以6点左右起床为宜，这样有利于机体内阳气的生长。

夏季睡时最短：夏季万物处于盛极状态，人体也是如此。随着活力渐入高峰，人清醒的时间也会大大增加，一般人睡只要五六个小时就可以了，因而夏季作息更需要"夜卧早起"。与春季不同的是，夏季的白天是一年中最长的，所以睡眠时间可以更晚些，可在11点左右上床，但早起时间不变。

秋季早睡早起：如果春天的"生"和夏季的"长"做得比较好，那么到了秋季，人体就会达到四季中最平衡的状态。此时的人体状态从夏季时的亢奋转变为秋季时的内敛，因此如果有条件的最好早些入睡，每天保持至少8小时的睡眠时间，以利于阴精的"收"。秋季虽开始收敛，但还无需"藏"，因此在早睡的时候，仍要注意早起，以顺应阳气的舒张。

冬季早睡晚起：冬季主"藏"，动植物多进入冬眠状态，以养精蓄锐，为来年生长做准备。人体也应该顺应自然界的特点而适当减少活动，以免扰动阳气、损耗阴精。在这个季节

要"早卧晚起"，最好做到天明才起，但也不应起得太晚，否则阳气无法舒展升腾，不利于身体的阴阳平衡。

第四节　体育锻炼有益身心健康

教学目标

1. 明确体育锻炼的意义以及对身心健康的影响，使学生消除或减轻生活中影响健康的危险因素。

2. 提高学生积极参与体育锻炼的意识，预防疾病，促进身心健康，提高生活质量。

教学设计

第一步：导入。

请同学们交流分享自己喜欢的体育运动是什么，以及这些运动的好处是什么。

在学生交流分享之后，教师导入本节课的授课内容：体育锻炼有益身心健康。

第二步：教学过程。

1. 体育锻炼对身体的影响。

（1）学生分组讨论：体育锻炼对身体的影响有哪些？

（2）教师总结体育锻炼对身体的益处。

①强化呼吸系统：经常参加体育锻炼的人，能加强膈肌上下活动的幅度，加大吸气状态下的胸膜腔负压，从而有助于改善心肺循环，并可使肺泡有效通气量增加，促使气体交换良好。

②增强抵抗力：体育锻炼大多在室外举行，可使人体受到冷空气的刺激，使人体造血机能也发生变化，由此血液中的红细胞、白细胞、血红蛋白及抵抗疾病的抗体增多，从而大大提高人体对疾病的抵抗力。

③改善神经系统的调节功能：体育锻炼能提高神经系统对人体错综复杂变化活动的判断能力，并及时做出协调、准确、迅速的反应，使人体适应内外环境的变化，保持肌体生命活动的正常进行。

2. 体育锻炼对心理的影响。

（1）请学生谈一谈体育锻炼对心理的影响有哪些。

（2）学生小组讨论并交流分享。

3. 教师总结体育锻炼对心理的益处。

（1）体育锻炼可以促进人格的全面开展。

（2）体育锻炼能够治愈心理疾病。

（3）体育锻炼可以促进坚强意志品质的形成。

（4）体育锻炼可以陶冶情操，保持健康的心态。

（5）体育锻炼可以消除心理疲劳。

第三步：课堂小结。

案例材料

寒寒2018年以高考707分的成绩考入清华大学。寒寒不光是学霸，还特别喜欢运动，在上高中时每天坚持在操场跑四五圈，就算刮风下雨也会坚持。此外，她还酷爱打篮球，老师和同学经常在球场上见到她运动的身影。同时，她的钢琴弹得也特别好。在寒寒眼中，学习很重要，身体更重要，每天适度运动不但可以提高自己的身体素质，也可以让自己精力充沛，学习效率会更高。

老师：同学们喜欢什么体育运动？

学生自由回答。

老师：高中生面临较大的升学压力，体育运动是一个缓解压力的好方法。

教学内容

1. 积极参加体育锻炼

健康的体魄离不开经常性的体育锻炼。体育锻炼是指人们根据身体需要进行自我选择，运用各种体育手段，并结合自然力（日光、空气、水）和卫生措施，以发展身体、增进健康、增强体质、调节精神、丰富文化生活和支配余暇时间为目的的体育活动。积极参加体育活动，能促进身体形态的发育，改善人体机能，提高运动能力，增强体质，为健康的心理提供稳固的物质基础。同时，运动锻炼一般都具有艰苦、疲劳、激烈、紧张、对抗及竞争性强的特点，伴随着强烈的情绪体验和明显的意志努力，有助于磨炼、培养机智灵活、沉着果断、谦虚谨慎等意志品质，帮助我们形成健全个性，培养合作与竞争意识。

2. 体育锻炼对身心健康的影响

体育锻炼可以促进智力发展。智力是指人的理解、认识客观事物并且运用所拥有的经验、知识等解决问题的能力。智力是由观察力、思维力、注意力、记忆力、想象力等所组成的。当人们在从事体育锻炼的过程中，往往需要在瞬间完成各种各样的动作，并且还需要一定的质量。在这种情况下，大脑皮层被发动起来的工作神经细胞越多，就越会对提高大脑皮层的细胞活动强度有很大帮助，同时会加强大脑神经系统的功能。记忆力是智力当中相对重要的一环，我们都希望有良好的记忆力，而提高记忆力的最好方法就是加强体育锻炼。人体的每个动作都经过大脑，经常从事体育锻炼能够提高大脑皮层的强度、灵活力和均衡能力，从而使大脑皮层的分析能力和综合能力大大增强，这才是一个良好记忆力的根底。

体育锻炼可以促进人格的全面发展。体育锻炼不仅可以增强人体体质，还可以磨炼

人的性格，使人变得坚强乐观、豁达阳光。人们通过体育锻炼可以学会控制自己的情绪，从而使自己的性格更趋于成熟。体育锻炼可以使人们忘记烦恼和痛苦，克服孤僻，扩大社会交往，协调人际关系，提高社会适应能力。

体育锻炼能够治愈心理疾病。在许多国家，体育锻炼已经是一种被公认的心理治疗方法，它对治疗神经功能症和精神分裂有一些特别的作用。但是，想要治愈心理疾病，还需要在正确的引导下锻炼才可以。有人曾经调查过用两种锻炼方式治疗严重抑郁症患者，其中一种方式是慢跑或者跑步这样简单的放松锻炼，另一种是打篮球、踢足球等较为混合的放松练习，结果显示，慢跑组的患者经过治疗在身体感觉和心理状态方面有明显的好转，而混合锻炼组的患者没有感觉到任何心理或者生理变化。由此可见，如果想要让体育锻炼在治疗中发挥作用，最重要的还是选择适当的运动形式。

体育锻炼可以让人陶冶情操，保持健康的心态。体育锻炼可以很好地发挥人自身的积极主动性、创造性，从而可以提高自己的信心，使自己的个性在和谐的气氛当中获得积极的发展。现如今全民健身事业开展广泛，人民群众的参与积极性也很高，这可以使人们清楚地了解自己的价值，对生命的价值也有更深的认识，进而增强人们对生活的信念，坚定对生活的信心，树立正确的三观。

体育锻炼可以消除心理疲劳。疲劳是一种综合性病症，不只是生理会疲劳，心理也是会疲劳的。假设一个人工作情绪消极，或者在工作难度超过自己的能力时，心理和生理都会很快疲劳。这个时候，去参加一些体育锻炼，可以分散心理的消极情绪。另外，体育锻炼对神经衰弱的治疗也有很明显的作用。

实践活动

请大家自制一份健康锻炼计划表，并且每天按计划进行体育锻炼，促进身心健康发展。

延展阅读

体育锻炼应讲求科学、卫生与安全

尽管体育锻炼能促进青少年的生长发育与健康，预防成年期疾病的发生，但是不适当的体育锻炼，如强度过大、时间过长，反而不利于身体健康。因此，青少年在进行体育锻炼时应讲求科学、卫生与安全，注意以下基本原则：

1. 忌蛮干。要根据自己的生理健康状况选择适宜的体育锻炼项目，切忌盲目蛮干。

2. 要循序渐进，全面锻炼。青少年对各种体育锻炼项目都有一个逐步适应的过程，训练时要有计划、有步骤地增加运动量和动作的复杂程度，做到运动量由小到大、运动项目由少到多、动作技巧由易到难、锻炼时间由短到长。

3. 要持之以恒，经常锻炼。体育锻炼良好作用的产生，必须以"持之以恒"为先决条件。因为体育锻炼活动增强机体防御机能的作用，是通过不断形成暂时性的联系而逐渐适应经常变化着的外界环境来实现的。青少年体育锻炼的积极性，更需要在不断坚持运动过程中得以发挥和巩固。

4. 要有准备活动和整理活动。训练前做适当的准备活动，逐渐增加运动量，可使身体各部分，特别是心脏血管系统有足够时间逐渐提高其活动水平，以适应剧烈运动的需要。准备活动还可消除肌肉、关节僵硬状态，减少外伤的发生。

5. 运动与休息适当交替。在锻炼过程中要适当休息，每次休息的时间要适宜，可避免生理功能超限负荷，以防止运动创伤或过度训练。

第二章　生长发育与青春期保健

第一节　青春期的发育异常

教学目标

1. 让学生了解青春期知识，培养学生养成良好的生理卫生习惯。

2. 克服青春期发育引起的不良心理反应，了解常见的青春期发育异常，如果发现问题，及时与家长老师沟通。

教学设计

第一步：案例引入。

小辉遇到了什么问题？你也有类似问题吗？（秘密心语：在小纸条上写出你的问题。）

第二步：我来支招。

1.老师在屏幕上出示同学们遇到的青春期问题。

2.应该怎样处理青春期问题呢？

同学们讨论后发表观点，教师总结指导。

第三步：通过课件展示，青春期常见的发育异常。

1. 性早熟。

2. 遗传性矮小症。

3. 青春期生理性延迟。

4. 内分泌异常与生长障碍。

5. "赶上生长"现象。

第四步：知识延展，了解营养不良的症状。

第五步：教师总结。

小辉是一名高二男生，他的学习成绩一直很好，但近来老师反映他上课注意力不集中，成绩也下降得厉害。回到家中，小辉也不再像以前那样喜欢和父母聊天说笑，而是匆匆吃完饭后就躲进自己的屋子里。父母找他谈心，他也总是支支吾吾，欲言又止。

终于，在一次和爸爸的单独交谈中，小辉红着脸告诉了爸爸自己的"难言之隐"。原来，几个月以来，小辉的阴茎又红又肿，还疼痛难忍，他不知道怎么回事，又不好意思和家长说，还怕被家长责骂，只能强忍着，内心陷入焦虑之中，自然不能集中精力学习。父亲得知小辉的情况后，带他去医院做了小手术，小辉很快恢复了健康，又恢复了往日的微笑。

老师：请同学们想一想，近两年来自己的身体变化有哪些？你也有类似的问题吗？请你们用小纸条写出自己遇到的问题，交给老师。

教学内容

1. 青春期的到来

青春期是以性成熟为主的一系列生理、生化、内分泌及心理、行为的突变阶段。青春期的个体正处在第二次生长发育高峰，不仅身高、体重、肩宽和骨盆宽等有了明显的变化，而且神经、心血管、呼吸等系统的生理功能也日趋完善，男女两性的性器官和性机能都迅速成熟，男性出现遗精，女性月经来潮，同时出现"第二性征"，性意识觉醒。一般来说，女性比男性青春期开始得早，结束得也早。

2. 青春期的异常发育

（1）性早熟。性早熟是指在性发育年龄以前出现了第二性征，即乳房发育，阴毛、腋毛出现，身高、体重迅速增长，外生殖器发育，有些人甚至还具有生育功能。性早熟在女性中比较多见，目前一般认为，女孩在8岁前第二性征发育或10岁前月经来潮，男孩在10岁前开始性发育，可视为性早熟。性早熟并不罕见，且近年来有增多趋势，严重影响了青少年的身心健康。女性性早熟就更易成为性攻击的牺牲品，甚至发生妊娠。有些早熟还是肿瘤引起的，如不及时处理，可危及生命。

（2）遗传性矮小症。有些儿童生长变化正常，身材匀称，有明显的生长突增表现，性器官和第二特征发育良好，他们唯一的体征就是身材矮小。这些孩子完全是健康的、正常的，其身材矮小是家族遗传性因素引起的，他们的父母平均身高也应明显很低，兄弟姐妹中也大多数是矮个子。对于这些孩子，不需要任何治疗，用生长激素或雄激素去刺激生长也完全无效，因为他们的激素水平是完全正常的。

（3）青春期生理性延迟。有些孩子在出生时身长体重都很正常，不过生长速度缓慢，到十三四岁时，别的孩子都开始了生长突增，他们的身高却还相当于八九岁的正常孩子，骨龄也表现为延迟，而且延迟的程度与身高的延迟相一致，他们的青春期发育时间也比正常同龄人也晚 3 ~ 4 年。这类生长延迟是由遗传因素引起的，孩子的父母或亲属中往往也有各种生长与发育延迟的表现。对于青春期生理性延迟的青少年，不必采用生长激素治疗。

（4）内分泌异常与生长障碍。影响生长发育最常见的内分泌原因有两种，即生长激素缺乏和甲状腺激素缺乏。生长激素缺乏多数是特发的，只有少数继发于颅内病变，如颅咽管瘤等，这些肿瘤多数是良性的，可以做手术切除。特发性生长激素缺乏症的发病率约为 1/10000，有遗传性，男女比例约为 4：1，患上这种病的儿童身材矮小，严重的表现为侏儒，但智力一般在正常的范围内。对这类患儿使用生长激素可取得良好的疗效，但治疗时期很长（从儿童期到青春期需全程治疗，每周 2 ~ 3 次，实施肌肉注射），直到生长自然停止。如果患儿还同时伴有其他垂体激素缺乏的，就应同时对症治疗。

缺乏甲状腺激素也会使生长停止。因为甲状腺激素是促进细胞分化的重要因素，所以患儿除个体矮小，性器官不发达等，还会表现为智力低下，动作笨拙，头大而身材矮小、肥胖，舌大而厚并常伸出口外，面容显愚蠢，语言不清晰，严重者二三十岁时还犹如幼童，身材上下比例停滞于童年期，上肢比躯干短，皮肤粗糙，毛发稀少等。如果甲状腺激素分泌不足出现在大脑神经细胞迅速分化的胎儿期，病情会更严重。因此，国外近年来对新生儿使用血内甲状腺激素测定的常规筛选方法，以求通过及早诊断治疗来获得良好效果。

垂体促性腺激素分泌缺乏对生长的不良影响也很常见，女孩可表现为卵巢发育不良，第二性征缺乏，但智力多数还比较正常；男孩表现为生殖器官和第二性征迟迟不发育，阴茎如婴儿型，阴毛、腋毛稀少，没有胡须。由于性腺发育不全，睾酮分泌不足，患儿肌肉细弱无力，胸肩狭窄，骨骺愈合明显延迟，长骨则继续增长，结果四肢长度超出正常人，表现出特征性的细高个子。

（5）"赶上生长"现象。人们研究发现，许多患神经性厌食、柯兴氏综合征、肠吸收不良综合征、甲状腺机能低下、营养不良以及生活环境恶劣的孩子，一旦在阻碍其生长的各种因素被克服以后，就会以超过同年龄孩子正常生长速度几倍的方式来恢复生长，以赶上正常孩子的生长发育水平，这一现象就是所谓的"赶上生长"现象。

然而，并非所有的孩子在阻碍其生长发育的因素被克服之后，都会出现"赶上生长"现象。患儿能否出现"赶上生长"现象，出现"赶上生长"现象后能否达到正常孩子的生长发育水平，取决于患儿所患疾病、病情严重程度和对阻碍因素去除得是否及时。一般来说，病情越轻，消除阻碍因素越及时，赶上正常生长发育水平的可能性就越大，反之亦然。

实践活动

青春期的主要特征是什么？青春期的异常发育包括哪些？

营养不良的症状

所谓营养不良，是指由于人体营养摄入不足、吸收不良或营养过度消耗所造成的营养不足的症状。营养不良通常是由于饮食不科学或食物缺乏造成的，会导致健康状况不佳，缺乏精神活力，身体素质差，身体抵抗力较低，并且，长期的营养不良会引发多种疾病，甚至会造成死亡。那么，营养不良一般都有些什么症状呢？

1. 脸色发黄、变黑。营养不良的人从面部肤色上就能看出来，他们一般脸色蜡黄、发黑，就像病人一样。

2. 没有食欲。营养不良的人会表现出轻微的厌食症，食欲和食量都不高。

3. 低血糖。营养不良的人会有低血糖症状，一个明显的表现就是当他们由蹲着、坐着站起来的时候，会有头晕、两眼发黑的情况。

4. 身体乏力，没有精神。营养不良的人浑身乏力，看上去病恹恹的，没有精神，非常容易疲劳。

5. 贫血。营养不良的人通常会有贫血症状，平时可以多吃一些具有补血功能的食物。

6. 容易生病。营养不良的人的身体抵抗力下降，免疫力较低，比正常人容易生病。

第二节 避免婚前性行为

教学目标

1. 通过学习，让学生知道婚前性行为对青少年身心健康的严重影响，能够避免婚前性行为。

2. 了解如何避免婚前性行为，保护女性健康。

教学设计

第一步：案例导入。

过去，我们聊过很多关于青春期的话题，今天和大家探讨青春期的另一个重要话题，即婚前性行为。

第二步：健康指导——了解婚前性行为的危害及如何避免婚前性行为。

第三步：延展阅读。

第四步：教师总结。

中小学健康教育与近视防控指导用书

案例材料

凌凌是一名 16 岁高二女生，一次与朋友一起大量饮酒后彻夜未归，偷尝"禁果"，意外怀孕后到当地一家"黑医院"堕胎，因麻醉手术失误陷入昏迷，治疗 6 个多月后仍未醒来，最终被确诊为完全植物人状态。

老师：进入青春期，除了身体和心理的变化之外，还有一个非常重要的变化就是性意识开始萌发，这会让青春期的孩子体验性冲动的感觉，它是一种原始的本能，并无对错，但要正确认识性，否则会走向一条不归路。有些女性对待意外怀孕手术态度非常轻率，要知道虽然现在医学发达，人工流产手术相对安全，但并非没有危险。因此，避免婚前性行为，才能避免身体免受伤害。

教学内容

1. 婚前性行为的危害

（1）给女方心理带来极大压力。婚前性行为的发生，虽然有时是女方主动提出的，但更多的是男方要求女方迎合或女方抵御不了，并且对双方事前事后心理状态的影响大不相同，会给女方造成恐惧、自卑、冲突等心理压力。调查发现，有 27.3% 的人发生性行为后怕怀孕，21.3% 的人很懊悔，21% 的人惧怕败坏名誉。在接受人流手术时，怕手术痛苦者 48.4%，不敢告诉家长者 17.3%，不在乎者 13%，手术后怕产生后遗症的 62.3%，怕失恋后不易再找对象的 20.7%，无所谓者 17%。

（2）给女方身体健康造成严重影响。在不想生育的前提下受孕，其补救措施就是进行人工流产。对婚前性行为者来讲，进行人工流产的不良后果有三：一是不能正常地恢复身体的健康状况；二是容易损伤生殖器官，出现意外事故；三是引起许多并发症。医学研究和临床资料表明，人流对女性可造成月经量少、闭经、性冷淡、不孕，再次妊娠易导致流产、子宫内膜异位症、生殖器官炎症、前置胎盘、胎盘粘连植入、子宫穿孔、产后大出血、甚至引起宫颈癌等不良影响。

（3）使恋爱关系出现不利于女方的发展趋势。在未发生婚前性行为时，恋爱双方是相互平等、自由选择的关系，可发生之后情况则有所不同：一是双方吸引力比过去逐渐减弱；二是女方再选择机会减少；三是使男方开始萌生对女方的猜疑。

（4）使新婚蒙上阴云。新婚是人生最快乐的事件之一，但婚前有过性行为或新娘子已有孕在身，会使新婚失去应有的欢乐，蒙上一层阴云，永远失去了新婚之夜的甜蜜。

（5）给婚后生活造成诸多不愉快。婚前性行为往往是在提心吊胆、唯恐别人发现的"犯罪感"心理状态下进行的，缺乏良好的生活环境，双方不仅难以从中体验到幸福感，反而留下了痛苦的性经验，容易造成某一方的性功能障碍。

（6）婚前性行为可能造成未婚先孕、遗弃婴儿等后果，常常会引起许多矛盾和纠纷。

2. 如何避免婚前性行为

所谓婚前性行为是指没有配偶的异性或同性之间在未履行结婚登记手续的情况下发生的非单方面性行为。

性行为意味着责任，包括对新生命的责任、对女性生殖健康的责任和相爱的两个人之间要相互承担的责任。青少年因心理、生理方面均不成熟，无法承受性关系的后果。因此，每一位有责任感、有修养、有理性的男生，都应该懂得为了女性的健康、为了男人的责任控制好自己的性冲动。

（1）不要勉强自己。很多女生在男生提出性行为要求之后，自己不愿意，又不好意思拒绝，还担心男生生气，然后女生就会着急，觉得都是自己的错，所以，女方一定要坚持自己的原则，守住自己的底线。

（2）认真考虑未来生活。如果男方坚持要求，而女方又不愿意，男方依然要求并且还带有威胁的程度，这个时候，女方就需要考虑是否还有继续交往下去的必要，因为如果男方一点也不为女方着想的话，那么真的要和对方一起结婚生活吗？所以，女生们要考虑清楚。

（3）和男生讲清楚原因。很多男生在遭到拒绝之后，可能会觉得这个女生不爱他，这个时候，女生可以适当地向男生解释一下，以免两人之间产生误会。

（4）及时阻止。在很多时候，婚前性行为都是可以避免的，例如，女方和男方单独在一起的时候，不宜穿得太薄太露，尽量避开涉及相关的话题，不要在一个房间里面待得时间太久。

（5）要充分认识婚前性行为的危害。要讲究恋爱心理卫生，增强道德和法治观念，筑起牢固的思想防线，自觉抵制"性自由""性解放"思潮的侵袭。

（6）学会用理智驾驭情感。要提高自控能力，做到热恋中热而不昏、头脑清醒，切不可做出快乐一时而苦涩一生的事情。

（7）恋人约会、接吻、拥抱是情理之中的事，但不可过分亲昵，勿越"雷池"半步，特别是女生，应掌握避免婚前性行为的主动权，要自重、自爱，不要迁就男方的过分要求。要警惕品行恶劣、以玩弄异性为目的的人，对其提出的无理要求要果断拒绝并坚决分手，不可受其花言巧语的迷惑和引诱。

总之，不论男女，只要有决心，坚持心理防线，是有权利也有足够的能力来拒绝对方要求的，这样就不会成为婚前性行为的牺牲品，可以从容不迫地做到洁身自好，到了恋爱结婚的年龄，也会加倍体验到自己的真正价值。

3. 高中生要在正确的引导下学会理智地控制自己的性冲动

（1）培养良好的生活习惯，从生理上克制性冲动。养成严格的作息习惯，上床后不胡思乱想，尽快入睡；注意外生殖器的清洁，避免不洁之物刺激生殖器官；内衣裤要宽松，睡觉的姿势要放松，不要采用俯卧姿势，以免对外生殖器压迫和摩擦，从而引起冲动。

（2）树立生活和奋斗的目标。一个有理想和目标的人，会较少受到自身欲望和外界的干扰，容易把精力放到学习或自己感兴趣的事情上。这样他的兴奋点就始终在自己专注的学习和工作上，比较容易克制内心产生的冲动。

（3）在日常生活中，多参加集体活动和体育锻炼，这样会使自己感到心情非常舒畅、内心非常坦然。通过这样有意识的"脱敏"训练，可以减少性冲动的次数。

实践活动

一个异性朋友邀请你周末晚上一起去看电影，你会怎么做？

延展阅读

构筑三道自爱"防火墙"

第一道"防火墙"就是防止青春期性关系，即未成年人应当"洁身自爱"。

第二道"防火墙"就是避孕和紧急避孕。我们希望所有未成年的孩子都安全地待在第一道防火墙之内，但事实却往往不能百分之百如愿，并且我们难以预料究竟哪些孩子会越墙。紧急避孕是指在没有采取避孕措施（无防护）或避孕失败（避孕套破裂或滑落、漏服避孕药等）的性生活后，在有效时间内采用的一种补救措施，以达到预防非意愿妊娠或减少流产的发生。紧急避孕又叫事后避孕，也叫应急避孕。

第三道"防火墙"就是终止妊娠。如果意外怀孕，应尽量争取在妊娠10周以内做负压吸引手术，但手术会对身体造成一定的伤害。

第三章 心理健康

第一节 适应新的环境

教学目标

1. 让学生了解高中生活，能够较好地适应高中生活。

2. 通过对比初中、高中生活的相同点和不同点，引导学生尽快完成从初中到高中的过渡。

3. 让学生学会调整心态，正确与同学友好交往，开启快乐的高中生活。

教学设计

第一步：导入。

同学们向往的高中生活是什么样的？现实中的高中生活和向往的高中生活有什么不同？进入高中后你有什么感受？组织学生分组讨论，引出课题。

第二步：分析进入高中阶段主要有哪些方面的改变。

	初中时期	高中时期
环境方面		
生活方面		
心理方面		
学习方面		

第三步：作为高中新生，如何做才能较好地适应新环境呢？

1. 分组交流、探讨：心态上、学习上、生活上、心理上……

2. 如果你是案例中的潇潇同学，你应该怎么做？

学生自由发表观点，教师指导总结。

第四步：课堂实践。

请同学们根据今天所学知识和自己的实际情况，制定一个高中生活学习计划，并努力完成。

案例材料

潇潇同学已经开启了自己的高中学习生活。开学初，她对新环境、新同学、新老师充满好奇和欣喜。一段时间后，从前的美好感觉已经逐渐褪去，取而代之的是孤独、烦恼、上课走神……一天放学后，她再也无法控制住自己的这些苦恼，于是鼓起勇气走进了心理咨询室。在心理老师细心询问下，潇潇敞开心扉说出了自己的心里话："我中学时有一个特别好的朋友叫丽丽，和我形影不离，因为她爸爸工作变动，她去了另一个城市，我一直很想念她。一开学，我就特别想在班里交到一个好朋友，结果发现，我无法找到像丽丽那样的人，觉得好失望。班主任老师非常好，把我们班管理得井井有条，可是他的很多做法都跟我们以前的老师不一样，我适应不了，觉得自己还没有融入这个集体，总是站在局外观察着这个班的老师、同学。所以，我上课常常走神，还被老师点名批评，导致学习状态也不好。我该怎么办呀？"

老师：同学们从初中进入高中，跨入新的校园，看到的不再是自己熟悉的景物，感到新鲜好奇的同时会产生紧张不安的心理。每个人面对新的环境或多或少会产生孤独感、无助感、失落感。同时，随着高中学习内容的扩展、加深，学习目标的提高，同学们的学习任务与压力自然很重。因此，同学们要学会积极主动地适应新的环境。

教学内容

1. 进入高中阶段的改变

（1）生活环境发生了改变。升入高中，同学们离开了原来熟悉的校园、集体，有些同学还离开了生活多年的村庄或城镇。

（2）生活上可能有许多不便。很多高中是寄宿学校，集体生活上会让同学们遇到许多不便，人际关系也可能因此变得更加广泛和复杂。

（3）青春期发育的改变。进入青春期以后，同学们的性器官开始发育及成熟，性意识和性心理也开始产生和发展，并开始向往异性，产生与异性接触并发展为相互爱慕的想法。

（4）学习上会遇到许多困难。高中科目多，单科学习时间相对较少；老师多，与学生单独接触的机会相对较少；课堂容量多，放松时间相对减少；自主管理的时间多，老师包办比较少。

2. 如何做才能较好地适应新环境

（1）心态上：虽然高考是激烈而残酷的，但高中新生们也无须过度紧张，要知道，你不是一个人在战斗，你的背后有父母老师乃至整个社会的默默支持，因此，你只需以一颗平常心来积极面对即可，当然适度紧张是必不可少的，毕竟这是一场竞争。遇到困难，要学会自我调节，多从积极的方面思考问题，实在处理不了，应主动和爸爸妈妈、老师沟通，积极寻找解决问题的途径。

（2）学习上：毫无疑问，与初中相比，高中阶段无论是学习方法还是学习强度都发生了一定的变化，要逐步习惯老师的授课方式，有计划地学习，养成认真、踏实、科学、规范的学习习惯。要发展优势学科，弥补劣势科目，不轻言放弃，力争上游。在学习上最重要的还是自己的主动与付出，提高主动学习的能力在任何时候都不过时。

（3）生活上：要劳逸结合，读一本喜欢的书，听一首喜欢的歌，做一项喜欢的运动，都能让高中生活更加有滋有味。同时，要注意补充营养，毕竟健康的身体才是人生的本钱。在日常学习和生活中，要主动帮助别人，真诚关心同学，学习和把握正确的交往、沟通方式，不断加深师生情谊和同学之间的友谊。

实践活动

谈谈自己进入高中后的感受以及所遇到的困难，以及怎样做才能尽快适应高中的学习生活。

延展阅读

开学前的准备

一是心灵的准备。"地势坤，君子以厚德载物。"要坚持做一个善良的人、正直的人、高尚的人，在三年的高中生活中进一步向书籍、生活学习，并从中汲取知识，滋养我们的心灵，有了美丽的心灵，才能拥有做人的尊严，才能拥有生命的美妙。二是意志的准备。"天行健，君子以自强不息。"坚强的意志是积极的人生态度的体现，经过高中三年的磨炼，相信我们未来一定会成为学校的骄傲。三是习惯的准备。好的习惯是成功的一半，敏锐地发现自己的不良习惯比盲目地堆砌知识更有效，改变不良习惯无疑可以使我们能更有效地学习、更幸福地生活。

第二节　直面挫折与宣泄不良情绪

教学目标

1. 正确认识困难和挫折，学会勇敢地面对人生中的艰难困苦。
2. 学会宣泄自己的不良情绪，寻找战胜困难和挫折的方法，迈向成功。

教学建议

第一步：播放视频，激趣导入。

观看奥运健儿的比赛视频，组织学生分组讨论他们是如何面对失败与挫折、最终走向成功的。

第二步：分析如何面对失败与挫折。

学生发言，教师总结。

第三步：分析如何进行心理自救。

第四步：学习宣泄不良情绪的方法。

1. 大声痛哭。
2. 转移注意。
3. 运动发泄。
4. 勇敢面对。
5. 用心另眼看世界。
6. 不胡思乱想。
7. 做一些自己比较喜爱的活动。

第五步：教师总结。

案例材料

小韩以优异的中考成绩考入高中后，对自己有了更高的要求，也有了明确的目标，那就是进入知名大学的新闻系就读。她多才多艺，擅长演讲和主持，进入高中后被选为校级学生干部，加入了学校的主持人社团，经常在各项大型活动中展露才艺。在学习方面，小韩的语文和英语成绩在班级中一直名列前茅，但在数学学习方面却感到很吃力，几次测验和考试的成绩都不如人意。也许是因为在社会活动中投入太多，也许是还没有找到高中阶段学习的有效路径，小韩的数学成绩下滑得很厉害，这对她无疑是一个沉重的打击。

老师：同学们，每个人都渴望成功，但是要知道，世上没有一帆风顺的事情，生活中总会遇到一些挫折和坎坷，就看我们怎样去面对！就像高考一样，有人金榜题名欢乐无限，有人名落孙山苦恼万分，但却不影响彼此对美好生活的追求，正所谓"条条大路通罗马"，我们要自信地从挫折和失败中站起来。

教学内容

1. 如何面对失败与挫折

失败并不可怕，关键是我们在失败之后应该如何去做。人生最大的敌人是自己，在人生的道路上，我们不仅会受到外界的压力，而且还时时受到自身的挑战，所以我们在遭受失败和挫折时，首先应在心理上战胜自己、直面自己，认真地分析失败的原因，而不要牢骚满腹、怨天尤人，也不要低估自己的能力，一直自艾自怜，我们要自信地从挫折和失败中站起来。除非你自己放弃，否则你永远也不会被打垮！

2. 如何进行心理自救

（1）学会宣泄，摆脱压力。面对挫折，不同的人有不同的表现，有的人苦恼，有的人忧郁，有的人哭泣……此时不妨找一两个亲近的人或理解你的人，把心里的话全部倾吐出来。从心理健康角度而言，宣泄可以消除因挫折而带来的精神压力，可以减轻精神疲劳；同时，宣泄也是一种自我心理救护措施，它能使不良情绪得到淡化和减轻。必要时还可以求助于心理咨询，使自己从"山重水复疑无路"的困境中步入"柳暗花明又一村"的境界。

（2）学会主动回避。当一个人陷入挫折的心理困境时，最先也是最容易采取的自救策略便是回避法。回避，即躲开或不接触导致心理困境的外部刺激，所谓"眼不见，心不烦"，因此，在体验到某一心理困境时，就该主动回避，不在导致心理困境的时空中久久驻足。注意力转移是最简便易行的一种主观回避法，在痛苦愁闷的时候，集中精力去做一件有意义的事，"一心不可二用"，也就能回避心理困境了。

（3）学会补偿替代。"金无足赤，人无完人。"一个人在生理上或心理上难免有某些缺陷或劣势，因而影响某一目标的实现，导致挫折。人可以采取种种方法补偿这一缺陷或薄弱环节，以减轻或消除心理上的困扰。这在心理学上称为"补偿作用"，是指以另一目标来代替原来尝试失败的目标。如一位著名的指挥家，原本是专攻钢琴的，但不幸摔伤了手指，不能弹琴了，他一度十分苦恼，后来他毫不犹豫地改学指挥，一举成名，从而摆脱了挫折的心理困境。另一种补偿是凭新的努力使某一弱点得到补救，转弱为强，来达到原来的目标。

（4）学会化挫折为动力。挫折和困境给人带来心理上的压抑和焦虑，善于心理自救者能把这种压抑和焦虑的情绪升华为一种力量，将其引向对己、对社会都有利的方面，在获得成功的同时也消除了心理压抑和焦虑，实现了积极的心理平衡。

因此，一个人若在失败和挫折面前低头认输，那么他就真正地失败了，就算是有再多的机会，他也不敢去再尝试。在遇到挫折后，面对挫折造成的心理困惑，正确的态度和对策就是化挫折失败为动力，做生活的强者。

3. 宣泄不良情绪的方法

（1）大声痛哭。有时候，流泪不是懦弱的代表，而是情绪宣泄的一种方式，在心情很糟糕时，哭出来往往会使人感到无比的畅快。

（2）转移注意。如果你是毅力比较强的人，可以适当转移自己的糟糕情绪，将引起糟糕情绪的事情忘掉，去学习，去工作，去做自己能做的任何事，只要不提起遭受失败与挫折的事情就好。

（3）运动发泄。对于大部分人来说，通过运动发泄不良情绪是最好的方式，运动可将糟糕的情绪转化成汗水，从自己的身体中脱离掉。

（4）勇敢面对。当某些事或某些人让你心情糟糕时，选择勇敢面对，勇敢地去解决，这往往能体验一个人的强大意志力。

（5）用心另眼看世界。下雨了，没有伞的人会很懊恼，卖伞的人却十分高兴。遇到挫折时，不妨从另一个角度看世界，也许你会有新的感悟和奇妙的发现。

（6）不胡思乱想。让自己忙起来，不去胡思乱想，充实地过好每一分钟，就可远离不良情绪。比如，早晨醒了不想起床时，反而不要恋床，推开窗，呼吸清晨的新鲜空气，放松全身，把自己想象成一个快乐的仙子。

（7）做一些与当前具体事项无关的自己比较喜爱的活动，如游泳、洗热水澡、逛街购物、听音乐、看电视等。

实践活动

摘抄一些直面挫折的名言警句吧，让自己在面对失败与挫折时更自信、勇敢、乐观。

延展阅读

自我放松的方法

1. 平复心态法。端坐桌前，双脚放平，两眼轻闭，注意力集中在起伏的腹部，平复心态。

2. 自我暗示法。深呼吸，排除杂念，心中默念"我有信心，我有把握考出最高水平"或"我已经平静了"，反复几遍。

3. 按摩耳朵法。用双手对掌摩擦发热，然后按摩耳朵两分钟，使耳朵发热，从而达到缓解紧张的目的。

4. 双手钩拉法。双手弯成钩状互拉，拉紧放松，再拉紧放松，如此反复几次，情绪就会逐渐放松下来。

第三节　考试焦虑的应对与预防

教学目标

引导学生认识什么是考试焦虑，帮助学生掌握调节考试焦虑的方法，让学生学会以积极的心态面对考试，树立克服考试焦虑的信心。

教学设计

第一步：案例导入。

第二步：通过"击鼓传花"的游戏，让学生体验紧张、焦虑的情绪。

第三步：考试焦虑的应对与预防。

1. 请同学们谈一谈考试焦虑的亲身体会。

2. 请同学们说一说自己是如何应对考试前焦虑的。

3. 学生发表观点，教师指导总结。

第四步：教师总结。

案例材料

小林从小在学习上就非常用功，成绩一直不错，升入高中后，她依然很努力。第一次月考时，她不知怎的，产生了紧张情绪，没发挥好，物理没考及格。她决心在接下来的学习中迎头赶上，于是更加勤奋了。但是，在期中考试时，她又一次心跳加快，思路混乱，头脑一片空白，物理成绩虽然比上次月考多考10分，摆脱了不及格，但离理想成绩还有很大差距。此后，小林开始害怕考试，每次考试前几天都没有胃口，考试前一天也不敢喝水、不敢吃水果、不敢吃流食，考前还频繁去厕所，考试时心跳加速、眼神呆滞。考试焦虑让小林注意力不能集中，从而影响了她的临场发挥和学习成绩。对于高考，她更是充满焦虑和恐惧。

老师：为什么小林在考试时发挥不出自己的实际水平？小林的案例说明了什么？

教学内容

1. 什么是考试焦虑

考试焦虑是由于考试压力过大而引发的一系列异常的生理、心理现象。考试焦虑包括考前焦虑、临场焦虑和考后焦虑。考试焦虑并不可怕，在考试前或考试中，适度的焦虑是正常的情绪反应。但如果过度焦虑，就会产生不良影响。

2. 考试焦虑的应对与预防

（1）运动消除焦虑。适当的体育运动是消除大脑疲劳的有效方法，广大临考学生可根据自己的实际情况，散散步、打打球、做做体操，通过运动消除体内一些紧张的化学物质，虽然肌肉疲劳，但可以放松神经。

（2）睡眠消除焦虑。很多考试焦虑是由学习过度疲劳、睡眠不足引起的，针对这种情况，临考学生一般不宜"夜半挑灯"苦读，要养成中午小睡的习惯。良好的、充足的睡眠可以消除大脑疲劳，换取充沛的精力和清醒的头脑，它是从容应考的前提，也是克服考试焦虑行之有效的方法。

（3）音乐消除焦虑。音乐能影响人的情绪和生理，使人的生理、心理节律发生良性的变化。不同节奏的音乐能使人放松，圣洁、高贵的音乐可使人净化灵魂、境界开阔，速度较缓的音乐给人以安全感、舒适感，清澈、高雅、透明的古典音乐可以增进人们的记忆力、注意力，浪漫的音乐可激起人们的恻隐、怜悯之心。

（4）端正考试态度。考试固然重要，但它也是人生中的平常事，是对我们所学知识与方法的检验，我们要以"平常心"对待。

（5）进行积极的自我暗示。考试焦虑多数是由我们给自己的消极心理暗示导致的，如"没有复习好，怎么办""如果考砸了，爸妈该批评我了"等。预防和应对考试焦虑，我们应该多给自己积极的心理暗示，如"考试不用紧张，正常发挥即可""我是最棒的，加油""我相信我的能力"等。

（6）增强学习的自信心。自信心是学习的基本动力，学习的自信心来自我们对自我学习的认识。在学习过程中，我们要对自己有信心，不管是面对挫折失败还是悲观绝望，自信心都能使我们重燃斗志、奋发图强。

（7）设定适合自己的学习目标。根据自己的实际情况设定学习目标，包括短期目标和长期目标，脚踏实地，一步一个台阶，切勿好高骛远。

实践活动

为接下来的一次考试制订一份有效的学习计划，使用学到的方法缓解考试焦虑，并记录考试前的心理感受和考试后的心得体会。

延展阅读

如何避免考试焦虑

在学生时代，甚至是参加工作以后，考试都是不可或缺的，而考试压力也经常出现，严重的还会产生考试焦虑。要如何避免考试焦虑症？下面介绍几种有效的方法：

1. 认知调控。首先，坚决杜绝用"完了""我糟糕透了"等消极语言暗示自己；其次，要消除大脑中的错误信息，不要被一两次考试失败和一两科考试失误所吓倒，不要以偏概全，认为自己不行而丧失信心；再次，适当减轻周围环境的压力，针对种种担忧，自己和自己辩论，用这种理性情绪疗法纠正自我认知上的偏差。

2. 行为矫正。有两种方法，一种是放松训练，一种是系统脱敏训练。放松训练和系统脱敏训练的原理是交互抑制原理，即人在放松状态下的情绪与焦虑是相互抵抗的，比如放松状态出现了，必然会抑制焦虑和紧张状态的出现。

3. 放松训练。放松训练就是通过一定的方法，如呼吸法、暗示法、表象法和音乐法等，使人体的肌肉一步步放松，使大脑逐渐入静，从而调节中枢神经系统的兴奋水平，缓解紧张情绪，增强大脑对全身控制支配能力的训练方法。放松训练的原理为肌肉和大脑之间是双向传导的，大脑可以支配肌肉的放松，而肌肉的放松又可以反馈给大脑。

中小学健康教育与近视防控指导用书

第四章　疾病预防

第一节　艾滋病的传播途径及科学预防

教学目标

1. 正确认识艾滋病，了解艾滋病的症状及传播途径，学会科学预防艾滋病。

2. 使学生通过学习，能关注艾滋病，关爱艾滋病病人，养成文明健康的生活方式，增强自我保护意识。

教学设计

第一步：案例导入。

第二步：学习新知。

1. 什么是艾滋病？

2. 艾滋病的症状。

3. 艾滋病的传播途径。

（1）性传播；（2）血液传播；（3）母婴传播。

4. 如何预防艾滋病？

预防艾滋病的措施主要从性行为、吸毒、卫生习惯三个方面实行。

第三步：学习实践。

根据今天所学知识，积极宣传和普及预防艾滋病知识。

案例材料

小红是一名高中女生，平时酷爱上网聊天。一天，小红在网吧上网时认识了一个化名叫"爱你一生"的网友，通过视频聊天，小红很快被对方的甜言蜜语所迷惑，在对方的浪漫攻势下，小红开始为心中的"白马王子"茶饭不思。随后，两人相约见面，对方高大英俊的外表深深地吸引了小红，当晚她便"献身"于对方。

不久，小红的身体出现持续发烧症状，经过医院检查，被确诊为艾滋病病毒感染者。原来，这个男网友早已感染了艾滋病病毒，他没有主动告诉小红。

老师：案例中的小红因为不安全行为被感染了艾滋病。作为一名高中生，掌握科学预防艾滋病的知识十分必要。

教学内容

1. 什么是艾滋病

艾滋病是由人类免疫缺陷病毒（艾滋病病毒，HIV）引起的，是一种传染性非常强的免疫系统疾病，其医学名称叫作获得性免疫缺陷综合征。感染艾滋病病毒会造成人体免疫细胞的缺陷，使人体丧失免疫功能，导致人体易感染各种疾病，并可发生恶性肿瘤，病死率高，危害性极大。艾滋病病毒潜伏期很长，其感染者要经过数年才能发展成艾滋病人，在艾滋病病毒潜伏期内，感染者没有任何症状，但能将病毒传染给他人。

2. 艾滋病的症状

艾滋病病毒在人体内的潜伏期平均为 8 ~ 9 年，这期间内感染者可以没有任何症状地生活和工作多年，但一旦发展为艾滋病，就会出现各种临床表现。一般来说，患者发病后初期的症状如同普通感冒、流感样，可有全身疲劳无力、食欲减退、发热等，随着病情的加重，症状日见增多，如皮肤、黏膜出现白念球菌感染，出现单纯疱疹、带状疱疹、紫斑、血疱、淤血斑等；之后渐渐侵犯内脏器官，出现原因不明的持续性发热，可长达 3 ~ 4 个月，还可出现咳嗽、气促、呼吸困难、持续性腹泻、便血、肝脾肿大、并发恶性肿瘤等。临床症状复杂多变，但每个患者并非上述所有症状全都具备。

3. 艾滋病的传播途径

（1）性传播。艾滋病病毒可通过性交传播，患有性病（如梅毒、淋病、尖锐湿疣）或生殖器溃疡时，会增加感染艾滋病病毒的危险。

（2）血液传播。艾滋病病毒大量存在于血液中，如果输血时输入了含有艾滋病病毒的血液，受血者就会被感染。有些病人（例如血友病）需要注射由血液中提取的某些成分制成的生物制品，如果该生物制品中含有艾滋病病毒，该病人就可能被感染。如果通过其他途径接触了带有艾滋病病毒的血液，如救治伤员、使用可以刺破皮肤的器具等，也有感染艾滋病病毒的危险。使用不洁针具可以使艾滋病病毒从一个人传染至另一个人，如静脉吸毒者共用针具、医院里重复使用针具等，使用被血液污染而又未经严格消毒的注射器、针灸针、拔牙工具等，都是十分危险的。

（3）母婴传播。如果母亲是艾滋病病毒感染者，那么她很有可能会在怀孕、分娩过程中或用母乳喂养孩子时，使她的孩子受到感染。但是，如果母亲在怀孕期间，在专业医师的指导下，服用母婴阻断药品，那么她的孩子感染艾滋病病毒的可能性就会降低很多，甚至不感染。

4. 科学预防艾滋病

虽然艾滋病病毒很可怕，但它的传播能力并不是很强。艾滋病病毒非常脆弱，在离开人体后，如果暴露在空气中，几分钟就会失去活性，不再具有传染性。常用的化学消毒剂也可以消灭艾滋病病毒。根据现有的科学证据，艾滋病病毒只通过特定的与血液、性、母婴相关的途径传播，在没有皮肤破损的情况下，不会通过日常接触来传播，比如握手、拥抱、共用办公用品、共用厕所、游泳池、共用电话等，并不会传染艾滋病。

艾滋病是一种死亡率极高的严重传染病，目前还没有治愈的药物和方法，但可以预防。生活中不共他人共用生活用品，如牙刷、剃须刀等个人物品，女性月经期更要注意卫生；避免不安全的血液暴露，美容、理发时要选择正规经营店，确保所用器械经过严格消毒；生病就医时去正规的医院治疗；避免直接与艾滋病患者的血液、精液、乳汁和尿液接触，切断其传播途径；洁身自爱、遵守性道德是预防经性途径传染艾滋病的根本措施；共用注射器吸毒是传播艾滋病的重要途径，因此要拒绝毒品、珍爱生命。艾滋病威胁着每一个人和每一个家庭，预防艾滋病是全社会的责任。

实践活动

请同学们说一说，与感染艾滋病病毒的人共用电话、电脑以及其他办公设备，会被传染上艾滋病吗？为什么？

延展阅读

"世界艾滋病日"的由来

为增进人们对艾滋病的认识，世界卫生组织于 1988 年将每年的 12 月 1 日定为世界艾滋病日，号召世界各国和国际组织在这一天举办相关活动，宣传和普及预防艾滋病的知识。世界艾滋病日的标志是红丝带，象征着大众对艾滋病病毒感染者和艾滋病病人的关心与支持，希望通过世界艾滋病日的宣传活动，唤起人们对艾滋病病毒感染者和艾滋病病人的同情和理解，号召全球人民共同行动，支持艾滋病防治及反歧视方面的工作。我国有不同层级的组织为艾滋病病毒感染者和艾滋病病人提供服务，共同促进了艾滋病防治工作的推进和艾滋病反歧视事业的发展。

世界艾滋病日自设立以来，每年都有一个明确的宣传主题，我国每年也会围绕主题开展各种形式的宣传教育活动。

第二节　不歧视艾滋病病毒感染者与艾滋病病人

教学目标

1. 正确认识艾滋病，了解艾滋病的传播途径、预防办法等知识。
2. 使学生能够识别危险行为，有效预防艾滋病。
3. 引导学生正确看待艾滋病，不歧视艾滋病病毒感染者与艾滋病病人。

教学设计

第一步：导入。

12 月 1 日是世界艾滋病日，设立的目的是宣传和普及预防艾滋病的知识，同学们对

艾滋病了解多少？组织学生分组讨论。

第二步：学习新知。

1. 区分艾滋病病毒感染者与艾滋病病人。

2. 学习艾滋病的窗口期与潜伏期。

3. 正确认识艾滋病，不歧视艾滋病患者及感染者。

第三步：总结反思，拓展应用。

1. 通过本课的学习，你了解了哪些行为不会传播艾滋病？

2. 你认为在日常生活中应该怎样对待艾滋病患者？

教师建议主要从关爱、帮助、不歧视和不害怕等方面谈认识，学生自由发挥，教师及时给予肯定。

案例材料

22 岁的青年小吴刚刚大学毕业，顺利通过了某公司的招聘考试。入职一个月后，因在体检中检测出感染了艾滋病病毒，小吴遭到公司的辞退。随后，小吴将该公司告上法庭。

老师：同学们，你觉得公司的做法对吗？为什么？

教学内容

1. 区分艾滋病病毒感染者与艾滋病病人

在谈到艾滋病时，人们最容易混淆的一个问题就是：艾滋病病毒感染者与艾滋病病人有什么区别？

从艾滋病病毒一进入人体，人类的免疫系统就发现了它，并开始同它作斗争。病毒在人体内的繁殖需要一定的时间，所以，人并不是从感染病毒的第一天就"病入膏肓"的。在感染开始阶段，人的免疫功能还没有受到严重破坏，因而没有表现出明显的症状，我们把这样的人称为艾滋病病毒感染者。

当然，有些感染者在艾滋病病毒进入人体后约 2 ~ 4 周内，可能出现类似流感一样的症状，如发热、肌肉疼痛和皮疹等，但是这些症状常常不会引起人们的特别注意，而且并不是所有感染者都有这样的症状。这时的感染者外表看上去和常人一样，并且正常生活、工作着。

当感染者的免疫功能被破坏到一定程度后，其他致病菌，甚至在正常情况下的一些非致病菌就会乘虚而入，使人产生多种疾病，如严重的腹泻、肺炎或某些癌症，还有些病人因病毒侵袭到神经系统而出现痴呆等症状。这时，感染者就成为艾滋病病人了。尽管艾滋病的临床表现多种多样，但最后病人往往会死于严重腹泻、肺炎、肿瘤等造成的身体衰竭。

从全世界的资料来看，从艾滋病病毒感染者发展到艾滋病病人可能需要数年到 10 年甚至更长时间。每位感染者这段时间（医学上称作无症状期或潜伏期）的长短不同，有的感染者在诊断后一两年内很快就发病了。并且，影响发病快慢的因素有很多，积极地寻求医学指导，进行心理调节，采取有效的预防治疗措施、良好的营养和保健措施等，都对延缓发病有很重要的作用。

2. 正确认识艾滋病，不歧视艾滋病患者及感染者

（1）不能从外表判断一个人是否感染了艾滋病。艾滋病病毒潜伏期较长，艾滋病病毒感染者发病前外表与正常人无异，无法从一个人外表是否健康来判断其是否感染艾滋病。有过高危性行为、共用注射器吸毒、卖血、怀疑接受过不安全输血或注射的人以及艾滋病高发地区的孕产妇，要主动到当地艾滋病咨询检测门诊（室）进行咨询检测。

（2）不能将艾滋病病人、艾滋病病毒感染者的病情及个人生活状况作为谈话资料，加渲染和猜测，甚至散布谣言、恶意中伤，严重伤害患者及其家属的身心健康。

（3）不能以预防艾滋病感染为理由，拒绝感染者参加集体活动。

（4）日常接触艾滋病患者不会感染艾滋病病毒。因艾滋病病毒离开人体后，对外界环境的抵抗力较弱，所以不会在日常生活接触时传播，如共用马桶圈、电话机、餐饮具、卧具、游泳池或浴池等公共设施等；咳嗽和打喷嚏不会传播艾滋病；蚊虫叮咬不会传播艾滋病。

（5）不歧视艾滋病患者与病毒感染者。根据《艾滋病防治条例》，任何单位和个人不得歧视艾滋病病毒感染者、艾滋病病人及其家属。艾滋病病毒感染者、艾滋病病人及其家属享有的婚姻、就业、就医、入学等合法权益受法律保护。

实践活动

你会用什么方式支持艾滋病病毒感染者与艾滋病病人，或者有什么话想对他们说呢？

延展阅读

怀疑感染了艾滋病病毒怎么办

1. 自我检测。自我检测是世界卫生组织推荐的一种检测手段，可以保护受检者隐私，提高便捷性。可购买正规快速试剂进行自我检测，建议进行自检后再去正规医院进行检验确诊。

2. 紧急阻断。感染后，在72小时内正确服用艾滋病阻断药，连续服28天，能大概率成功阻断病毒感染。即便超过72小时，药物也是有作用的，有相当概率能阻断病毒感染。

3. 尽快确诊。艾滋病病毒检测是了解自己是否感染艾滋病病毒的唯一科学方法，需要初筛、复检和确诊检测三个步骤。无论是咨询还是检测，相关机构都应为患者保密。

4. 确诊患病并不意味着马上死亡。感染艾滋病病毒后，只要在医生的指导下，尽早开始抗病毒治疗，并坚持按时、正确服药，使病毒处于抑制状态，就可以让身体保持相对健康，生活不受到太大影响。

第五章 安全应急与避险

第一节 突发公共卫生事件的应急处理

教学目标

1. 通过本节教学，让学生了解突发公共卫生事件的定义、类型、特点及危害。
2. 学会应对突发公共卫生事件的措施及心理调适。

教学设计

第一步：导入。

同学们一定对 2019 年底爆发的新冠疫情记忆犹新，这场疫情给全世界人民带来的危害与影响至今仍挥之不去，下面我们就来看一下关于这场疫情的一些新闻报道。

第二步：分组讨论，探究新知。

1. 结合自身的了解，谈一谈你认为哪些事件属于突发公共卫生事件。

请同学们举手回答，教师进行补充和总结：

（1）集体食物中毒。

（2）传染病暴发。

（3）自然灾害带来的公共卫生危害。

……

2. 当身边发生突发公共卫生事件时我们应如何应对？

学生以小组形式进行讨论并回答，教师进行总结。

3. 当突发公共卫生事件给我们造成心理负担时，我们应该如何去调整自己的心态？

第三步：教师总结。

案例材料

2019 年 12 月 31 日中午，武汉市卫健委公开通报了一种不明原因的肺炎情况，指出"目前已发现 27 例病例，其中 7 例病情严重"，并对病例临床表现进行了描述。

随后，确诊人数不断增加，武汉出现首个死亡病例，泰国出现首个海外案例，钟南山院士确认人传人现象存在……一场旷日持久的全民抗击新型冠状病毒肺炎的战役正式揭开序幕。

为了应对疫情，地方和国家的防控政策接连展开，先是武汉宣布"封城"，而后全国 30 个省市自治区启动重大突发公共卫生事件一级响应，然后全国多地全力支援湖北，抗"疫"行动也取得了一定成果。

2019 年 2 月 19 日，全国新增确诊 394 例，是春节以来最低的数字；到了 23 日，全国已有多地下调新冠肺炎疫情应急响应等级；3 月 10 日，武昌方舱宣布休舱，至此，武汉从 2 月初开始建立的 16 家方舱医院全部休舱，全国也在这一天传来好消息，28 省确诊病例实现零增长。

老师：什么样的事件称作突发公共卫生事件？突发公共卫生事件有什么特征？面对突发公共卫生事件，我们该如何应对呢？

教学内容

1. 突发公共卫生事件概述

突发公共卫生事件，是指突然发生、造成或者可能造成社会公众健康严重损害的重大传染病疫情、群体性不明原因的疾病、重大食物和职业中毒以及其他严重影响公众健康的事件。它具有三个明显特征：突发性、群体性和不确定性。

目前，我国学校在防控传染病、寄生虫病和食源性疾病方面还存在盲区、盲点，因此可能会成为突发公共卫生事件的"重灾区"，所以，学校、学生和家长都应该加强对传染病和食物中毒的防范，保证孩子们健康成长。

突发公共卫生事件从发生原因上来看，通常可分为：

（1）生物病原体所致疾病：主要指传染病、寄生虫病、地方病区域性流行、暴发流行或出现死亡，预防接种或预防服药后出现群体性异常反应，群体性医院感染等。

（2）食物中毒事件：食物中毒是指人摄入了含有生物性、化学性有毒有害物质，或把有毒有害物质当作食物摄入后所出现的非传染性的急性或亚急性疾病，属于食源性疾病的范畴。

（3）有毒有害因素污染造成的群体中毒：这类公共卫生事件是由污染所致，如水体污染、大气污染、放射污染等，波及范围极广。

（4）自然灾害：如地震、火山爆发、泥石流、台风、洪涝等的突然袭击，会在顷刻间造成大批生命财产的损失、生产停顿、物质短缺，灾民无家可归，眼见几代人为之奋斗创造的和谐生存条件毁于一旦，几十年辛勤劳动成果付之东流，由此而加剧产生种种社会问题，并且还会带来严重的包括社会心理因素在内的诸多公共卫生问题，从而引发多种疾病，特别是传染性疾病的发生和流行。

（5）意外事故引起的死亡：煤矿瓦斯爆炸、飞机坠毁、空袭等重大生产安全事故。

（6）不明原因引起的群体发病或死亡：这类事件由不明原因所致，公众缺乏相应的防护和治疗知识。同时日常也没有针对该事件的特定的监测预警系统，常常会造成严重后果。此外，由于原因不明，在控制上也有很大的难度。

2. 如何应对突发公共卫生事件

如果有家人或朋友被确诊为传染性疾病患者，为保证病人家庭成员、接触者及他人的健康，应采取以下措施：

（1）在当地疾病预防控制机构指导下，对患者近期曾滞留的场所进行消毒处理，包括空气、家具、衣物等。

（2）为控制疫情需要，患者的密切接触者应配合疾病预防控制机构进行医学观察或相应隔离，尽量在家休息，不参加集体活动、不远游。如有不适尽早就医，并主动告知自己曾经接触过同类病人。

（3）避免探视病人。

（4）留意自己的身体状况，注意个人卫生，经常洗手。

3. 突发公共卫生事件的心理调适

突发公共卫生事件下的心理问题主要包括：认知不确定导致心理恐慌蔓延；长期紧张状态引发负面应激反应；公共卫生危机全球流行加剧社会焦虑；长期人际隔离形成大范围社交恐惧氛围。面对突发公共卫生事件时，可以通过以下方式调适自己的心理：

（1）通过新闻媒体、网络等渠道了解突发事件的相关知识，增加了解程度，消除因误解而产生的恐惧心理。

（2）学习调节情绪的方法，调适良好的心理状态。适度接纳焦虑、紧张等情绪，因为这是人的正常反应。适当关注疫情，但不要把精力耗费在海量疫情信息里。学习宣泄、放松练习等调节情绪的方法，也可多运动、多交流，缓解不安情绪。

（3）相信政府一定有能力控制突发公共卫生事件，并将损失降到最低。如果产生一定程度的心理障碍，可寻求心理援助部门的帮助，进行必要的心理干预。

实践活动

在疫情防控常态化之下，你是如何配合政府做好疫情防控的？

延展阅读

突发公共卫生事件报告制度的时限规定

突发公共卫生事件报告制度对报告的时限规定根据不同情况分为1小时内、2小时内。

《突发公共卫生事件应急条例》第十九条：国家建立突发事件应急报告制度。

国务院卫生行政主管部门制定突发事件应急报告规范，建立重大、紧急疫情信息报告系统。

有下列情形之一的，省、自治区、直辖市人民政府应当在接到报告1小时内，向国务院卫生行政主管部门报告：

（1）发生或者可能发生传染病暴发、流行的；

（2）发生或者发现不明原因的群体性疾病的；

（3）发生传染病菌种、毒种丢失的；

（4）发生或者可能发生重大食物和职业中毒事件的。

国务院卫生行政主管部门对可能造成重大社会影响的突发事件，应当立即向国务院报告。

第二十条：突发事件监测机构、医疗卫生机构和有关单位发现有本条例第十九条规定情形之一的，应当在2小时内向所在地县级人民政府卫生行政主管部门报告；接到报告的卫生行政主管部门应当在2小时内向本级人民政府报告，并同时向上级人民政府卫生行政主管部门和国务院卫生行政主管部门报告。

县级人民政府应当在接到报告后2小时内向设区的市级人民政府或者上一级人民政府报告；设区的市级人民政府应当在接到报告后2小时内向省、自治区、直辖市人民政府报告。

第二节　避免性骚扰

教学目标

1. 根据生活案例，理解性骚扰的概念。
2. 了解性骚扰常见的方式、发生时间和场所，掌握防止性骚扰的基本技巧。

教学设计

第一步：导入。

课件展示性骚扰相关新闻，引入性骚扰话题，让学生说一说什么是性骚扰。教师在学生交流的基础上，补充完善性骚扰的概念。

第二步：明确性骚扰的方式。

教师通过课件展示常见的性骚扰，学生根据所见所闻进行补充，组织学生对性骚扰的方式进行分类，明确其分类有：

1. 语言骚扰。
2. 文字骚扰。
3. 图像骚扰。
4. 电子信息骚扰。
5. 肢体骚扰。

第三步：预防措施。

1. 不去偏僻场所。
2. 夜间行路时，要走灯光明亮、来往行人较多的大道。
3. 注意着装。
4. 学会用法律保护自己。

第四步：教师总结。

案例材料

　　小云家离学校较远，平时要乘坐公共汽车上下学。前几天，小云在乘车时，发现有个中年男人站在她身后，身体紧紧地挨着她，而且还不时地用手碰她。因为公交车上人较多，小云只是瞟了他一眼，也没有太在意。又一天，下午放学时，搭车的人不是很多，小云发现又有一个人紧紧地贴在她身后，还不时地用手触碰她腰部以下的部位。小云把身体往前挪了挪，那个人也紧跟着贴上来，还用手抚摸小云的腿。小云回头一看，发现那人正是前些天贴在她身后的那个。小云一下子慌了起来，心里怦怦直跳。车子一停，她就连忙跳下车。小云一路狂奔，只想快些回到家中。回到家里，小云一下子扑到妈妈的怀里，泪流满面地向妈妈诉说她乘车的遭遇。

　　老师：同学们，近年来我们总会听到一个敏感的话题，那就是性骚扰。那么，到底什么是性骚扰？在遇到骚扰时我们该怎么做呢？今天我们就来学习一下这方面的知识。

教学内容

1. 性骚扰的定义及表现形式

　　性骚扰指以带性暗示的言语或动作针对被骚扰对象，强迫受害者配合，使对方感到不悦。任何性别的人都有可能是性骚扰的受害者。按照行为方式分类，性骚扰可以分为言语性骚扰、行为性骚扰、环境性骚扰；按照发生场所分类，性骚扰可以分为校园性骚扰、公共场所性骚扰、职业场所性骚扰、家庭性骚扰、网络性骚扰。

　　性骚扰常见的表现形式有：

　　（1）语言骚扰：打电话或两人独处时故意谈论有关性的话题。

　　（2）文字骚扰：将骚扰性语言化为文字，投递赤裸裸的淫秽文字。

　　（3）图像骚扰：两人独处时故意给对方观看黄色图像或限制级视频等。

　　（4）电子信息骚扰：用手机短信或电子邮件的形式，故意发送黄色文字、黄色图像、黄色笑话或黄色网络视频。

　　（5）肢体骚扰：如在公共汽车上，故意紧贴对方的身体；在街道上故意接近他人，产生身体上的接触或碰撞等。

2. 容易遭受性骚扰侵害的时间和场所

　　（1）时间：夜间光线暗，犯罪分子作案时不容易被发现，所以女生应尽量减少夜间外出。

　　（2）场所：在公共场所和僻静之处，或在教室、礼堂、游泳池等公共场所人多拥挤时，容易受到不法分子的袭击；在公园假山、树林深处、没有路灯的街道楼边等僻静之处，若单独行走、逗留，也很容易遭受到不法分子的袭击。

3. 积极防范，避免发生性骚扰侵害

　　（1）筑起思想防线，提高识别能力。要谨慎待人处事，不要对不相识的异性透露自

己的真实信息。对于那些待自己特别热情的异性，不管是否相识都要倍加注意。发现有异性对自己不怀好意时，一定要严厉制止，并及时向父母、学校和有关部门报告。

（2）行为端正，态度明朗。如果自己行为端正，坏人便难有可乘之机。在拒绝对方时，要讲明道理，不宜嘲笑挖苦。在中止恋爱关系后，在节制不必要往来的同时仍可保持一般正常往来关系。参加社交与男性单独交往时，要有节制地把握好分寸，尤其不能过量饮酒。

（3）学会用法律保护自己。对于那些失去理智、纠缠不清的无赖或违法犯罪分子，千万不要惧怕他们的要挟和讹诈，也不要怕他们打击报复，要学会运用法律武器保护自己。

实践活动

如果有同伴正在遭受性骚扰，你会怎么做？

延展阅读

夜间行路如何注意安全

1. 保持警惕。行走时，要走灯光明亮或来往行人较多的大道。对于路边黑暗处或偏僻处要有戒备，最好结伴而行，不要单独行走。

2. 遇到陌生人问路，不要带路；向陌生人问路，不要让对方带路。

3. 不要穿暴露的衣衫和裙子。

4. 不要搭乘陌生人的车子。

5. 遇到不怀好意的人的挑逗，要及时斥责，表现出自己应有的自信与刚强。如果碰上坏人，首先要高声呼救、保持冷静，并利用随身携带的物品或就地取材进行有效反抗，还可以巧妙地采取周旋，以拖延时间等待救援。

6. 尽量记住犯罪分子的外貌特征，如身高、相貌、体型、口音、服饰以及特殊标记等等。要及时向公安机关报案，并提供证据和线索，协助公安部门侦查破案。

第三节　网络交友的安全防范

教学目标

1. 了解网络交往的特点，知道网络交往要遵守道德，懂得在网络交往中进行自我保护。

2. 提高觉察能力，掌握网络交往中的道德规范，做到在网络交往中遵守法律，同时学会用法律武器维护自身利益。

教学设计

第一步：案例导入。

第二步：让学生说一说在网络交往中遇到的事。

第三步：分析网络交往安全防范事项。

1. 不要随便透露自己个人信息。

2. 不要有经济往来。

3. 不要轻信承诺。

4. 不要轻易见面。

……

第四步：学习如何培养自身网络交往中的道德修养。

第五步：教师总结。

案例材料

女生小珍在网络上认识了一名无业青年，被这位青年骗至旅馆，不仅被索要钱财，还被非法拘禁起来。小珍利用上厕所之际给同班同学打电话求救，得到小珍的求救消息后，该校保卫处以及辅导员老师为其安危深感担忧，他们把情况报告了市公安局侦查支队，侦查队协调刑警支队及公安局迅速出警，于当日中午解救出了小珍，犯罪分子也被当场抓获。

老师：伟大的诗人李白曾对自己的好友说："桃花潭水深千尺，不及汪伦送我情。"这写出了友情的珍贵。著名的诗人王勃也写出了歌颂友谊的名句"海内存知己，天涯若比邻"，这写出了朋友间的思念。时至今日，友情同样重要，同一个学校的朋友叫校友，一起长大的朋友叫发小，网上的朋友叫网友。今天这节课，老师就和同学们一起交流网络交友需注意的安全防范。

教学内容

随着互联网的迅猛发展，网络陷阱越来越多，令人防不胜防。我们要注意防范网络陷阱，在网上交友、网上购物时一定要小心，不要轻易相信网上虚假的信息和网友的甜言蜜语。互联网为我们与外界交流提供了便捷的途径，我们可以利用网络结识很多网友，但是网友的情况极其复杂，可能是好人，也可能是坏人，因此要提高警惕，不要轻易与网友见面。

1. 网络交友安全防范事项

（1）不要随便透露个人信息。我们看不到网络背后的人是好人还是坏人，是不是真诚与我们交朋友，所以在不确定的时候，切记不要透露个人信息，如果那些别有用心的人掌握了我们的信息，可能会对我们造成不好的影响或者其他损失。

（2）不要有经济往来。很多骗子利用网络进行诈骗，他们往往在开始的时候给我们一个很好的印象，慢慢熟悉以后，就开始通过一些欺诈手段博取我们的同情心来进行诈骗，如果有网络朋友向你借钱，要先考虑清楚这个人是否值得我们去关心和同情，不要轻易相信一些花言巧语。

（3）不要轻信承诺。网恋已经不是一个新鲜的字眼了，也不乏从网络上找到真爱的例子，但我们也要擦亮眼睛进行甄别，增强防备心，不要轻易相信一些人的花言巧语。

（4）不要轻易见面。在网上交友，如果刚认识没几天就开始约会见面，难免会有意外发生，所以我们应该时刻保持警惕和矜持之心，不要轻易与网友见面，应该多了解再做打算。

（5）不要相信虚假吹嘘。很多网络骗子吹嘘自己是富二代、官二代或企业老总等，以此来骗取一些虚荣心比较强的人，所以我们不要太相信网友的话，即使他们说的是真的和我们也没什么关系，我们应该脚踏实地地努力学习，理性地思考问题，切记不要让虚荣心害了自己。

（6）涉及性问题时不要交往。在网络上，形形色色的人都有，如果遇到网友上来就谈一些性的问题，我们就应该果断将其拉黑，情节严重者我们可以保留证据选择报警等等。

2. 如何培养自身网络道德素养

青少年要丰富自身网络使用相关知识，正确看待网络时代，学会利用网络，提高自身的网络行为意识，培养自身网络道德素养。

（1）强化网络基本技能常规训练，严格规范自己的上网行为，养成严格自律的网络行为习惯。青少年正是学习的大好时期，我们不能盲目地花太多时间上网，适当地上网也应该有一定的目标。

（2）了解网络法律知识和有关规定，要懂得网络和社会一样，不但有真、善、美还有假、恶、丑，要培养自身抵制网络"垃圾"的"免疫能力"。网络既带给人们丰富的信息，也存在许多陷阱，防不胜防，网上诈骗、网上跟踪骚扰、少数网站倒卖用户隐私、黄色污染等几乎无时无刻不在发生。青少年们涉世未深，更应该提高警惕，远离、抵制网络"垃圾"，提高自身"免疫能力"。

（3）学会利用网络免费资源进行学习，避免盲目上网，充分发挥网络的积极因素。青少年应该有目的地上网，这样有助于我们远离网络不文明行为。上网前，一定要先思考自己为什么上网、能上什么网、应该上什么网等问题，以此来规范自己的上网行为，以免在网络中"沉迷"。

（4）去伪存真，趋利避害，合理取舍网络信息。网络上的信息浩如烟海，各种网站良莠不齐，我们要加强明辨是非的能力，学会合理取舍网络信息，去伪存真，去粗取精。另外，我们还要掌握信息处理方法，培养交流能力和对社会的适应能力，培养科学素养，而不仅仅是看掌握了多少信息。我们要通过网络学习如何检索、核对、判断、选择和处理信息，以达到对信息的有效利用。

（5）自觉维护网络"社会"的正常秩序。我们不能在网上为所欲为，不要进入别人

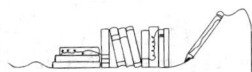

的网站搞恶作剧或者对计算机信息系统功能随意进行删除、修改、增加、干扰，也不要在网上散布一些不健康的言论等，更不要做出有损网络健康的行为。每一个有良知的公民都有责任维护和保持这个"社会"的正常秩序。

实践活动

收集网络交友相关新闻报道，制作手抄报，向同龄人宣传网络交友的利与弊。

延展阅读

高中阶段应该做好的三件事

1. 学会学习。作为高中生，我们首先要学会学习，用科学知识武装自己的头脑；其次要学会学习的方法，为在未来社会激烈的竞争中不断学习新知识打下良好的基础。

2. 学会做事。学会做事有三种新的含义：一是要从学会某种职业的实际技能转向注重培养适应世界变化的综合能力，如创新精神、交流能力等。二是培养社会行为技能，包括处理人际关系、管理事务等方面的能力。三是培养适应未来职业变动的应变能力、在工作中的创新能力等。

3. 学会共处。作为高中生，首先要从处理好与同学、老师的关系入手，努力学会与人交往。我们要学会尊重他人，在课堂上遵守纪律，尊重他人的学习权利；在宿舍里要轻声细语，尊重他人的休息权利。我们还要学会宽容，在与同学产生矛盾时要主动提出和解，犯了错误要虚心接受批评。

第四节　洪涝、地震的危害与自救

教学目标

提高学生的安全防范意识，并使学生掌握在遇到洪涝、地震时进行安全避险的方法与自救措施，提升学生在危急时刻冷静保护自我的能力。

教学设计

第一步：案例导入。
第二步：学习新知。
1. 播放有关自然灾害的视频或图片，感受大自然的威力。
2. 学习遇到洪涝、地震时我们应该采取的自救措施。
3. 播放"一方有难，八方支援"的相关视频，感受民族团结的力量。
第三步：教师总结。

案例材料

2008年5月12日14时28分，四川省阿坝藏族羌族自治州汶川县境内发生里氏8.0级地震，震中位于四川省汶川县映秀镇西南方（地理坐标为北纬31.0度，东经103.4度），地震最大烈度11度，影响波及大半个中国，全国25个省（区、市）有明显震感。地震造成69227人遇难，17923人失踪，受灾群众达1510万多人。

2021年7月17日至23日，河南省遭遇历史罕见特大暴雨，发生严重洪涝灾害，特别是7月20日郑州市遭受重大人员伤亡和财产损失。灾害共造成河南省150个县（市、区）1478.6万人受灾，因灾死亡失踪398人，其中郑州市380人，直接经济损失1200.6亿元，其中郑州市409亿元。

老师：通过案例我们初步知道地震、洪涝带给我们的危害。当地震来临之前，周围会有什么异常呢？暴雨、洪水发生之后，我们又该做些什么呢？

教学内容

1. 洪涝的危害与自救

洪涝灾害包括洪水灾害和雨涝灾害两类：由强降雨、冰雪融化、冰凌、堤坝溃决、风暴潮等引起江河湖泊及沿海水量增加、水位上涨而泛滥以及山洪暴发所造成的灾害称为洪水灾害；因大雨、暴雨或长期降雨量过于集中而产生大量的积水和径流，排水不及时，致使土地、房屋等渍水、受淹而造成的灾害称为雨涝灾害。由于洪水灾害和雨涝灾害往往同时或连续发生在同一地区，有时难以准确界定，所以经常被统称为洪涝灾害。

（1）洪涝灾害的危害

洪涝灾害直接淹没导致人员伤亡或因水灾冲击建筑物倒塌导致人员伤亡，同时因灾引发饥荒或疾病导致灾民饿死或病死，是洪涝灾害对人类的最直接的危害。

（2）洪涝灾害发生时的自救办法

当洪水到来时，若来不及离开，要就近迅速向山坡、高地、楼房、避洪台等地转移，或者立即爬上屋顶、楼房高层、大树、高墙等够高的地方暂避。如果洪水继续上涨，在暂避的地方已无法自保，则要充分利用准备好的救生器材逃生，或者迅速找到一些门板、桌椅、木床、大块的泡沫塑料等能漂浮的材料来扎成筏逃生。如果已被洪水包围，要设法尽快与当地防汛部门联系，报告自己的方位和险情，积极寻求救援。当发现高压线铁塔倾斜或者电线断头下垂时，一定要迅速躲避，防止触电。注意：千万不要游泳逃生，不可攀爬带电的电线杆、铁塔，也不要爬到泥坯房的屋顶。

低洼处的住宅遭洪水淹没或围困时，一要安排家人向安全坚固的高处转移；二要想方设法发出求救信号；三要利用简易救生器材转移到较安全的地方。安全转移时，要本着"就近、就高、迅速、有序、安全"的原则进行，先人后物，先老幼残后其他人员；要事先制定转移路线和地点，落实撤离组织人员和责任。如已被卷入洪水中，一定要尽

可能抓住固定的或能漂浮的东西，寻找逃生机会。洪水过后，要做好各项卫生防疫工作，预防疾病的流行。

2. 地震的危害与自救

地震同火山活动一样，属剧烈的地壳变动，是来自地球内部的一种自然现象，危害很大。地壳运动时，当上层地壳压力过重时，地下的巨大石灰岩洞会突然塌陷，发生地震，叫陷落地震。火山爆发时，也可以引起地震，叫火山地震。世界上地震次数最多、影响范围较广的是构造地震，它是地层断裂、错动从而释放出巨大能量而引起的。

（1）地震带来的危害

地震的最直接破坏对象就是房屋。房屋修建在地面，量大面广，一旦受损或者倒塌，不仅造成巨大的建筑财产损失，还会因砸压造成人员伤亡和财产损失。

地震会破坏人工建造的基础设施，如交通、电力、通信、供水、排水、燃气、输油、供暖等生命线系统，大坝、灌渠的水利工程也是地震破坏的对象。这些设施被破坏的后果，既包括本身的经济价值丧失，也包括功能丧失带来的损失，加剧了地震灾害。

地震会破坏工业设施、生产设备等，不仅造成直接物质财产的损失，而且还将影响震后的恢复重建、物资供应和经济发展。牲畜、车辆等室外财产也会遭到地震的伤害和破坏。

大地震还会引起山体滑坡、崩塌、砂土液化等地质灾害，破坏自然环境，并造成林地和农田的损毁。

（2）地震来临时的自救

地震发生时，要就近躲避，震后再迅速撤离到安全的地方，这是应急避震较好的办法。这是因为，震时预警时间很短，人又往往无法自主行动，再加之门窗变形等，从室内跑出十分困难；如果是在高楼里，跑出来更几乎是不可能的。但若在平房里，发现预警现象早，室外又比较空旷，则可力争跑出。

地震发生时，如果跑不出去，要躲在室内结实、不易倾倒、能掩护身体的物体下或物体旁，寻找空间小、有支撑的地方。躲避时应趴下，使身体重心降到最低，脸朝下，不要压住口鼻，以利呼吸；蹲下或坐下时尽量蜷曲身体；抓住身边牢固的物体，以防摔倒或因身体移位而暴露在坚实物体外导致受伤；低头，用手护住头部和后颈，尽可能用身边的物品，如枕头、被褥等顶在头上以保护头颈部；闭眼，以防异物伤害眼睛；尽可能用湿毛巾捂住口、鼻，以防灰土、毒气。

地震发生后，不要随便点燃明火，因为空气中可能有易燃易爆气体充溢；要避开人流，不要乱挤乱拥，无论在什么场合，包括街上、公寓、学校、商店、娱乐场所等，均要如此，因为在拥挤中不但不能脱离险境，反而可能因跌倒、踩踏、碰撞等而受伤。

如果上课时发生了地震，同学们一定要保持镇静，不能在教室内乱跑或争抢外逃，要听从学校领导和老师的指挥，沉着有序地按预定疏散路线撤离，若惊慌失措则更容易发生挤伤、踩伤事故。来不及疏散时，靠近门的同学可以迅速跑到门外，中间及后排的同学可以尽快躲到课桌下，用书包护住头部；靠墙的同学要紧靠墙根，用双手护住头部。

如果不幸被倒塌的建筑物压埋，应先设法清除压在腹部以上的物体，但要注意不能随意移动身旁的支撑物，以免引起大的坍塌，用毛巾、衣服等物捂住口鼻以防止烟尘窒息，然后考虑怎样才能逃离这种危险之地。实在没有办法时，应保存体力，等待救援。当听见有人经过时，应马上呼救，并和解救者一起努力，为自己解围。

实践活动

查阅相关资料，了解有关泥石流的危害与应对方法。

延展阅读

全国防灾减灾日

中国是世界上自然灾害最为严重的国家之一，灾害种类多，分布地域广，发生频率高，造成损失重。在全球气候变化和中国经济社会快速发展的背景下，中国自然灾害损失不断增加，重大自然灾害乃至巨灾时有发生，面临的自然灾害形势严峻复杂，灾害风险进一步加剧。

2008 年 5 月 12 日，一场有着巨大破坏力的地震在四川汶川发生，造成重大人员伤亡和财产损失。为进一步增强全民防灾减灾意识，推动提高防灾减灾救灾工作水平，经国务院批准，从 2009 年开始，将每年的 5 月 12 日定为"全国防灾减灾日"。

第六章　护眼知识与近视防控

第一节　高度近视的危害与预防

教学目标

1. 了解高度近视的危害，让学生明白预防高度近视的重要性。
2. 通过学习，培养良好的用眼卫生习惯，掌握预防近视的方法。

教学设计

第一步：游戏导入，激发学习兴趣。

1. 游戏——《盲人画像》。

老师：接下来，我们做一个与跟眼睛有关的游戏。

（请两位学生上台表演。）

老师：请在做游戏前戴好眼罩，在脸部图上画上眼睛、鼻子、嘴巴。

2．请几位近视的同学谈一谈亲身体会。

第二步：分析高度近视带来的危害。

第三步：探讨预防近视的方法。

1．请学生联系生活实际，说说预防近视应该怎么做。

2．学生发表观点，教师指导总结。

（1）养成良好的用眼卫生习惯。

（2）认真做眼保健操。

（3）减少电子设备的使用。

（4）定期检查视力，发现近视及时验光配镜。

（5）多多参加户外活动，经常极目远眺。

（6）注意调整饮食及生活习惯。

第四步：教师总结。

案例材料

小周特别喜欢看侦探小说，经常一边走路一边看书，还常常"挑灯夜战"。有时候看完书，他马上又坐在电脑前，熬夜玩游戏。久而久之，他白天上课时总是无精打采的，眼睛经常出现干涩、疲劳的感觉，视力也一天天下降，最终发展为高度近视，戴上了沉甸甸的眼镜。

老师：高度近视可能导致眼睛发生外斜视、视网膜裂孔、黄斑裂孔、视网膜脱离、眼底出血、青光眼和白内障等并发症，进而导致视功能下降，严重影响到生活质量。这节课，我们一起了解高度近视的危害与预防。

教学内容

近视即只能看清近处的事物，而看不清远处的事物，要想看清远处的事物，只能靠近或佩戴眼镜。有时为了看得更清楚，我们总是会不自觉地眯着眼睛、皱眉、斜眼、揉眼睛等，这都有可能是近视引起的。

近视是青少年最常见的眼疾之一，患有高度近视的人数比例也比较高。高度近视也叫作病理性近视，威胁着许多儿童青少年的视力及眼睛健康。事实上，高度近视患者不仅远处的物体看不清，近处的物体也必须依靠眼镜才可以看清楚，而且失明的风险很高。研究数据表明，高度近视患者失明的概率是一般人的 60 倍。高度近视还会引起许多并发症，如视网膜剥离、青光眼、视神经病变等。

1. 高度近视的危害

（1）白内障。白内障虽然是一种老年性疾病，但高度近视患者有很大概率在年轻时患有白内障。这一原理是，当眼睛里的晶状体老化并失去弹性，形成硬化时，会影响看近处物体所需要的调节力，从而导致白内障。高度近视患者，会提前患上老花眼，无论是近处还是远处都看不清楚。

（2）青光眼。青光眼是指眼内压间断或持续升高的一种常见疑难眼病。青光眼多发病于老年人，高度近视患者患该病的概率也很大。青光眼发病迅速、危害很大，随时会导致人失明。

（3）玻璃体混浊。随着年龄增长，高度近视患者玻璃体正常的胶体状结构发生液化，极易发生玻璃体混浊，常感觉随着眼球的转动在眼前出现黑影飘动，就像蚊蝇在飞舞，俗称"飞蚊症"。有的飞蚊症会随着时间逐渐缓解并消失，有的则需要及时进行视网膜检查，以免视网膜脱离。

（4）黄斑出血。高度近视患者的眼球变大，进而不断牵拉眼球壁，最后引起眼底视网膜、脉络组织正常的关系出现病变，尤其是黄斑区的小血管库因此而出现破裂时，就会造成黄斑中心出血，严重损害视力。患者会感觉眼前有一块固定的黑影遮挡视线，虽然出血经治疗后会使黑影消失，但或多或少会留有血痕，视力依旧会受到影响。

（5）视网膜脱离。视网膜脱离是高度近视引起的较为严重的并发症，发病原因比较复杂。高度近视患者的视网膜组织因变性萎缩而变得脆弱，极易使视网膜脱离而导致失明，这是内因。外力的突然冲击，也会导致视网膜破裂，造成视网膜脱离而失明。当高度近视患者突然出现视力衰退，眼前有黑影飘动，尤其是发生像闪电那样的闪光感觉，或感觉眼前有黑影遮挡时，应及时到医院眼科部门就诊，这可能是视网膜脱离或黄斑出血等疾病的预警。

（6）视网膜萎缩变性。高度近视患者由于眼轴变长、后巩膜葡萄肿等因素，极易出现视网膜变性、裂孔，从而引起出血和视网膜脱离，最终导致失明。

（7）视网膜下新生血管。高度近视患者合并视网膜下新生血管时表现为后极部视网膜下新生血管，引起出血，影响视力。

2. 注意用眼卫生，防范近视

（1）养成良好的用眼卫生习惯。许多人在写字时姿势不当，长期如此不仅会使人体的颈肩部位受损，还会对眼睛形成巨大伤害，引发高度近视。因此在学习时，应保持姿势端正，不要趴着或躺着看书，更不要在强光和昏暗的地方学习。

（2）认真做眼保健操。制定合理的学习计划，减少近距离看书写字用眼时间，每连续近距离阅读 30 ~ 40 分钟，应休息远眺 10 分钟。课间要准确有效地做眼睛保健操，使眼睛放松调节，预防近视发生。眼保健操对于消除视疲劳、保护视力具有一定作用，做眼保健操时不能应付了事，每个穴位和每个动作都要做到位。眼保健操不必拘泥于每天进行的次数，当感到视疲劳时均可通过眼保健操进行缓解。

（3）减少电子设备的使用。长时间看电视、玩手机对眼睛具有一定的伤害，为了预防高度近视，需严格控制使用电子娱乐设备的时间，防止用眼过度导致视力下降。

（4）定期检查视力，发现近视及时验光配镜。定期检查视力对于视力的保持和维护具有十分重要的意义，当发现视力有所下降时需及时采取相关措施，必要时应尽快进行验光配镜以控制视力下降的程度，防止发展为高度近视。

（5）多多参加户外活动，经常极目远眺。越来越多的研究表明，户外活动能有效控

制近视的发生发展，其机制在于：户外的阳光能促进多巴胺的分泌，多巴胺能抑制眼轴的生长；户外活动光照强度高，使眼睛瞳孔缩小、景深加深，从而增加视物清晰度，延缓近视发展。因此建议大家每天进行2小时的户外活动，能有效预防近视发生。

（6）注意调整饮食及生活习惯。长期饮食不均衡，会导致供给眼睛的营养不足，从而引起视力问题。眼睛所需要的营养物质包括蛋白质、维生素A、维生素C、维生素B、叶黄素、DHA等等。少吃甜食少喝碳酸饮料，避免偏食、挑食，多吃新鲜的水果和蔬菜，不仅对眼睛有好处，也对身体发育有利。

实践活动

根据今天所学的内容，发出倡议，让更多的人加入到"保护眼睛，预防近视"的队伍中来吧。

延展阅读

近视眼可以自己恢复吗

近视眼是不能够自己恢复的。近视大部分是由于眼轴的长度超过正常，或者角膜和晶状体的曲率增加而导致的，而眼轴的长度和角膜的曲率是不会自行修复的。随着年龄的增加，身体的发育，眼球的前后长度只有逐渐变长的趋势，而不可能自行缩短，因此近视是不可逆的。患上近视后，可用合适的凹透镜进行矫正，可以选用框架眼镜、角膜接触镜进行矫正，有条件的可以选择屈光手术进行矫正。虽然近视不能够治愈，但是能够控制。

第二节　安全佩戴隐形眼镜

教学目标

1. 使学生了解更多的爱眼知识，引导学生正确对待眼保健操、规范用眼行为，学会保护视力。

2. 注意佩戴隐形眼镜的卫生要求，学会选择合适的隐形眼镜。

教学设计

第一步：案例导入。

第二步：隐形眼镜的分类以及佩戴隐形眼镜的好处和坏处。

第三步：如何正确安全佩戴隐形眼镜？

在选择佩戴隐形眼镜时应该注意哪些问题？请同学们以小组为单位进行讨论（提醒

学生从安全和卫生等方面去考虑），然后小组派代表举手回答。

教师进行归纳与补充。

第四步：学习实践。

让同学们反思自己在平时的学习和生活中存在的不良用眼习惯，并号召大家科学用眼，保护自己的视力。

案例材料

大学生小瑶要参加一次聚会，为了在聚会上引起大家的注意，小瑶在网上买了一副具有美容效果的隐形眼镜（美瞳），让自己的眼睛显得更有神采。没想到的是，通宵聚会过后，悲剧发生了！小瑶第二天取美瞳的时候，没能取干净，然后眼睛就开始发红，一直流眼泪，而且很疼。没多久，小瑶的眼睛就睁不开了，室友连忙将她送到了医院，经过诊断，医生说小瑶戴的那副隐形眼镜镜片碎在了眼睛里，并及时将隐形眼镜碎片取了出来，并提醒小瑶说如果不及时取出可能会划伤角膜，增加细菌感染几率，出现角膜溃疡，进而影响视力。

老师：这节课，我们一起学习如何安全佩戴隐形眼镜。

教学内容

1. 隐形眼镜

隐形眼镜，也叫角膜接触镜，是一种戴在眼球角膜上，用以矫正视力或保护眼睛的镜片。根据材料的软硬，它包括硬性、半硬性、软性三种。隐形眼镜不仅从外观上和方便性方面给高度近视、高度远视、散光等屈光不正患者带来了很大的帮助，而且视野宽阔、视物逼真，此外在控制青少年近视、散光发展及治疗特殊眼病等方面也发挥了特殊的功效。

隐形眼镜尤其是彩色隐形眼镜满足了广大爱美人士的需求，但一定要按规范的程序验配适合自己的隐形眼镜，并严格按照护理程序进行日常护理。特别注意的是，不同材质的镜片例如普通水凝胶镜片和硅水凝胶镜片的透氧率有很大的差别，可配戴的时间也就有很大的差异。

2. 隐形眼镜的好处

隐形眼镜有保护角膜的作用，还可以缓释药物，临床上可用于治疗眼化学烧伤、青光眼、角膜炎等眼病，还可使虹膜缺损、白化病等患者视网膜免受过量紫外线照射。

戴隐形眼镜可以使眼睛的视觉更清晰、视野更开阔。隐形眼镜紧附在眼角膜表面，没有了框架眼镜那种镜、眼之间的距离，故通过它看到的影像大小更近于真实。

戴隐形眼镜感觉更舒适、更方便。

3. 隐形眼镜的坏处

隐形眼镜会使角膜无法接触空气，长时间佩戴可能会导致眼睛无法正常代谢，使人容易产生视疲劳。如果清洁不到位，卫生工作没做好，蛋白质沉淀、细菌等在镜片上滋生，

中小学健康教育与近视防控指导用书

就会引发角膜水肿、角膜新生血管反应等。

4. 安全佩戴隐形眼镜

（1）并不是每个近视的人都可以佩戴隐形眼镜，要先确认自身有没有眼疾后才能佩戴。

（2）佩戴前手要保持清洁。隐形眼镜直接接触眼睛，所以要防止脏东西进入眼睛而导致感染，可在佩戴之前先洗手，可以用肥皂水清洗双手。

（3）初戴者佩戴时间不宜过长。一般来说初戴者会不太适应，总觉得眼睛里像有异物，所以建议初戴者佩戴时间从 4 小时开始适应，适应了以后可以增加到 6 小时，每 6 小时摘掉休息一会儿。或者将隐形眼镜与框架眼镜互换着戴，慢慢适应。

（4）睡觉前摘掉。尽量不要在每个时刻都佩戴，尤其是在睡觉的时候，眼内有异物，睡觉时眼睛也会不舒服，每天佩戴隐形眼镜的总时间不要超过 16 小时。

（5）取出隐形眼镜后存放在浸泡液中。平时摘掉隐形眼镜后，一定要放到专用的浸泡液里，确保隐形眼镜不会干瘪掉和与细菌隔离防止感染。

（6）定期消毒。要定期给隐形眼镜消毒，消毒液并不是平时用的浸泡液，如果平时用的浸泡液里含有消毒的成分也是可以的，如果频繁佩戴隐形眼镜的话，那需要保持消毒。消毒的时候要浸泡一段时间，也可以在浸泡的时候用棉签轻轻在表面清洗几下。存放隐形眼镜的盒子也要消毒。

（7）使用滴眼液。在佩戴隐形眼镜的过程中，眼睛会感到干涩难受，所以期间可以使用抗疲劳的眼药水滋润一下干涩的眼睛。

（8）指甲不宜长。不要留长指甲，因为这样在佩戴眼镜的时候容易戳到眼球，另外佩戴隐形眼镜时一定要记得用指腹托着放进眼睛里，以免指尖伤到眼睛。

（9）少揉眼睛。揉眼睛会把细菌弄到眼睛里从而发生感染，经常揉眼睛也会不小心把隐形眼镜揉错位，所以平时戴眼镜时，要尽量少揉眼睛。

（10）远离高温。夏季天气炎热，室外温度高，大家应尽量避免在 37.5 度以上的天气佩戴隐形眼镜，以防眼睛过快干涩导致隐形眼镜附着在眼睛里难以取出，严重时甚至会伤害眼角膜。此外，佩戴隐形眼镜者，应避免眼睛离火源过近，最好保持一米以外的距离，以防止意外发生。

实践活动

利用课余时间，去图书馆查阅相关资料，了解如何给隐形眼镜消毒。

延展阅读

美容隐形眼镜的危害

佩戴美容隐形眼镜能让眼睛变得更加明亮有神，但也不可长时间佩戴，长期不正确佩戴美容隐形眼镜会带来很多危害。

1. 使眼睛抵抗力下降。美容隐形眼镜的镜片透氧率比较低，如果连续长时间佩戴，有可能造成角膜上皮缺氧，引起角膜上皮水肿、粗糙等，导致眼睛充血、发红、眼部异物感、刺痛感、畏光、流泪等症状。

2. 引发角膜炎、结膜炎等眼科疾病。在摘戴美容隐形眼镜镜片时，如果没有清洁手指，有可能导致眼部发生感染，引起角膜炎、结膜炎等并发症。

3. 磨损角膜。如果美容隐形眼镜凹度与角膜凸度不符、不规则的美容隐形眼镜会磨损角膜，造成角膜上皮脱落或穿孔的严重后果。

4. 长期配戴美容隐形眼镜镜片，有可能刺激角膜缘新生血管形成，影响角膜，导致视力下降，以及干眼症的发生。

美容隐形眼镜所带来的危害，往往都是因为镜片本身质量不佳或佩戴不规范导致的，因此，如果想要安全、健康地佩戴美容隐形眼镜，除了要从正规渠道选择产品外，还应认真遵守美容隐形眼镜的正确佩戴规则。